新文科视域下师范院校法学教育的传承与创新

主编◎陈山 余华 孔德王

四川大学出版社
SICHUAN UNIVERSITY PRESS

图书在版编目（CIP）数据

新文科视域下师范院校法学教育的传承与创新 / 陈山，余华，孔德王主编. -- 成都：四川大学出版社，2025.3. -- ISBN 978-7-5690-7318-8

Ⅰ．D90-42

中国国家版本馆CIP数据核字第20245QB506号

书　　名：	新文科视域下师范院校法学教育的传承与创新
	Xinwenke Shiyu xia Shifan Yuanxiao Faxue Jiaoyu de Chuancheng yu Chuangxin
主　　编：	陈　山　余　华　孔德王
选题策划：	李　梅　梁　平　叶晗雨
责任编辑：	孙滨蓉
责任校对：	吴连英
装帧设计：	裴菊红
责任印制：	李金兰
出版发行：	四川大学出版社有限责任公司
	地址：成都市一环路南一段24号（610065）
	电话：（028）85408311（发行部）、85400276（总编室）
	电子邮箱：scupress@vip.163.com
	网址：https://press.scu.edu.cn
印前制作：	四川胜翔数码印务设计有限公司
印刷装订：	成都市川侨印务有限公司
成品尺寸：	170 mm×240 mm
印　　张：	19.25
字　　数：	385千字
版　　次：	2025年3月 第1版
印　　次：	2025年3月 第1次印刷
定　　价：	68.00元

本社图书如有印装质量问题，请联系发行部调换

版权所有　◆　侵权必究

扫码获取数字资源

四川大学出版社
微信公众号

前　言

迈入新时代，法学教育改革任重道远。一方面，新文科建设是教育部立足新时代、回应新需求而作出的重大战略决策，旨在突破传统文科的思维定式和学科壁垒，实现文科内部乃至文科与其他学科的继承与创新、交叉与融合。作为新文科建设的重要组成部分，法学教育改革必须积极回应新文科建设的各项要求。另一方面，中共中央办公厅、国务院办公厅2023年初印发的《关于加强新时代法学教育和法学理论研究的意见》也对新时代加强法学教育的目标做了新的部署，既延续了新文科建设的思路，也结合法学教育的特点提出新的要求。

历经近三十年的发展，地处西南一隅的四川师范大学法学院的法学教育不仅形成了自身的专业特色，而且不断响应党和国家要求、社会需要适时进行改革，锐意进取。在不断追求卓越的过程中，四川师范大学法学院取得了一定的成绩。四川师范大学不仅是四川省最早同时拥有法学硕士一级学科与法律硕士专业学位授予权的省属高等院校，而且于2020年获批国家一流专业建设点。与此同时，我们清楚地认识到，法学教育仍然存在这样或那样的问题，与新时代法学教育的定位不匹配，与新时代对法学教育的需求不适应。对此，在新文科建设的大背景下，四川师范大学法学院根据党中央要求和自身实际情况开启新一轮的法学教育改革。

为充分展现新文科建设背景下改革法学教育所做出的努力和所取得的成果，四川师范大学法学院专门向学院专职教师和校外兼职导师征集了相关论文，汇编成册，内容主要集中在以下四个方面：第一，新文科建设与卓越法治人才培养，主要探讨如何通过学科之间的交叉融合实现法治人才培养的创新；第二，课程思政融入法学专业课程的理念与路径，集中讨论法学专业课程落实课程思政的具体做法和有益经验；第三，新文科视域下法学课程教学方法的改革与创新，聚焦法学专业课程如何贯彻新文科建设的理念和要求；第四，法学课程智慧课堂教学改革,关注的是法学课堂教学如何利用新的信息技术、智能技术等提升教学效果。

  新文科建设一直在路上,法学教育改革也一直在路上。四川师范大学法学院此次汇编的法学教育改革相关成果只是阶段性的,旨在抛砖引玉,恳请学界同仁指正!

编　者

目 录

第一编 新文科建设与卓越法治人才培养

"法学底色、教育特色"教育法治人才培养的理论与实践 ⋯ 陈　山（003）
青少年法治素养成长评价的教育叙事
　　——以公民权利与义务的教育为例 ⋯⋯⋯⋯⋯⋯ 余　华　孙华丽（015）
数字时代法律职业技能实践教学的挑战与应对 ⋯⋯⋯⋯⋯⋯ 苏镜祥（028）
实质合并破产标准的思辨与重构 ⋯⋯⋯⋯ 阮学武　彭　彬　李佳瑞（037）
公司法修订下有限责任公司清算义务人制度探究
　　⋯⋯⋯⋯⋯⋯⋯⋯⋯⋯ 阮学武　高媛媛　肖　薇　胡启航（053）
"双创"竞赛视域下卓越法治人才创新创业能力培养模式
　　探究与实践 ⋯⋯⋯⋯⋯⋯⋯⋯⋯⋯⋯⋯⋯⋯⋯⋯⋯ 唐仪萱（071）
论我国互联网法学学科建设的现状与未来 ⋯⋯⋯⋯⋯⋯⋯⋯ 彭　昕（080）
运用备案审查案例讲好中国宪法故事：本科宪法学教学创新
　　的路径探讨 ⋯⋯⋯⋯⋯⋯⋯⋯⋯⋯⋯⋯⋯⋯⋯⋯⋯ 孔德王（100）
社会主义核心价值观融入"民事诉讼法学"教学研究 ⋯⋯⋯⋯ 曾兴辉（112）

第二编 课程思政融入法学专业课程的理念与路径

理论、实践与时政：刑事诉讼法课程思政教学的三个面向
　　⋯⋯⋯⋯⋯⋯⋯⋯⋯⋯⋯⋯⋯⋯⋯⋯⋯⋯⋯ 全　亮　刘　全（125）
课程思政视野下的法学本科刑法学教育改革：基于"大班授课，
　　小班研讨"的实践 ⋯⋯⋯⋯⋯⋯⋯⋯⋯⋯⋯⋯⋯⋯ 彭　华（139）
德法兼修目标下"民法学"教学建设之探索 ⋯⋯⋯⋯⋯⋯ 王燕莉（149）

"劳动与社会保障法"课程思政教学探索与反思 …………… 刘　洲（156）
"国际私法"课程思政的教学设计 ………………………… 孟昭华（167）
四川师范大学"行政法"与"行政诉讼法"课程思政建设模式
　　构建研究 …………………………………………………… 宇　龙（177）
课程思政融入法学专业的困境与突破 …………………… 郭彦君（188）
课程思政视野下的知识产权法教学改革探究 …………… 左梓钰（197）

第三编　新文科视域下法学课程教学方法的改革与创新

闭环模式下法律英语"二元三阶"教学路径探索 ………… 赵　旭（209）
法官思维构建的教学设计与应用：基于"民诉实务模拟"
　　法官角色训练的思考 …………………………………… 谢旻荻（219）
民事诉讼实务模拟角色实验板块设计探讨：兼谈原告角色组
　　实验板块结构 …………………………………………… 李明华（227）
"证券法学"课程教学实践与思考 ………………………… 刘如翔（238）
新文科视域下法律文书写作课程的改革与创新 ………… 李志栋（247）
经济法学教学改革初探 …………………………………… 谢平尧（258）

第四编　法学课程智慧课堂教学改革

智慧教学策略下"中国法律史"课程思政教学路径探索 …… 赵　旭（269）
雨课堂平台下法学理论课程教学的评析与反思 ………… 罗玉尧（281）
有限翻转课堂在合同法本科教学中的设计思路 ………… 谢旻荻（291）

后　记 …………………………………………………………………（300）

第一编

新文科建设与卓越法治人才培养

"法学底色、教育特色"教育法治人才培养的理论与实践

陈 山*

摘 要："教育法治人才"是新型法学专业人才，由法学与教育学交叉、融合而生，是教育领域治理现代化、法治化的必然产物。教育法治人才可担任法治教师，受聘教育行政管理（政策法规）、教育法律服务等岗位。教育法治人才的培养必须坚持"法学底色"，在传统法学专业基础上增加"教育特色"，而非"教育底色、法学特色"。所谓"教育特色"主要体现为"教育专才"与"教育专能"两个方面。综合性师范院校不妨在传统法学教育的基础上，对标新文科建设要求，促进"法学底色"的人才培养环节与"教育特色"有机融合，积极开展教育法治人才培养的改革探索。

关键词：法学教育；新文科；教育法治；综合性师范院校

党的二十大报告强调："我们要坚持走中国特色社会主义法治道路，建设中国特色社会主义法治体系、建设社会主义法治国家……全面推进国家各方面工作法治化。"[①] 毫无疑问，我国法学教育的目标在于为国家治理现代化、实现全面依法治国提供大量合格的法治人才。诚如《关于加强新时代法学教育和法学理论研究的意见》（以下简称《意见》）所指出的那样："法学教育和法学

---

* 陈山，法学博士，四川师范大学法学院教授、法学院院长。主要从事刑事法学、监察法学、教育法治、互联网法治等领域的研究工作。本文系四川省 2021—2023 年高等教育人才培养质量和教学改革项目"综合性师范院校'法学底色、教育特色'教育法治人才培养的新文科改革"（JG2021-800）、2022 年度四川师范大学人才培养质量和教学改革校级项目"'双创'竞赛视域下卓越法治人才创新创业能力培养模式探究与实践"（20220009XJG）的阶段性成果。

① 习近平：《高举中国特色社会主义伟大旗帜　为全面建设社会主义现代化国家而团结奋斗——在中国共产党第二十次全国代表大会上的报告》，人民出版社，2022 年，第 40 页。

理论研究承担着为法治中国建设培养高素质法治人才、提供科学理论支撑的光荣使命，在推进全面依法治国中具有重要地位和作用。"《意见》进一步要求："完善法学学科专业体系，构建自主设置与引导设置相结合的学科专业建设新机制……适应法治建设新要求，加强立法学、文化法学、教育法学、国家安全法学、区际法学等学科建设。"鉴于此，对综合性师范院校而言，秉承中国特色社会主义法治建设的理想信念，积极探索教育法学的学科建设路径，培养服务于我国教育现代化、法治化需要的教育法治人才就具有重要的使命意义与时代价值。

一、教育法治人才之观念

中国是教育大国，教育的成功关乎国运。必须清醒地认识到，"中国教育的方方面面都亟须法治化"[①]。教育法治人才是新时代全面推行依法治国方略，倡导教育领域治理现代化、法治化，应运而生的新型法学专业人才。党的二十大报告提出"全面推进国家各方面工作法治化"[②]，而教育工作历来是党和国家工作的重中之重。"国势之强由于人，人材之成出于学"[③]。习近平总书记在《扎实推动教育强国建设》中高瞻远瞩地指出，"教育兴则国家兴，教育强则国家强"。教育强国必须"以教育理念、体系、制度、内容、方法、治理现代化为基本路径"[④]。教育法治化是教育领域治理现代化的必由之路，在教育领域深入推行教育法治化，是贯彻全面依法治国方略之必然，也是深入践行习近平总书记关于教育强国重大政治决断之举措。教育法治化在学科上体现为教育法学的勃兴。

在《意见》中，教育法学作为一种新兴的交叉学科被首次正式提出。在功能上，教育法学主要为教育领域治理现代化、法治化提供法学理论支撑。世界范围来看，教育法学作为一门相对独立的新兴学科，初步形成于20世纪50年代末60年代初的西德、美国和日本等西方发达资本主义国家。一般认为，1980年《中华人民共和国学位条例》的颁行可视为我国教育法治的起步。该

[①] 梁兴国：《法治时代的教育公共政策：从"依法治教"到"教育法治化"》，《政法论坛》，2010年第6期，第168页。

[②] 习近平：《高举中国特色社会主义伟大旗帜　为全面建设社会主义现代化国家而团结奋斗——在中国共产党第二十次全国代表大会上的报告》，人民出版社，2022年，第40页。

[③] 《习近平在北京大学师生座谈会上的讲话》，《人民日报》，2018年5月3日第2版。

[④] 习近平：《扎实推动教育强国建设》，《求是》，2023年第18期，第2页。

条例系我国第一部全国人大制定的教育类法律，对我国教育法治的建设具有重要的意义。围绕着该条例，我国学界对教育立法以及外国教育法的比较、互鉴展开了早期的研究，从而该条例成为我国教育法学的发端。[1] 然而，在长达几十年的进程中，教育法学并未得到真正意义上的重视，故而也很难有长足的进展。在相当长的时间里，教育法学更多的是教育学界关注的话题，但在法学领域一直处于冷门地带。人才培养方面，在一些师范院校教育本科专业或者教育类硕士点、博士点，设有教育法学类课程与人才培养方向。直到十八届四中全会，全面依法治国作为一项重大的国家战略提出，中国特色社会主义法治建设进入了新的里程，才开始有越来越多法学界的研究者关注到教育领域的依法治教、依法治校、依法执教等教育法治问题，教育法学的发展才开始真正进入法学研究的视域。而其标志性的事件则是，"教育法典化"这一概念在制度层面得以确认，其不仅是教育法治发展的里程碑，也是教育法学发展的重大历史机遇。2020年11月16日，习近平总书记在中央全面依法治国工作会议上指出："民法典为其他领域立法法典化提供了很好的范例，要总结编纂民法典的经验，适时推动条件成熟的立法领域法典编纂工作。"[2] 全国人大常委会将研究启动教育法典编纂工作列入2021年度立法工作计划。[3] 随后，《教育部政策法规司2021年工作要点》明确提出要"研究启动教育法典编纂工作"[4]。在法学界，教育法典化研究业已成为一种高显示度的学术标签，越来越多的法学学者开始关注这一领域。这正是《意见》擘画的学科与学术进路。

教育法治在专业上则需要教育法治人才的培养与供给。按照《教育部 中央政法委关于坚持德法兼修实施卓越法治人才教育培养计划2.0的意见》（以下简称《卓越法治人才意见2.0》），教育法治人才原则上属于一种高度专业化的卓越法治人才。本文认为，教育法治人才始终坚持"法学底色"，兼有"教育特色"，融合多学科专业素养与能力要求，致力于教育领域治理的现代化、法治化，是服务于全面依法治国的重要法治力量。所谓"法学底色、教育特色"，是指教育法治人才根本上是法学专业人才（"法学底色"），其经过法学专业教育的系统性培养，符合法学专业人才的基本规格，通过特色化的教育类课

---

[1] 谭晓玉：《我国教育法学研究的回顾与反思》，《教育研究》，1995年第8期，第62页。
[2] 习近平：《坚定不移走中国特色社会主义法治道路　为全面建设社会主义现代化国家提供有力法治保障》，《求是》，2021年第5期，第10页。
[3] 王大泉：《我国教育法典化的意义与路径》，《中国教育报》，2022年9月15日第6版。
[4] 刘旭东：《教育法法典化：规范意涵、时代诉求及编纂路径——基于民法典编纂经验的理论研究》，《湖南师范大学教育科学学报》，2022年第2期，第21页。

程修读、特色化的教育法治实践，同时兼具教育专业人才的基本素养与能力（"教育特色"）。显而易见，教育法治人才乃既懂法学又懂教育的新型交叉复合型人才。

教育法治人才的专业化培养系法学学科与教育学科交叉融合使然，完全契合了国家"新文科"战略。2020年11月，教育部发出的《新文科建设宣言》振聋发聩，堪为时代变革的强音。社会大变革呼唤新文科，国家软实力需要新文科、造就新时代新人需要新文科、文化繁荣需要新文科。归根结底，教育法治人才的专业化培养系我国治理体系与治理能力现代化不断深入发展的必经之路。教育事关国计民生，社会关注度高，如何科学立法促进教育领域的现代化、法治化是摆在国家治理道路上的重大问题。"教育法典化"明显折射出教育领域科学立法的重大诉求。2024年，《中华人民共和国学位法》《中华人民共和国学前教育法》的制定，引发社会高度关注，也能够充分说明这一问题。在执法与司法环节，如何严格地执行法律、准确地适用法律，确保党和国家教育政策得以贯彻落实，实现政治效果、法律效果、社会效果的高度统一，始终都是牵扯民心、关系民生的焦点问题。为全面贯彻党和国家的教育政策，教育部出台了《中小学教育惩戒规则（试行）》《校外培训行政处罚暂行办法》等部门规章，但对其正确执行并非易事。这既需要教育者有法治的理念，也需要执法司法者有教育的情怀。中小学生的健康成长既不能简单地"奖励教育"，更不能一味地"惩戒教育"；校外培训不能简单地"一管就死"，也不能听之任之"一放就乱"。实践中，高等学校授予学位、对学生的处分决定等领域存在着大量的行政争议，如何既保证办学主体的自主权，又保证学生的受教育权，也是摆在"教育"与"法治"之间的两难困局。此外，教育领域的法治还涉及师生法治观念的普及以及校园法治环境的创设等方方面面问题，层出不穷的校园欺凌、此起彼伏的校园侵害事件，更叠加一些师德师风、食品安全、境外渗透等复杂因素，极大地困扰着教育行政主管部门、全体教育工作者。对这些问题的解决，均有赖于大量合格的教育法治人才能够从法治的"供给侧"提供固根本、利长远、稳预期的法治化应对方案。

二、教育法治人才之供需

教育领域涵盖行业广阔，从业人员众多，国家全面实现教育领域的现代化、法治化，必然带来传统教育领域就业生态的转型、提档、升级，显著增加对教育法治人才的需求。教育法治人才主要服务于教育行政管理（政策法规）、法治教育与教育法律服务三大行业领域，为这三大行业领域输送专业化的法治人才，其中前两者可谓传统教育法治行业，后者可谓新兴教育法治行业。

一是教育行政管理领域，既包括在地方与国家层面教育行政主管部门的"政策法规科、处、司"，也包括在大中小学校担任教育法律事务的行政管理岗位。按照全国2847个区县级行政单位，设每个政策法规科配置1名专业化教育法治人才，全国333个地市级行政单位，设每个政策法规处配置2名，全国30个省级行政单位教育厅（局）政策法规处，设每个处室配置3名，教育部政策法规司配备10名计算，在教育行政主管部门工作的教育法治人才大约需要3603人。按照现阶段全国现有21.26万所义务教育阶段中小学、1.42万所普通高中、9865所中级职业中学、3012所高等学校，设每所学校配置1名教育法治人才受聘教育法律事务的行政管理岗位，大约需要配备23.967万人。因此，可以笼统地将我国传统的教育法治行业的总需求量设定为24万人。当然，这里仅仅是全职业生涯周期的毛算。如果按照人均工作40年计算，这一领域的教育法治人才需求量大概在24万/40年，为6000人/年。

二是法治教育领域。根据《青少年法治教育大纲》的规定，这一行业的教育法治人才需求量很大，且有不断向上拓展的空间。《青少年法治教育大纲》要求："以宪法教育为核心，把法治教育融入学校教育的各个阶段，全面提高青少年法治观念和法律意识，使尊法学法守法用法成为青少年的共同追求和自觉行动。"在我国大中小学校的学生均涉及接受法治教育不足的问题。近年来，普遍发生的校园欺凌、学生套路贷被害、学生参与帮信罪等事件，也充分揭示了对学生开展法治教育的紧迫性。按照法治教师队伍专业化建设考虑，如果依"一校一人"配置的话，这一规模也接近6000人/年。事实上，很多大学规模庞大、在校学生人数众多，其需求量将远远超过"一校一人"的配置。

三是教育法律服务领域，其主体为专业从事教育领域法律服务的律师。近年来，随着律师行业的专业化，在我国法律服务市场涌现出了一大批聚焦教育法律服务的专业律师事务所。[①] 其业务范围包括学校常年法律服务、校园依法治理、青少年法治教育以及涉校法律纠纷化解等。我国现有律师67.7万人（截至2023年7月），[②] 按1‰的从业比例计算，从事教育领域法律服务的专业律师总规模为6000多人。按照人均工作40年计算，需求量在150人/年左右。

---

① 例如，四川蓉桦律师事务所长期专注这一领域，开发出了较为成熟的教育法律服务板块，诸如"教育法律顾问""教育风险评估""教育危机处置""教育法律服务专项"。

② 白阳：《我国现有律师67.7万多人律所3.9万多家》，https://www.gov.cn/lianbo/bumen/202307/content_6889557.htm。

如果再将这一算法推广到法院、检察院等从事家事审判、未成年人案件审判或者检察工作的话，这一需求量还将翻番。可见，随着我国法治建设事业不断走向深入，教育现代化、法治化不断深化，社会对教育法治人才的需求将是迫切的。

显而易见的是，无论是对教育法学这一学科而言，还是教育法治人才培养而言，综合性师范院校都是最有优势、最具基础的。教育法学以教育法治为研究对象，对于学生、学校、教育、教学的特殊性与发展规律最为熟悉的莫过于综合性师范院校。综合性师范院校以师范教育为基础，在教育、心理等学科深耕，同时旁及其他学科，诸如法学、工商管理学、经济学、商学等，完全具备从事教育法学研究与教育法治人才培养的底气。我国师范类普通高校目前约有150所，在软科中国大学2023年法学专业排名榜单上，前312所法学院系中有30余所师范类大学。① 粗略地看，按照每家单位200人/年的招生规模计算的话，全国范围上述所有综合性师范院校全部培养教育法治人才也是难以满足教育领域法治建设的需求的。目前，江苏师范大学在法学院与教育学院联合培养少量的（法律）教育硕士，西南大学在法律硕士中开设法治教育方向，华东师范大学在教育法学硕士与博士人才方面也有积极作为。但是，这些主要是对研究生培养的探索，从全国范围的供给来看，每年不超过200人，根本无法填补我国教育法治队伍的巨大缺口。以四川省为例，共有小学5730所，初中3716所，普通高中768所，按照"一校一人"专业化的法治教师的需求计算，总数将达10214人。按照40年职业周期计算，四川省范围内专业化的法治教师培养规模应当达到256人/年，这还不算上四川省高等学校的用人需求。然而，这一工作在四川省尚属空白。因此，在四川省乃至全国范围内推行本科阶段的教育法治人才培养改革是时代所需。

三、教育法治人才之规格

教育法治人才是法学学科与教育学科相互交叉、融合发展的产物，是顺应教育现代化、法治化建设的需要应运而生的。正因为如此，教育法治人才的基本规格，必然体现两个学科交融，不妨概括为"法学底色、教育特色"。

首先，必须坚持"法学底色"。教育法治人才首先应是法治人才，必须具

---

① 上海软科教育信息咨询有限公司：《软科中国大学专业排名2023（法学）》，https://c.m.163.com/news/a/I79IDRN205562QUB.html。

备法学专业人才的基本素养、基本能力，具备国家对于卓越法治人才的基本要求。根据教育部制定的《法学类本科专业教学质量国家标准》（以下简称《法学标准》），合格的法治人才形象是"德才兼备，具有扎实的专业理论基础和熟练的职业技能、合理的知识结构，具备依法执政、科学立法、依法行政、公正司法、高效高质量法律服务能力与创新创业能力，熟悉和坚持中国特色社会主义法治体系的复合型、应用型、创新型法治人才及后备力量"。按照这一标准，法学专业培养的法治人才主要是在道德品质（德）、法学素养（才）、专业能力与创造能力（能）、法治信仰（信）上符合国家的标准。这一标准科学、全面地把握住了法治人才的培养规格，实践中，不同法学院系在人才培养方案中对此普遍遵守，仅有具体表达形式的不同而已。

"德"为才之帅。在我国，法治人才的培养对道德品质的重视是一以贯之的传统。习近平总书记在中国政法大学视察时强调，要"立德树人德法兼修抓好法治人才培养"[①]。可见，"德"在法治人才培养中的重要地位。毕竟，法治人才系社会治理体系中坚守公平正义底线的人，其内在必须有很高的道德水准，否则公平正义的天平就会因为利益的诱惑、不良文化浸染等负面因素受到影响。

"才"为德之资。德才兼备、德法兼修，对于法治人才而言，德仅仅是基本的要求，如果无才可用，法治中国建设必定是空中楼阁。法学是一门专门的学问，法治建设有依法执政、科学立法、严格执法、公正司法、全民守法等方方面面的问题，需要有"才"的法治人才，方能对症施治，在具体的法治情境中寻求公正正义的解决方案。法律人必须要有"法才"，即要有扎实的法学专业理论素养，通常也包括高效、高质的法律服务能力。当然，如果单独将"能"作为一种规格的话，这里的"才"则专指扎实的法学专业理论素养。

"能"为才之器。才干与能力相辅相成，扎实的法学专业理论基础必须通过高超的法律服务能力（口头表达能力、沟通协调能力、写作能力）解决现实中的法律问题，"才高低能"不是理想的法治人才形象。法治人才应具有实践性，以实干为导向，满腹经纶却无能之辈难以将法治中国建设成功。此外，"创新创业能力"（创造力）也是法治人才应当具备的基本能力。相较而言，"创新创业能力"是法律服务能力的自然延伸，体现了法治人才专业化发展的潜力，顺应了我国"大众创业、万众创新"的社会潮流，其必然构成了法治人

---

① 《习近平在中国政法大学考察时强调：立德对人德法兼修抓好法治人才培养 励志勤学刻苦磨炼促进青年成长进步》，《人民日报》，2017年5月4日第1版。

才规格的组成部分。

"信"为德之道。我国是社会主义性质国家，这是我国的国体，这是历史的选择，也是未来的道路。我国的法治是中国特色社会主义法治，法治人才必须坚守这个信念，始终坚持"四个自信"。"信"在法治人才教育培养过程中将发挥极大的作用，在意识形态、话语体系、价值观等方面均提供"信"的力量。

因此，"德""才""能""信"构成了法治人才基本的质量规格，唯有同时具备这四个方面才能成为合格的法治人才。①

其次，应当具有"教育特色"。教育法治人才应同时兼具教育人才的特征。更为准确地讲，"教育特色"是在"法学底色"基础上做"加法"。具体而言，"教育特色"不需要做重复性人才培养工作，仅需要在法治人才培养的基础上，兼容相关教育人才的要素，扩展法治人才的核心素养与能力，从而在大学本科人才培养阶段，有效地实现"一专多能"。根据《教育学类教学质量国家标准》（以下简称《教育标准》）的规定，教育人才应当"培养具有坚定正确的政治方向、高尚的道德品质，具备良好的科学与人文素养，具有国际视野，系统掌握教育科学和本专业必需的基础知识、基本理论、基本技能和方法，具有较强的创新创业精神和教育创业实践能力与管理能力，能够在各级各类教育及管理机构胜任教育、教学、管理与研究工作的高级专门人才"。因此，对于教育人才的规格也同样可以在"信""德""才""能"等方面进行把握。"具有坚定正确的政治方向"这是"信"的要求，相较于法治人才而言，对于"信"的表达虽具体不同，但实质完全一样。"高尚的道德品质"属于"德"的范畴，原则上法治人才之德与教育人才之德也可以相互贯通、兼容。《教育标准》在"才"的方面，除开"教育专才"之外，还提及了"具备良好的科学与人文素养，具有国际视野"，这在《法学标准》中没有提及。但这并不意味着，法治人才的规格中不需要这些元素。事实上，"具备良好的科学与人文素养"是法治人才成才的基本要素，无论是在法学专业课程，还是在学校通识课程的教学中，"科学与人文素养"均至关重要。因此可以认为，《教育标准》这一表述更加精准。至于"国际视野"，依据《意见》以及《卓越法治人才意见2.0》，可以将法治人才区分为一般法治人才与涉外法治人才，对于前者并未见有"国际视

---

① "德""才""能""信"这个顺序并非一字排开，而是回环相衔，故也可以表述为"信""德""才""能"。此处主要是照顾了《法学标准》文本中的表述顺序。但从根本上讲，"信"应当排在"德"之前。

野"的专门表述,对于后者则高度强调"国际视野"。《意见》强调要"加快培养具有国际视野,精通国际法、国别法的涉外法治紧缺人才"。《卓越法治人才意见 2.0》则专条论述了"构建涉外法治人才培养新格局"。据此,"教育特色"的关键是把握"才"之教育方面的专门知识与素养,以及"能"之教育方面的专门技术与能力,即"教育科学和本专业必需的基础知识、基本理论、基本技能和方法"。至于"较强的创新创业精神和教育创业实践能力与管理能力",与法治人才"创新创业能力"并无本质不同,无须特别考虑。

综上所述,教育法治人才在基本规格上坚持"法学底色、教育特色",主要是在传统法学专业教育基础上补齐"教育专才"与"教育专能"。

四、教育法治人才之塑造

教育法治人才之塑造是一个增强版的法治人才培养过程,是在传统法学专业教育中嵌入"教育特色",在课程体系、实践教学等人才培养环节中补齐"教育专才"与"教育专能"的过程。

一是开设教育类必修课程与选修课程。教育类专业范围广泛,包括教育学专业、科学教育专业、人文教育专业、教育技术学专业、艺术教育专业、学前教育专业等。按照《教育标准》宜将"专业基础课程"作为参照系,将涉及体现教育原理、教育规律的课程作为教育法治人才修读的必修课程,作为传统法学专业核心课程,例如教育心理学、教育通论、教学论、德育原理、教育哲学的"扩展版"。将部分教育类核心课程,诸如教育社会学、教育文化学,作为教育法治人才修读的选修课程,作为拓展学生知识与眼界的内容。

二是创新教育法治类必修课程与选修课程。此类课程作为教育法治人才培养的特色课程,居于法学与教育学的交叉地带,将较为成熟的基础理论部分纳入必修课程,将前沿与实践创新部分纳入选修课程。前者可以考虑开设教育法学原理,后者可以考虑开设前沿选修课程,诸如教师法、高等教育法、基础教育法、职业教育法、民办教育促进法、未成年人保护法与预防未成年人犯罪法等,以及实践创新课,诸如青少年法治教育实务、校园法治实务、未成年人权益保障实务、少年司法实务等。

三是研发融合教师教学技能与传统法律职业技能相契合的课程。在传统法律职业技能训练课程基础上,融合现代教师教学技能,对传统法律职业技能训练进行优化。教师教学技能与法律职业技能事实上有很多相通之处、相融之处:两者的功能都在于"沟通",无论是书面沟通还是口头沟通。两者不同的是目的指向。教师教学技能旨在促进受教育对象更加有效地理解教师讲授内容，撼动受教育者内心世界，从而使其成长与进步；法律职业技能旨在增进当事人信任、司法官员认知，从而促进社会法治共识的形成，使得矛盾纠纷与争讼得以化解。虽然终极目标不同，但是在教育或者冲突化解过程中促进"沟通"对象的理解与信任并无本质不同，都是一种"说服"的技能。因而，现代教师教学技能高度发达，其训练手段、训练方法完全可以"为我所用"。例如，课堂教学设计（出庭预案制作）、普通话训练（案件汇报、庭审发问、法庭辩论）、教学微格训练（模拟法庭），这些教学内容与教学方式完全可以实现交叉融合、交叉赋能。

在见习、实习等传统实践教学环节，探索"法学+"的双见习、双实习模式。在大学一年级主要安排学生前往传统法律行业，诸如律师事务所、法院、检察院、监狱，使学生获得"法治初体验"；在大学二年级主要安排学生前往教育法治行业，开展专题式教育法治活动，诸如赴中小学开展青少年法治宣传；在大学三年级暑假安排2个月左右的集中法学专业实习；在大学四年级第二学期最初阶段安排1个月左右的集中教育法治岗位实习，主要在各类学校试岗担任"法治辅导员""法治教师"或者从事校园法律事务管理工作，把就业试岗与毕业实习有机结合起来。

教育法治人才是在传统法学专业教育基础上做增量，增加"教育特色"，在学生修业学分上需要增加40~50个学分，这就需要学生利用更多的时间投入课程学习之中。考虑到可行性，应当允许学生选修开放式课程平台上的教育类课程，通过在线课程学习，获得相关学分[1]，从而确保"教育特色"能够有效融入"法学底色"之中。

五、教育法治人才之初探——以四川师范大学实践为例

四川师范大学法学本科专业人才培养始于1995年，2013年入选四川省首批卓越法律人才培养基地，2020年入选国家法学专业"一流本科"建设点，因在法律职业技能训练以及创新创业教育改革做出的突出贡献，曾经连续三届荣获四川省高等教育优秀教学成果奖。

---

[1] 对于在线课程学分认证问题目前还存在着很多壁垒，亟待破局。"近年来，在线开放课程在世界范围迅速兴起，拓展了教学时空，颠覆了教学传统，正引领一场教育的大变革……在线开放课程学分如何认定是这场教育变革中亟待解决的问题之一。"汪基德、李博：《在线开放课程学分认定：形式、问题与建议》，《开放教育研究》，2018年第5期，第39页。

首先，四川师范大学在探索教育法治人才培养改革方面具有自身的优势。一是具有综合性师范大学的学科背景，法学、教育学、心理学多学科交叉融合具有现实可能性。四川师范大学是四川省属重点大学、国家首批"中西部高校基础能力建设工程"实施高校及全国深化创新创业教育改革示范校，是四川省举办本科师范教育较早、师范类院校中办学历史较为悠久的大学。学校开办有文学、理学、工学、哲学、经济学、管理学、法学、历史学、教育学、艺术学、农学、交叉学科等十二个学科门类，因此，完全具备教育法治人才培养的学科交叉、学科融合的基础。二是设立了教育部青少年法治教育中心，为教育法治人才培养提供了高端实践性平台。2018 年，教育部政策法规司、四川省教育厅、四川师范大学依托于四川师范大学法学院共建了教育部青少年法治教育中心。该中心是立足四川、辐射西南、面向全国的青少年宪法及法治宣传教育基地、青少年法治教育人才培训基地、青少年法律援助基地、教育与法治协同创新智库，即"三基地一智库"，其足以为教育法治人才培养提供极佳的实践教学条件。例如，学生可以深度参与一年一度的"学宪法·讲宪法"大赛的组织与指导工作，完成极有意义的富有中国特色的教育法治实践活动。

其次，四川师范大学先行先试了教育法治人才的培养改革。一是 2020 年四川师范大学法学专业成功申报国家"一流专业"建设点，其定位的法学专业人才培养方向即青少年法治教育；在法学专业人才培养方案之中，融入了丰富的教育法治元素，开设了青少年法治教育、教育法治原理等选修课程，实践教学环节增设了"根据学生意愿，选派学生到中小学担任实习法治教师"的实习项目。二是 2020—2023 年连续开设了法学专业创新实验班，遴选优秀的本科学生，开设跨专业课程，包括教育学、心理学等，指导学生开展教育法治类的调研课题，成效显著。三是开展了一系列教育法治创新实践活动，特别是依托中小学建设了青少年法治教育实践基地。2020 年以来，四川师范大学法学院组建的大学生暑期社会实践志愿者队伍，连续多年以"立命民生、缘法而行"为主题面向四川德阳市的绵竹市和四川成都市的金堂县、大邑县开展法治教育与宣传工作，成效显著，多次荣获共青团中央、成都市的表彰，成为一个高显示度的法治宣传教育标签。2023 年 9 月，四川师范大学法学院与成都市新津区五津初中签订了共建"青少年法治教育实践基地"协议，为新津五津初中开设法治类校本课程，选派优秀学生代表常驻该校授课。这一举措对教育法治人才培养改革具有标志意义，其正式将需求端与供应端有机结合起来，为人才培养建立了稳定的校外实践教学基地。

不得不承认的是，四川师范大学的改革探索尚处于起步阶段，法学与教育学的深度交叉与融合尚未实现，改革瓶颈尚未突破。一是跨学科、跨专业、跨学院的联合培养机制没有形成。法学与教育学分属于不同学科、不同专业，在传统综合师范院校分属于不同学院，而不同学院拥有不同的课程设置权限、教师配置权限。按照教育法治人才培养的设想，法学院系必须联通教育学院系，在行政组织架构上为跨学科、跨专业、跨学院提供保障。然而，四川师范大学法学院与教育科学学院之间虽然也建立了一个松散联动组织，但彼此之间缺乏"硬"约束力，跨学院开设必修课或者选修课这一目标没有落实。二是"教育特色"有效融入"法学底色"难以成功。教育法治人才首先是法治人才，然后才是教育法治人才。因此，教育法治人才的培养不能淡化"法学底色"，但如何自然、有机地在法治人才培养环节中融入"教育特色"始终都是难点、堵点。不仅有课程体系的深入改造，也有实践教学环节的提档升级，真正实现"法学+"的目标，目前看来仍然显得任重道远。三是作为教育法治人才的标志性事件，法科生报考和取得"教师资格证"的人数和占比均有限，这说明当前的教育法治人才的培养改革很难作为一种人才培养模式固定成型。

青少年法治素养成长评价的教育叙事

——以公民权利与义务的教育为例

余 华 孙华丽[*]

摘 要：办好青少年法治教育理论和实务课程是师范院校法学专业凸显教育特色的显著表征，而洞悉青少年身心特点和认知发展规律，对青少年法治素养成长开展有效评价，发挥教育评价的改进、激励功能有利于夯实该课程教学的根基。本文按照《青少年法治教育大纲》确定小学、初中、高中、大学的法治教育进阶架构，以某师范大学及附属中小学的公民权利与义务教育为例，通过观察和考查青少年学习法律知识、运用法治思维、依法维护权利与履行义务的情境体验和品质能力，力求细致呈现青少年法治素养成长评价的要素、过程和结果，进行兼具学段适切性、连贯性和进阶性的教育叙事。具体内容如下：通过"分享争星"分析小学生对公民权利与义务的初步感知，借助"情景剧"评价初中生对公民权利与义务的认知深化，利用"模拟法庭"明确高中生对公民权利与义务的认同强化，借由"微型课题"考查大学生对公民权利与义务的认定实化。

关键词：法治素养；成长评价；教育叙事；权利与义务

中共中央办公厅、国务院办公厅印发《关于加强新时代法学教育和法学理论研究的意见》提出加强教育法学学科建设。一直以来，我校的教育法治教学和研究是法学专业教育的重要特色，青少年法治教育理论和实务课程亦是法科

---

[*] 余华，四川师范大学法学院教授；孙华丽，西南大学马克思主义学院博士研究生。本文系 2022 年度四川师范大学人才培养质量和教学改革校级项目"'双创'竞赛视域下卓越法治人才创新创业能力培养模式探究与实践"（20220009XJG）的阶段性成果。

生真心喜爱、长久获益的选修课。为办好这一课程，了解青少年身心特点和认知规律，掌握青少年法治素养成长特点和评价方式非常必要。《青少年法治教育大纲》（以下简称《大纲》）基于青少年认知差异和成长规律，规定大中小学各学段法治教育的目标和内容，强调要"探索建立综合性的青少年法治素养评价机制"，尤其要对青少年的法治知识、法治情感、法治思维、法治能力、法治实践等进行渐进性评价。在党的二十大确立"加快构建中国话语和中国叙事体系"[1]政策语境下，开展青少年法治素养成长评价的诠释和叙事成为青少年法治教育领域的重要话题。本文以贯穿于青少年法治教育全过程的"公民的权利与义务"为叙事主题，以大中小学法治教育的课堂实景为叙事媒介，以教育过程的参与者为叙事主体，进行动态化、进阶式的青少年法治素养成长评价叙事。

一、青少年法治素养成长评价的教育叙事逻辑

对青少年法治素养成长进行科学合理的评价，是大中小学法治教育的"监测仪"，对追踪学生学习路径、检视教育难题和提升教育质效具有重要作用。青少年法治素养成长的评价，应按照学生的年龄、思想层次、行为习惯形成发展的特点和规律，突破拘泥于某一固定学段的静态和终结性评价的禁锢，对学生的过去、现在、未来展开持续性观察、追踪和跟测，力图动态、长期、连续地给学生的学习状态和教育效果"画像"，考查学生学习法治知识或案例后情感态度、思维层次、社会适应等方面相对于原有水平的"进步值"。换言之，从小学到大学开展有针对又连续、有层次又递进的评价，将前一阶段的评价结果作为青少年法治教育进阶循环链条中下一阶段的新起点，促进新的评价在以往基础上向更高阶的层级递进，着力彰显青少年法治素养成长有序、衔接有法、进阶有度的特性。

通俗语境下的叙事乃叙述故事，而教育叙事指的是教育主体对教育内容进行叙述和意义诠释的过程。针对青少年法治素养成长评价进行的教育叙事，即教育者基于青少年法治教育过程，结合青少年对法治内容的学习目标和学业质量标准，对法治知识、法治情感、法治思维、法治能力、法治实践等评价要点进行分学段评价和阐释的过程，教育者和青少年在其中是双向交互、深度参与的共同叙事者。这种模式全方位关注学生法治素养的起点、增值和成长，能较

---

[1] 习近平：《习近平谈治国理政（第四卷）》，外文出版社，2022年，第317页。

好地展现青少年法治素养从感性、知性到理性的认知跃迁，亦能在以评促学、以评促教中提升育人实效。本文着眼于青少年话语表达、情感属性、认知水平和生活视界的拓展和递进，以贯穿青少年法治教育全过程的公民的权利与义务为例，以《大纲》、大中小学法治教育的课标和教材为叙事标准，以互动性、反思性和沉浸性的教育场景为叙事媒介，以法治知识、法治情感、法治思维、法治能力、法治实践为叙事要点，针对不同学段青少年法治素养成长设计评价过程，即小学生立足日常生活，"见人见事见情"；初中生立足情境体验，"见规范见观念"；高中生立足理性认知，"见思维见意识"，大学生立足理论探究；"见法理见运用"，以期呈现一条逻辑清晰的一体化叙事脉络。

二、通过"分享争星"考查小学生对公民权利与义务的初步感知

小学生主要以具体形象思维为主，对小学生的法治教育和法治素养评价要从孩童的视角出发，以充满童真、童趣和童言的评价方式观察了解小学生的规则意识、遵规守纪和法治启蒙情况。小学生喜爱"追星"，更愿"争星"后"当星"，因此，可以开展"权利与义务我来讲"主题的讲故事活动，关注学生对权利与义务的了解和表达，考查学生是否能结合生活事例诠释权利的类型以及自身在学校和社会生活中承担的义务，是否能初步把握权利与义务的关系，在日常生活中是否具备自我保护意识等（见表1）。还可拓展性设计"表达小能手""作品小巧手"等星级徽章表的具体评价内容（见表2），给予"总评"为"3星"的学生相应星章奖励，学生集满规定数量的星章，可兑换走进班级"星光大道"的机会。换言之，通过"分享争星"实现"见人见事见情"，考查学生对公民的权利与义务的初步感知，让学生在快乐学习之际萌生向其他人学习的念头，同时促进学生积极参与到评价中来，从而在教学评一体中使他们对规则和法律形成一个"望之俨然，即之也温"的印象。

表 1　公民权利与义务之"分享争星"的评价考核

文本分析	《大纲》和《义务教育道德与法治课程标准（2022年版）》（以下简称《道德与法治课标》）明确规定小学生要初步了解公民的基本权利和义务、未成年人的特别权利以及消费者权益等民事权利，初步树立有权利就有义务的观念和依法维权意识。《道德与法治》教材六年级上册第1课"法律是什么"中出现权利与义务，第2课"感受宪法日"出现基本权利和基本义务，为后面进一步学习第4课"公民的基本权利与义务"做了知识铺垫		
学习目标	①初步了解公民基本权利与义务、未成年人的特别权利，以及部分与日常生活紧密相关的民事权利 ②尊重并遵守生活、校园和社会中的规则，感知生活中的法，对法形成正向的亲切感 ③能结合生活事例讲述公民权利和义务及未成年人的特别权利，当权利被侵犯时，有依法维权的意识		
任务要求	①任务：以小组为单位，结合"权利与义务的内容我来讲"主题，在本班级分享权利与义务的基本内容 ②要求：基本知识点清晰无误，能结合生活案例进行描述		
评价量规	分析与设计	过程与展示	反思与评价
	☆☆☆：准确理解任务要求，设定清晰的教育目标和步骤	☆☆☆：能结合身边多样案例和故事，用自己的话描述权利与义务的内容；主动感知、靠近身边的法，对法萌生正向情感；在讲述中遵守课堂规则；当权利被侵犯时，能初步提出维权主张；拓展性设计多个作品并适时进行展示	☆☆☆：积极思考、发表意见；认真听取他人讲解，能发现自身和同学讲述存在的问题并进行总结和评价
	☆☆：对任务要求一知半解；整体思路比较清晰，部分步骤缺失	☆☆：能联系生活故事，借助教材语言叙述权利与义务的内容；较为主动感知身边的法律；在讲述中遵守一些课堂规则；知道被侵权后应维权，但不具备维权能力；设计少数作品并结合讲述过程进行展示	☆☆：比较积极思考；较为认真听取他人讲解，能总结出他人和自身存在的部分问题
	☆：不能理解相关任务，整体设计思路不清晰	☆：对权利与义务的内容理解有偏差且不能与日常生活紧密联系；机械、被动地认识生活中的法；不理解、不遵守课堂规则；权利被侵犯时，不知道可以维权；没有设计相关作品	☆：讨论不积极、被动提建议；听取他人讲解，但不能总结出自身和他人存在的问题
师评	☆☆☆	☆☆☆	☆☆☆
自评	☆☆☆	☆☆☆	☆☆☆
生评	☆☆☆	☆☆☆	☆☆☆
其他	☆☆☆	☆☆☆	☆☆☆
总评	☆☆☆	☆☆☆	☆☆☆

表2 公民权利与义务之"分享争星"的星章评价

星级奖章	争星目标	评价内容
表达小能手	学会与他人交流，积极发表个人看法	①能认真倾听并尊重他人对权利与义务的看法，不否定，不嘲笑 ②积极参与学习活动，勇于提出自己的想法
合作小帮手	积极参与小组项目并力所能及地帮助成员，协作意识强	①在团队中给予他人表达的机会和自由 ②对需要帮助的同学及时施予援手
礼仪小标兵	文明守序、礼貌待人、遵规守纪	①在表达过程中使用正确、礼貌的语言 ②自觉遵守课堂讨论纪律，不大声喧哗
作品小巧手	作品内容契合主题、表达完整	①能用作品表达出权利、义务的基本内容 ②作品内容正确，形式丰富多样
其他		

小学学段是学生情感激发、习惯养成的关键时期。对小学生法治素养成长的评价，不仅要整体考虑小学生法治素养的启蒙属性，还要关照小学低、中、高段的学习特点进行差异化的评价进阶叙事：小学低段重在评小学生是否初步认识和悦纳自我，以及在新的生活环境中的遵规守纪情况；小学中段重在评小学生对法律是否有一定的正知正见，完成初步的法治启蒙；小学高段重在评小学生是否初步由行为他律转变为自律，养成良好的规矩意识和行为习惯。为避免小学、初中学生法治素养评价出现"学段失联"的情况，教育者需准确理解和把握义务教育阶段的"段间规律"，构建小学、初中学生法治素养成长评价的"手拉手"递进模式，实现小学学段主要评价规则意识向初中阶段主要评价法治观念递嬗。

三、借助情景剧评价初中生对公民权利与义务的认知深化

初中生相较于小学生，生活视界更为宽广，独立思考意识与价值判断能力有所增强，但尚未完成感性至理性的蜕变。因此对初中生法治素养成长的评价不能完全依托于终结性评价，还需结合学生已有生活经验，设计"实践式、体验式、参与式"的活动，构建贴合公民权利与义务的法治情境，让学生在参与互动、思辨实践中体验寻味，进而考查学生对公民权利与义务知识的学习和认知情况。鉴于此，教师可借助情景剧开展初中生法治素养成长的评价，这是一种将学生置身于精制的故事场景和情节，实现情景交融、情感共鸣的沉浸式体验的评价方式。参与情景剧的学生将难以用理论和思辨说清楚的但又能"感觉

得到的东西"有效地外化和表达,让"事实本身发声"的同时完成意义诠释,实现"见规范见观念"。教师基于学生对情景剧的演绎,按照"参与感—成就感—获得感"主线构建考核评价表,紧扣学生剧本制作、剧本表演、知识总结和反思过程,考查和评价学生对权利与义务知识的掌握情况及素养生成情况(见表3)。

表3 公民权利与义务之以"剧"彰法的评价考核

文本分析	《大纲》和《道德与法治课标》强调要进一步深化学生对公民基本权利和义务的认识,在更宽广的视野辨识社会生活中关涉权利与义务的行为,初步了解侵犯知识产权、劳动权以及校园伤害等民事侵权行为。初中《道德与法治》有关权利与义务的内容不少,八年级下册第一单元第一课第一框中提到"宪法广泛规定了公民的基本权利",第二课第一框中亦提到"依照宪法行使权利,履行义务",第二单元"理解权利义务"对权利与义务内容的着墨尤为集中		
学习目标	①理解每个公民都享有法律赋予的权利,同时也必须履行法定义务,深化对权利与义务相统一的认识 ②养成尊法学法守法的习惯,能简单分析公共生活中的权利与义务,初步认识行使权利、履行义务的界限和方法,初步具备依法办事的意识和依法维权的能力		
学习任务	①任务:以小组为单位设计以"珍惜权利,履行义务"为主题的情景剧剧本并参演 ②要求:自行组队并合理分工,基本观点清晰无误,情景剧可结合社会生活的案例设计(案例不限可自编)		
剧本设计	①剧本契合权利与义务主题,贴合生活实际,剧本情节逻辑清晰、素材丰富、场景多样;剧本的叙事情节与知识呈现相辅相成 ②剧本能充分体现权利与义务的教学内容,且知识呈现客观、正确、全面 ③剧本的价值导向明确,有正确的权利与义务观,让人在潜移默化中学习法律知识,产生依法维权意识等		
等级	A级	B级	C级
小组表现	①小组分工明确、人员安排合理妥当,且表演创造力强;沉浸式表演中呈现出对法律的尊重、信任和遵守,将法律术语以学生喜闻乐见的形式呈现 ②剧本内容紧密契合权利与义务主题,贴合社会生活实际,逻辑清晰、素材丰富、场景多样、结构合理 ③剧本的价值导向明确,能起到传播社会正能量的作用	①小组分工明确、人员安排合理妥当,表演较投入、场面较有序 ②剧本内容紧密契合权利与义务主题,但是生活案例和场景较少 ③剧本价值导向比较明确	①小组分工混乱、责任落实未到位、人员安排不合理,表演混乱 ②脱离理论和实际,剧本对"权利与义务"主题的展示较为片面,案例呈现及与剧本内容结合较少 ③剧本价值导向较弱

续表

等级	A级	B级	C级
个体表现	做设计剧本、表演等明显贡献，认真完成自己角色职责；能积极参与讨论，无扰乱本组、其他组状况	积极履行自己的角色职责，有时帮助担任其他角色的同学	对自己的角色职责出现懈怠、偷懒的现象
学业成就	在参与过程中能结合具体案例正确分析权利与义务的内容及关系；能正确规范地用权利与义务相关内容的法言法语分析社会实例，知晓权利行使的界限	知晓部分案例所对应的权利与义务的内容及两者的统一关系；能用权利与义务相关内容浅显解释社会现象，知晓权利行使的界限	多以教材知识为主理解权利与义务的内容，对两者的关系认识模糊不清；不能结合相关知识进行社会现象的解读和阐释，对权利行使界限理解有误
	能结合所学知识和生活事例解释权利与义务为什么是统一的，知晓校园和社会生活中的主要权利和义务	对权利与义务的统一有一定认识，了解校园和社会生活的部分权利与义务	对权利与义务的统一有一定认识，了解校园和社会生活的部分权利与义务
	能初步识别危害自己人身和财产安全的侵权行为，掌握常见的自我保护方法和维权途径	能识别部分危害自己人身和财产安全的侵权行为，有一定的依法维权意识	基本能识别危害自己人身和财产安全的侵权行为，但不能自我保护，也不会依法维权
评价	自评：　　　　　　生评：　　　　　　师评：　　　　　　其他： （我目前处于什么水平？我收获了什么？我距离目标近了多少？还可采用什么办法实现学业"增益"和"进步"？）			

在小学学段帮助学生形成良好的遵规守法习惯的基础上，初中学段开始突破法治启蒙，逐渐向指导学生了解基本的法律要求、践行法治行为、明辨法治是非等方面深入。《大纲》及《道德与法治课标》强调初中学段要关注学生的法律常识、法治观念和初步运用法律知识社会生活情况，而道德与法治教材每一课的起始活动都是"运用你的经验"，与学生的生活体验对接，这为初中生法治素养成长的评价提供了一个支点，在安全、民主、平等的情境中展开讨论和对话，强调师生、生生之间的高质量互动，使得对学生有关法律知识的掌握可观、可测、可量，以明确学生是否在学思践悟中进一步强化法治情感、深化法治观念、培养依法维权的意识和锻炼依法维权的能力，是否能厘清公民权利与基本权利、公民义务与基本义务、依法行使权利和依法履行义务的区别与联系，是否能初步领会隐含在典型案例背后的宪法精神和法治价值。同时，这一阶段的评价还要做到"瞻前顾后"，既要考虑学生法治素养的实际起点，还要在努力完成本阶段学生法治素养的成长任务和评价的基础上，为高中学段法治

教育和评价做好铺垫。

四、运用"模拟法庭"考查高中生对公民权利与义务的认同强化

高中生逐渐摆脱了对具体形象类事物的依赖和感性经验的困顿，辩证思维、抽象思维、理论思维得到充分发展，开始用全面、辩证、建构、发展的眼光审视现实。那么对高中生法治素养评价时不能囿于法治行为习惯、记忆法治知识等低阶思维，而是以高阶思维"实施综合性教学评价，重点考查学生整合知识、理论联系实际、分析和解决问题的能力"[①]。校园模拟法庭是学生在法治教育工作者指导下，以案例、故事、场景为载体，严格按照诉讼程序模拟演示庭审活动的一种教学形式，是高中生运用法律知识分析法律现象、解决法律纠纷、培养实践能力的良好平台。校园模拟法庭还是一种综合观测学生法治素养的重要媒介，在法庭上可以考查高中生的表现和角色任务是否具有一致性，以及其对法理法条的运用能力、资料收集和文书撰写能力，以及学生的团队合作能力、语言表达能力、临场反应能力等（见表4）。在评价时，既要以小组为单位，对参与模拟法庭的所有学生进行过程性评价，也要考虑小组各个成员贡献大小、素养差异而进行差异性评价。在过程性评价和差异性评价的联结中，引导并促进学生参与模拟法庭，生成具有情感导向性、价值塑造性和实践启示性的学习体验，并为教育者对高中生法治素养评价提供过程性依据。

表 4　公民权利与义务之"模拟法庭"的评价考核

文本分析	《大纲》和《普通高中思想政治课程标准（2017年版2020年修订）》明确高中生要加深对公民基本权利与基本义务的认知；同时还要了解人权保障、律师的权利义务以及一些国际公约的基本内容；能结合社会事例阐述公民依法行使权利、履行义务的行为及法律后果；能初步从理论上论证依法行使权利、履行义务的意义。高中思想政治必修3《政治与法治》第三单元"全面依法治国"有诠释权利与义务的内容，旨在引导学生以更加具有学理性的视野认知、感悟、践行公民的权利与义务。此外，选择性必修2《法律与生活》介绍"从摇篮到坟墓"的民事权利和义务，聚焦公民依法维护合法权益的法律行为，旨在培养学生明辨依法行使权利、履行义务的正确方式

---

① 中华人民共和国教育部：《普通高中思想政治课程标准（2017年版2020年修订）》，人民教育出版社，2020年，第47页。

续表

学习目标	①能结合社会事例解释公民依法行使权利、履行义务行为的重要意义，全面认识公民的民事权利和民事义务，初步厘清权利与义务和美好生活、文明社会、富强国家的关系 ②阐述对权利与义务的有机统一让校园、生活、社会、国家更和谐的感悟，理性分析依法行使权利、履行义务的宪法地位、国家制度，提升政治认同 ③树立依法办事的意识，在社会生活中遭遇法律争议和纠纷，能积极维护权利，自觉履行义务
任务要求	【案例缘由】 ①某主播涉嫌偷税漏税案，②农民工劳动权利纠纷案，③某艺人的名誉权纠纷案 【任务与要求】 ①以8~10人为一组，2组共选同一案例，在法治副校长（辅导员）的指导下，两周内完成相应的法律文书及其他准备工作 ②成果：模拟法庭的演练和展示，结束后以小组为单位提交相应的法律文书，可补充提交总结反思材料

等级	A级	B级	C级
小组合作	①小组分工明确、工作量均衡，成员配合密切，合作意识强 ②小组成员对案情分析、法律适用和证据审查等有积极贡献 ③与庭审参与另一方协作布置现场，做到国徽、参与人标志牌、法槌齐全	①小组分工较为明确，人员配合与合作较有成效 ②成员对案情分析、法律适用和证据审查的贡献参差不齐，少数成员有"划水"现象 ③与庭审参与另一方协作不够，法治场景布置有缺失	①小组分工人员安排不合理，责任落实未到位，工作开展无头绪 ②未能充分发挥所有成员的作用，存在集体意识淡薄、少人干事多人闲现象 ③自行其是，与庭审参与另一方缺乏必要的沟通和交流
证据意识	①明确己方的证明责任，知晓证据真实有效、全面充分，能支持待证事实 ②了解对方主张及可能提出的证据支撑 ③证据材料条理清楚、规范严谨、重点突出。有证可依、有据可傍、有凭可循	①较为明确己方的证明责任，对证据和待证事实的印证基本清楚 ②了解对方主张，大致清楚对方的证据 ③证据材料能规范排列，但对其内在逻辑和链条效应尚不明晰	①不清楚己方的证明责任，也不明白待证的事实 ②对庭审对方主张及可能提出的证据认识模糊 ③证据材料丢三落四、七零八落

续表

等级	A 级	B 级	C 级
学业成就	法治知识：①非常熟悉案件关涉的权利义务，能完整、准确分析案情。②正确理解涉事案件相关的法律知识，并结合案情进行阐释和解读	①较为熟悉案件关涉的权利义务，能对案情作一定分析和解读。②理解涉事案件相关的部分法律知识，知晓权利行使的界限	①对案件关涉的权利义务认识模糊不清，案情分析抓不到重点和难点。②理解涉事案件相关的部分法律知识，知晓权利行使的界限。不能结合权利和义务知识分析案例，对权利行使的界限理解有误
	法治态度：①参与模拟法庭无迟到、早退、打瞌睡、玩手机行为。②遵守法庭规则，注重法庭秩序、礼仪和纪律，尊重庭审参与人，无违反诉讼程序和庭审规则的情况	①参与模拟法庭无迟到、早退现象，但在开庭过程出现打哈欠、玩手机行为。②遵守法庭规则，注重法庭秩序、礼仪和纪律，尊重庭审参与人	①参与模拟法庭存在迟到、早退现象和打瞌睡、玩手机行为。②在沉浸体验庭审过程中，人员不适当地交头接耳，擅离所在位置，不注重法庭秩序、礼仪和纪律
	表达应变：①规范使用法言法语，表达准确流畅、连贯有逻辑。②能及时反馈双方当事人的观点，依法作出处理结果，妥善解决纠纷	①能使用一定的法言法语，表达较为清晰，有一定的逻辑性。②能较好总结双方当事人的诉求和意见	①较少使用法言法语，分析缺乏条理，表达不清晰。②对双方当事人的诉求和意见，抓不到重点，理解不当
评价	自评： 生评： 师评： 其他：（我目前处于什么水平？我收获了什么？我距离目标近了多少？还可采用什么办法实现学业"增益"和"进步"？）		

（注意：开展评价时采用 ABCD 及评语表示。A：非常优秀。B：优秀。C：良好。D：合格。）

基于高中生的认知特点，对他们进行法治教育应结合实际生活中的案例开展法治知识理论的常识性学习，以提升其对法治的理性认知。对高中生法治素养成长的评价，不仅要观察学生听、读、记、思等课堂表现，立体、理性、客观地记录学生学习样态，还要改变以往评价对法治常识掌握程度的过度关注，转向审视学生面对真实情境、执行特定任务时的行为表现，及其背后隐含的法治知识再现和运用能力、法治情感认同、法治思维培养、法治素养建构等综合性表现，全面反映学生法治意识的落实情况，做到在实践中评成长、在参与中评成效，使学生在自评、他评、互评中有获得感、成就感和意义感。同时，还要确保高中学段所采取的评价形式和内容与初中、大学既有差别又是层次递进的关系，实现相邻学段的沟通联结、自然过渡和有序拓展。

五、借由"微型课题"明确大学生对公民权利与义务的认定实化

相较于高中生，大学生抽象逻辑思维和辩证逻辑思维得到成熟发展并趋于稳定，能够更加全面和客观地对自身进行审视和评价，倾向于不断思考自我与他人、国家和社会的关系，善于学习，善用理论联系实际，普遍渴望走出课堂，参与社会实践以获得对社会的深刻认知和把握。因此，高校法治教育要为大学生创造更多调研、观察、分析社会现象的机会。教师要深入钻研思想政治理论课和专业课中的法治内容，充分利用课堂教学讲清楚重大法治理论和实践问题，并积极拓展教学时间和空间，引导大学生开展微型课题调研，实现法治小课堂与社会大课堂的有机融合，使大学生的法治素养在调研中得以检验和评价。鉴于此，可按班级分小组量力而行，自拟调研子课题，确定调研方案，收集有效的资料、数据，并正确分析和判断，形成调研报告。教师根据学生参与调研的过程和结果，判断大学生是否能系统掌握权利与义务在不同领域中的内容、表现形式及相互关系，深刻认识权利与义务对全面依法治国的重大意义，是否树立法治思维，依法行使权利、自觉履行义务，妥善处理学习生活中遇到的法律问题等（见表5）。

表5　公民权利与义务之"微型课题"的考核评价

文本分析	《大纲》要求大学生基本掌握公民常用的法律知识，基本具备以法治思维和法治方式维权、参与社会公共事务、化解矛盾纠纷的能力。大学生思想政治理论课如《思想道德与法治》第六章第四节第二课是"依法行使权利与履行义务"；有些专业也开设法律课程，必然关涉权利与义务
学习目标	①深刻认识公民的权利与义务对全面依法治国的重大意义，自觉抵御不良社会舆论的诱导，能够分析和批判"宪政"等错误思潮 ②培养社会主义法治思维方式，自觉维护社会主义法律权威，养成"解决问题用法、化解矛盾靠法"的良好习惯，能妥善处理学习生活中遇到的法律难题 ③正确辨识民事责任、行政责任和刑事责任，能够从依法行使法律权利、履行法律义务角度理性分析社会热点案例
任务要求	【调研课题】 课题：围绕"大学生的权利与义务"主题，着眼美好生活、文明社会、富强国家与法律权利、法律义务的内在一致性，自行选择调研子课题 【任务与要求】 ①任务：以8~10人为一组，对子课题进行为期一个月的研究，根据子课题的研究情况，以小组为单位上交调研报告，并在课堂进行最终成果展示 ②要求：自行组队、合理分工；汇报时逻辑清晰、观点正确、论据翔实，同时上交研究报告手册

续表

评价内容		A	B	C	评价主体
小组合作	分工及表现	小组分工合理、适当，能根据成员特点合理分配任务，做到扬长避短又发挥合力；各成员都积极参与调研，各明其责又互相帮助；小组活动记录、每阶段研究材料规范完整	小组分工较为合理；大部分同学都能参与调研和讨论	分工不合理；学生的参与劲头不足，敷衍了事	自评： 生评： 师评： 班主任评： 其他：
报告内容	框架建构	框架逻辑自洽、线索明确，主次分明、重点突出、连贯完整、详略得当、环节俱全。调研报告结构严谨、条理清晰、内容翔实	报告框架构建较为完整清晰，部分逻辑环节缺失，详略适宜	结构松散、逻辑混乱、杂序无章，框架不能自洽	自评： 生评： 师评： 班主任评： 其他：
	资料整理	资料选择紧贴主题，类型丰富、正反案例兼具，能有效支撑、论证课题观点	资料局限，资料选择大部分合理妥帖，与论点较好对接	部分资料能论证观点，但也存在部分跑题现象	自评： 生评： 师评： 班主任评： 其他：
	观点内容	能抽丝剥茧后挖掘课题的底层逻辑，做到论据充分、论点简明扼要；能从更广范围全面阐释生活、社会、国家和权利与义务间的一致性及权利与义务对于生活、社会、国家等的积极意义，知晓权利与义务的法律意义，牢固树立权利与义务相统一的思想；能对依法行使权利、履行义务的积极意义和必要性进行理论与实践的分析；能科学正确地处理常见纠纷，了解正确、完整的维权程序，具有维权意识和能力	能看到表面的结构，论据较为充分，论点较为简明扼要；能结合实例理解权利与义务和国家、社会、自身间的一致性，明辨依法行使权利、履行义务的正确方式；能结合实例阐释依法行使权利、履行义务的积极意义和必要性；能正确处理少量纠纷，知晓维权解决程序，具备维权能力	能梳理部分逻辑结构，但论据不足、论点模糊；能初步阐释生活、社会、国家和权利与义务间的一致性，能秉持正确价值取向，解释公民依法行使权利、履行义务的行为；基于教材文本论述依法行使权利、履行义务的积极意义和必要性；初步具备维权能力	自评： 生评： 师评： 班主任评： 其他：
	学科语言	能准确运用语言对课题、案例和所叙之事进行完整分析，内容紧扣主题，报告的话语兼具规范性、艺术性和严谨性的特点	能运用法言法语分析现象，语言较清晰	对相关现象分析有明显错误，法言法语较缺乏	自评： 生评： 师评： 班主任评： 其他：

续表

评价内容		A	B	C	评价主体
报告形式	表达展示	表达清晰流畅、准确自信，观点切中要害、鞭辟入里，案例信手拈来且丰富准确	发言基本做到清晰、准确，略有一点卡顿和紧张，观点稍显浅表化，案例较少	语言表述略微卡顿，节奏不流畅，整体欠佳	自评： 生评： 师评： 班主任评： 其他：
	内容呈现	能综合用PPT、X-mind等软件，将视频、音频穿插其中，图文并茂，展示完整、逻辑清晰、重点突出	PPT内容展示，图文并茂，但无视频，内容呈现较为完整，重点较突出	PPT展示多是文字，内容单一、重点模糊、层次欠缺	自评： 生评： 师评： 班主任评： 其他：
总评：					

（该评价由指导教师、小组成员代表、非小组成员代表一起对各小组的调研报告进行评价，评价结果采用ABCD及评语表示。A：非常优秀。B：优秀。C：良好。D：合格。最后由教师给出总评。）

大学生法治素养成长的评价，应在高中阶段教授法治意识基础上，彰显"知行合一，以行为本"的评价理念，考查大学生对中国特色社会主义法治理论真理性和实践性的深刻把握，是否具有牢固树立走中国特色社会主义法治道路的坚定信念，以及由此呈现的思想认知、情感态度价值观与行为倾向等。换言之，在大学生积极开展调研及研究成果展示、分享过程中，关注他们在探究中的记录与反思，是否涉及中国特色社会主义法治理论的全方位论证，是否注重理论与实践相结合，将中国特色社会主义法治道路的道理和学理学深、悟透、用活，从而强化法治认同，认定法治价值，形成法治信仰。

总之，对大中小学青少年法治素养成长的评价，理应秉承系统性、递进性而非学段性的理念，充分把握学校教育的整体性、差异性和进阶性，要做到不同学段青少年法治素养成长评价在难度上有区分、内容上有侧重、层次上有高低、方式上有差别，总体上按照对法治的初步感知、深刻认知、情感认同、理论内化和实践外显拾级而上、层层跃升，进而充分发挥教育评价的激励、改进功能，帮助青少年不断在学思践悟中将有理有据的"知识学习"升华为有格有节的"情感态度与价值观"和有实有法的"知行合一"，全面、系统、综合提升青少年的法治素养。

数字时代法律职业技能实践教学的挑战与应对

苏镜祥[*]

摘　要：数字时代正在深刻改变社会的运行方式和人类思维学习方式，法律职业这一最古老的现代职业之一也受到数字技术的深刻影响，传统的法律职业的形态正在发生结构性变革，新兴法律职业类型渐次兴起，法律职业技能的知识结构要求和市场需求已然发生变化。在数字时代，信息技术及其应用能为法学教育注入活力是不争事实，传统法学实践教学方式已经无法满足法治人才培养的需求，法学实践教学应当在教育理念更新、课程体系重构、教学方式升级、实践教学资源建设等方面拥抱信息技术的发展所带来的变革，培养能够满足数字化时代法律职业的能力需求的卓越法治人才。

关键词：数字时代；法律职业；执业技能；实践教学

习近平总书记指出："当今世界，科技进步日新月异，互联网、云计算、大数据等现代信息技术深刻改变着人类的思维、生产、生活、学习方式，深刻展示了世界发展的前景。因应信息技术的发展，推动教育变革和创新，构建网络化、数字化、个性化、终身化的教育体系……是人类共同面临的重大课题。"[①]数字时代的智能技术对教育行业的渗透打破了传统教育系统的固有生态，作为高等教育的重要分支，面向数字时代的法学教育转型也成为必然选择。

---

[*] 苏镜祥，法学博士，四川师范大学法学院副教授。本文系四川师范大学2020年度校级教学改革项目"数字时代法律职业技能实践教学的挑战与应对"成果。

① 中共中央党史和文献研究院：《习近平关于网络强国论述摘编》，中央文献出版社，2021年，第17页。

对此，法学教育界进行了深刻的思考，对数字时代的法学教育模式革新进行了全景式的描绘和展望，但仍有待法学教育界进一步予以回应和深入探索。本文拟在此基础上进一步讨论数字时代法律职业形态的变革对法律职业技能职业实践教学带来的影响与应对之策。

一、数字时代法律职业形态的结构性变革

作为世界上最古老的行业之一，法律行业正在和其他行业一起面临互联网、大数据、人工智能为代表的新技术的冲击和影响。法律职业这一高度依赖专业知识、逻辑推理和人际交往技巧的传统职业，面临深刻的角色转型和功能重塑。一方面，现代科学技术作为法律人执业辅助工具的普遍应用极大提高了法律职业工作的质量和效率；另一方面，人工智能等先进数字技术在法律领域的深度运用部分替代了传统法律职业人的通常工作类型，人工智能律师、人工智能法官的出现也引发了法律人对人工智能是否会替代律师、替代法官的隐忧。总体上，随着数字时代的来临，法律职业形态正在发生深刻的结构性变革。

（一）数字时代催生了新的法律职业形态

传统法律职业一般包括法官、检察官、律师等，随着法治在国家治理、经济社会发展中的作用提升和法律职业分工的细化，公证员、仲裁员、涉法公务员也被纳入法律职业的范畴，并催生了书记官、法律助理、司法执行人员等法律辅助类应用型人才。随着以大数据、人工智能为代表的数字技术的出现，律师、法官、检察官等传统法律职业的工作方式得以优化，工作效率得到极大提升。比如，司法大数据平台的智能分析、法律文书的自动生成系统，为法官案件办理及时提供完整法律研究、全面判决参考和快速制作法律文书，在诉讼案件大量、快速增长背景下极大缓解了法官的办案压力。又如，我国全业务网上办理、全流程依法公开、全方位智能服务的智慧法院建设模式，既极大地方便了人民群众获取司法服务，也很好地助力了审判人员提升司法质效，以往平均耗时 15 天的上诉案件卷宗移送工作，现在仅需几分钟即可完成；各类智能审判辅助系统减轻法官 30% 以上事务性工作，庭审效率提升 20% 以上。[①]

更进一步，人工智能正在深刻地影响着法律实务领域，传统以书记员、律

---

① 倪弋：《全国智慧法院信息系统建成》，《人民日报》，2022 年 12 月 13 日第 14 版。

师助理为代表的法律辅助人员的专业门槛渐趋泛化甚至机器人化,"人机合作"模式或将成为常态,新的法律职业形态渐次兴起。随着基于数字技术、存在于数字空间的互联网法院、数字法院、数字律师事务所等新型法律事务机构出现;法律知识工程师、法律风险管理师、法律管理咨询师、法律流程分析师、在线纠纷解决师、法律数据分析师、合规官等新的法律职业种类或岗位应运而生①;辅助法律人办案甚至替代法官办案的"人工智能法官"、替代律师提供法律服务的"人工智能律师"等人工智能机器人已经从概念走向现实。比如,有报道显示,美国的律师和人工智能进行的一场比赛中,人类律师的平均准确率达到了85%,而人工智能的准确率高达95%,人工智能在26秒内完成了任务,而人类律师平均需要92分钟。人工智能在一份合同的审查中也达到了100%的准确率,其中得分最高的人类律师的准确率为97%。② 自称是"世界上第一款机器人律师"DoNotPay专注于利用人工智能直接为消费者提供法律支持,绕过整个法律行业。③ 传统法律职业形态的变化和新兴法律职业形态的兴起,势必会对法律职业的执业技能带来变化并提出新需求。

(二)数字时代改变了法律人的执业场景

一般而言,传统法律职业的执业场景具有物理空间性和较强的面对面社交属性。比如,诉讼活动要求法官、律师、检察官和其他参与人"同堂办案",共同在法庭这一物理空间中进行,呈现"同空(同一空间)模式";律师服务的强社交属性要求面对面向当事人提供法律帮助。随着计算机、互联网等现代科学技术的发展,电脑、手机、互联网等"弱人工智能"时代的技术工具使用越来越普遍,但主要作为法律人执业的辅助工具,其没有改变执业场景的物理空间性和社交属性。比如,在线法律咨询平台的使用虽然打破了法律服务提供的时空限制,能够帮助律师通过视频、即时通信等方式为客户提供快速、便捷、异步的法律咨询服务,但仍然没有改变律师职业的物理空间和社交属性。

随着数字时代的到来,数字经济引发的纠纷在线解决、诉讼案件在线审理等智慧法院建设,要求法律人要在"虚拟时空"或"异空(不同时空)模式"场景下执业。比如,在智慧法院建设过程中,部分法院打造的跨网全流程异步

---

① 理查德·萨斯坎德:《法律人的明天会怎样?——法律职业的未来》,北京大学出版社2015年,第127~139页。
② 《26秒内完成合同审查 顶级高校AI打败顶级律师》,https://tech.ifeng.com/a/20180303/44894467_0.shtml。
③ 沈寅飞:《人工智能+法律=?》,《检察日报》,2017年7月26日第5版。

审理模式，就和传统围绕庭审中心主义所建构的诉讼场景大不相同。① 甚至在强人工智能时代，"人工智能法官"基于深度学习通过算法实现"自动审案""自我决策"。比如，2023年1月30日，哥伦比亚一名法官首次使用ChatGPT作出了保险公司应承担与治疗自闭症有关所有费用的判决，成为"全球首例人工智能审判案"，引起了法律界热议。② 还需注意的是，在人工智能系统基于"算法"的决策场景中，律师如何参与和发挥作用也是值得关注的问题。这要求法律人具备适应数字时代执业场景的数字素养、数字思维、数字技术使用等数字技能。

（三）数字时代改变了法律职业的知识和技能结构

一般而言，针对法律职业所需的应用型知识结构，传统法学教育主要以培养学生掌握民法、刑法、行政法、诉讼法等部门法实务知识为主，比如开设民事案件分析、刑事案件分析、行政案件分析等课程，通过深化课程内容、细化课程项目等来培养学生部分法律知识应用的深度和熟练度。随着数字时代的到来，传统法律所调整的社会关系和行为规范面临网络化、数字化、智能化技术的冲击挑战，网络治理、数据治理、算法治理等新领域所需要的法律规则和治理模式已经突破传统的法学部门法学科划分和内容设置。现代法学知识体系将不断被数字法学教育的知识架构吸纳、整合与重建③，对法律职业所需的应用型知识结构从部门法知识体系向领域法学、交叉法学、行业法学知识体系转型，网络法学、数字法学、人工智能法学等新的领域法学开始兴起。

针对法律职业所需要的执业技能，传统法学实践教育主要培养学生法律检索、法律文书撰写、法律谈判和法律辩论等应用技能。但在数字时代，传统的案件分析、法律检索、法律文书撰写等基础技能已经不能满足职业需要，甚至有些基础技能逐渐被大数据、人工智能替代。具有数字思维，能运用大数据分析问题、解决问题成为法律人进行法律决策的重要要求，法律人执业所要求具备的法律谈判和辩论能力、案件处理技巧在数字时代的语境下也亟待调整适应，法律职业的知识结构和技能结构要求已然发生深刻变化。比如，江苏省昆山市法院研发司法人工智能辅助办案系统——未来法官助手，可以帮助法官在

---

① 刘娇佑：《诉讼效率加倍服务距离归零——福建三明法院打造跨网全流程异步审理模式工作见闻》，《人民法院报》，2023年8月23日第4版。
② 徐辉、李俊强：《生成式人工智能辅助司法裁判的可能及边界限度》，《太原理工大学学报（社会科学版）》，2023年第6期，第24页。
③ 马长山：《数字法学教育的迭代变革》，《中国人民大学学报》，2002年第6期，第38页。

数秒内自动生成一份整体完成度超七成的判决书，比法官或法官助理撰写判决书的效率要高许多。该系统已经在苏州两级法院16135件案件中试点使用，帮助法官减轻80%阅卷工作量，使案件办理时间缩短三分之二。[①] 又如，在最高人民法院主导下，由人民法院出版社和中国司法大数据研究院研发的"法信2.0智推系统"具备类案智能检索和推送功能，其报告质量就比相当多的法官助理和律师助理的工作质量高。

二、当下法律职业技能实践教学模式的时代困境

我国法学教育自1977年恢复后，经过四十余年的发展，已经达成基本共识：法学是实践性和技术性很强的社会科学，应当高度重视以训练法科生职业技能为宗旨的实践教学在法学教育体系的重要定位。经过长期探索和发展，对法律职业技能实践教学的课程设置、教学方法、实习实训等结构性要素形成了相对稳定的教学模式，并积极将现代科学技术成果引入实践教学资源建设中，总体上已经形成比较稳定的实践教学模式。随着数字时代法律职业形态的结构性变革和对教育模式的影响，当下流行的实践教学模式也面临新的挑战。

（一）现行的实践课程体系已不能很好地适应数字时代的执业场景

当下法学专业的实践课程体系以模拟法庭教学为特色，一般包含案例分析、模拟法庭、非诉实务、法律诊所、专业见习实习五大类课程。其中，模拟法庭课程集模拟诉讼、文书写作、演讲与辩论、案件研讨等教学活动为一体，融法官、检察官、律师等角色演练为一体，从而成为集中检验其他校内实践课程成效、生动展现具体法律职业角色的特点、较完整地呈现法律职业活动特质的课程，为法学院校普遍重视，也受法科学生普遍欢迎。

在数字时代，这种以律师、法官、检察官为主要模拟角色的教学已不能很好地适应数字时代多元化的法律职业形态，既有的法学实践课程体系与数字法学实践实训需求存在匹配度不高的问题，亟待进行调整和完善。因为数字时代的法庭不再是固定的场所，而是无处不在的在线服务，已经突破传统的"同空模式"进入"异空模式"，现行依托法庭化改造的教室展开的模拟教学场景已经不能完整涵盖真实的司法实践场景。比如，处于世界领先地位的"人民法院在线服务"具备网上立案、在线送达、在线庭审、申请执行、网上缴费等全场

[①] 丁国峰：《苏州法院运用AI打造"未来法官"》，《法治日报》，2024年4月10日第1、2版。

景在线诉讼服务功能，这种"立案掌上办、开庭网上见"的云端解纷模式已经和传统基于法庭的面对面审理模式有重大差异。① 相应地，对各方诉讼参与主体的诉讼技巧要求也不同，这是传统模拟法庭教学所不能胜任的。以法官、检察官、律师三个法律职业细分角色承载模拟教学也已经不能很好地涵盖数字时代法律职业的多元和新兴职业类型。比如，现有实践课程体系基本没法涵盖法律知识工程师、法律风险管理师、法律管理咨询师、法律流程分析师、在线纠纷解决师、法律数据分析师、合规官等新的法律职业岗位训练。

（二）现行的业务技能训练已不能很好地适应数字时代的知识结构

当下主流法律实践教学体系设置以培养学生处理民商事业务技能、刑事业务技能、行政业务技能为特征，这和以部门法课程体系为特征的理论教学高度契合。这种实践教学的定位过窄，往往作为理论知识学习后验证、检验知识的环节或者手段，处于人才培养的末端环节，是法学人才培养中的形式性环节。② 这本身就是传统实践教学的弊端，在数字时代，这种以部门法来区分法律业务的技能训练的弊端进一步凸显，已经不能完全覆盖法律服务市场类型。

在数字经济浪潮之下，特别是随着人工智能、区块链、大数据等新兴技术的快速进步和广泛应用，自动驾驶、ChatGPT、算法推荐、数据交易等领域一系列全新的法律问题和需求逐渐显现，其所涉及的法律解决方案不仅涉及民商事、刑事、行政等单一法律领域或三者综合领域，更是全新的法律领域。比如，随着大数据、云计算、区块链、人工智能等数字技术的创新发展和广泛应用，诸如数字主权与安全、数据权属、算法歧视、网络犯罪等法律问题逐渐出现，传统法律体系难以有效应对，新兴的数字法学学科应运而生。③ 这就要求法律人要具备处理数字法务的新技能，需要设计新的教学方案和实践方式，亟待法学院校在法学人才培养体系中给予回应。可见，技术的发展不仅为法律人开辟了广阔的新领域，也要求法学教育密切关注技术革新的前沿动态，更新业务思维、知识体系和业务技能。

---

① 李中文、戴林峰、窦瀚洋：《全天候全流程 诉讼服务"掌上办"》，《人民日报》，2024年1月26日第13版。
② 黄进、张桂林、李树忠等：《创新同步实践教学模式 培养卓越法律人才》，《教育教学》，2014年第17期，第28页。
③ 姜伟、裴炜：《数字治理亟待构建数字法学学科》，《民主与法制周刊》，2021年第43期，第14页。

（三）现行的实践教学内容已不能很好地适应数字时代的技能结构

当下法律实践教学的主要内容以办理诉讼业务、非诉业务技能训练为核心，包括案件分析技能、法律谈判技能、法律信息检索技能、法律文书写作技能、纠纷解决（审理、仲裁、调解）技能等，部分办学资源比较丰富的法学院校在此基础上进一步开设细分或专项技能课程，以提高合同审查技能、法律文书写作技能、法庭辩论技能等。

但在数字时代，过去要求法律人掌握的类似执业技能已经为法律大数据、人工智能机器所替代。比如，2018 年，法律人工智能平台 LawGeex 在一场关于保密协议审查的竞赛中，战胜了 20 名专业人士。同年，人工智能法律机器人"大牛"与 6 名资深律师，就查明事实和法律咨询等方面展开比拼，结果"大牛"完胜。基于 IBM 的 Watson 系统的人工智能律师 ROSS 已经可以代替初级律师处理法律咨询等简单的法律事务。法、检、律同场竞争式、辩论式庭审技能演练也和"异空模式"下对应答式、协商式技能需求的强化存在错位。这是因为数字社会的生产生活关系和价值原则已经超出了工商社会的治理机制与体系框架，形成了以数据和信息为核心的、基于数字方式的"分享/控制"模式与数字正义机制，必须引入数字法学知识体系、价值原则、基本原理和主要方法，法科学生才能够适应数字时代的法律服务工作。[1] 同时，数字技术作为新兴技术，其不断迭代更新也使得课程设计和实施充满挑战，教材和教学内容需要持续更新。[2]

三、数字时代法学职业技能实践教学模式革新

数字技术的创新发展和广泛应用，引发依法治国模式的重大变革，对现有法律学科体系造成冲击，新兴的数字法学学科应运而生。数字时代给法律行业的运作带来了深刻的冲击和变化，法律职业的剧烈变化必然会倒逼法学教育转型升级。法律职业形态的结构性变革也必然倒逼法学实践教学模式革新，让学生能够满足数字时代法律职业的能力需求。面对数字时代的法学实践教学模式的挑战，国内外法学院校均进行了积极探索，有学者甚至提出完全不同于传统

---

[1] 马长山：《数字法学教育的迭代变革》，《中国人民大学学报》，2022 年第 6 期，第 37 页。
[2] 汪习根、刘佳：《论数字法学课程实验教学体系的构建》，《中国大学教学》，2023 年第 12 期，第 49 页。

实践教学的数字法学课程实验教学体系建设，但这受制于法学院校教学资源的充裕程度。总体而言，作为一种面向数字时代的法学实践模式转型，需要在教学理念、教学资源平台、课程体系和培养方式等方面进行改革。

（一）树立法律职业思维和执业方法的智能化理念

传统法律职业技能实践教学模式设计的底层逻辑在于法律人职业思维的独特性，即传统法律人的职业思维是以形式逻辑和辩证逻辑建构的，如司法三段论。在数字时代，人工智能具有与人类思维方式完全不同的思维方式，法学教育工作者要树立通过技术强化法律实践教学的理念，在实践教学中强化技术教育，实现"技术+"理念与法律实践教学理念的深度融合。基于数字时代的特点，在实践教学中，要树立培养法科学生的计算思维理念，并与传统法治思维相结合。比如，针对利用虚拟货币实施洗钱行为的防治，法律人就必须掌握区块链技术的运作原理才能实现有效治理。这并不是说要让法律人精通深奥的人工智能知识，而是要让法律人增进对人工智能的理解，善于运用人工智能来拓展自己的职业能力边界，提升运用法律观察现实世界的洞察力和理解力，提高法律职业工作的质量和效率。

（二）打造数字时代法律职业技能全链条学习场景

传统法律实践教学场景呈现为模拟法庭、案例讨论室等物理空间，相关电脑设备等也主要作为提升效率的辅助工具。在数字时代，法律人的执业场景愈加多元化：首先是法律行业普遍呈现互联网化特征，随着在线法律咨询、在线纠纷解决、移动法院等互联网应用的普及，需要在实践教学中加强相应的平台资源建设，使学生熟悉互联网场景下的执业活动；其次是法律行业的数字化发展特征，随着大数据技术在法律领域的广泛应用，包括法律数据挖掘、法律数据分析、法律预测等使用愈加频繁和重要，从而帮助法律人更好地进行法律决策和案件处理，因此需要在实践教学中引进相关软件技术，使学生掌握法律职业的技术辅助工具；最后，法律职业已经呈现智能化特征，合同智能化管理工具、法律文书生成工具、法律咨询机器人等智能技术得到推广，有必要在实践教学中引进相关智能化应用场景资源，帮助学生更好地理解和运用智能化工具开展法律活动。更重要的是，数字时代法律职业技能全链条学习场景可以使法律服务类型更加多样化，从而进行法律职业的精细化训练。

（三）更新数字时代法律实践教学课程体系和技能体系

数字时代，法律人执业传统所应具备的法律思维、法律方法和基本法律适用技能仍然需要坚持研习，但也应与时俱进更新相应的课程体系和技能体系。大量简单、重复性、机械性的法律事务将越来越多地交由人工智能辅助系统来完成，法律人将逐渐聚焦复杂程度高的疑难法律事务，这对知识复合型法律分析能力的培养提出了更高要求。培养具有数字素养、掌握基本数字技能的法治人才变得十分重要，有必要将数字素养融入法律职业能力培养中。可以在理论课程体系中增设"法律与计算机科学"或"智能法治思维与法律方法"等前置课程，教授学生理解和应用数据分析、网络技术、算法等智能技术进行法律研究和分析；可以在实践课程体系中设置"人工智能辅助审判系统开发设计实验""全流程在线诉讼虚拟仿真实验""法律大数据分析"等实验课程，作为传统模拟法庭教学的重要补充和改进，让学生可以在理解和掌握数字诉讼流程基础上，培养全流程在线诉讼的实践能力和沟通技巧，思考提高法律服务效率和质量。

实质合并破产标准的思辨与重构

阮学武　彭　彬　李佳瑞[*]

摘　要：近些年，关联企业实质合并破产案件数量在我国呈总体上升趋势，但适用标准却是司法实践中的难点。通过分析案例以及对现有判断标准的梳理，发现我国关联企业实质合并破产案件具有适用标准混乱、对同一标准的具体认定办法不统一的问题。通过定量研究和定性研究的方法，对关联企业实质合并破产适用标准进行重构，同时设计关联企业实质合并破产的前置性和后置性及独立性和补强性适用标准，以解决关联企业实质合并破产适用标准在司法实践中的难题。

关键词：关联企业；实质合并破产；适用标准

一、问题缘起：实质合并破产适用标准不统一

实质合并破产是指将两个或两个以上关联企业视为一个单一企业，合并资产与负债，在统一财产分配与债务清偿的基础上进行破产程序，各企业的法人人格在破产程序中不再独立。[①] 关于实质合并破产，联合国国际贸易法委员会《破产法立法指南》第三部分《破产企业集团对待办法》将其表述为"将企业集团两个或两个以上成员的资产和负债作为单一破产财产的组成部分对待"[②]。由于我国法律和司法解释对此尚无明确规定，以至于实质合并究竟为一项原

---

[*] 阮学武，盈科全球总部合伙人、四川省破产管理人协会副会长、四川师范大学法学院校外导师；彭彬，北京盈科（成都）律师事务所合伙人律师；李佳瑞，四川师范大学法学院硕士研究生。
[①] 王欣新：《破产法（第四版）》，中国人民大学出版社，2019年，第391页。
[②] 联合国国际贸易法委员会：《贸易法委员会破产法立法指南》，第三部分《破产企业集团对待办法》，联合国维也纳办事处英文、出版和图书馆科，2012年，第2页。

则、规则还是权宜办法并无明确定位。本文拟按照《全国法院破产审判工作会议纪要》(以下简称《纪要》)的表述,在"审理方式"语义下使用实质合并这一术语,对实质合并的适用标准进行探析。

关联企业实质合并破产的判断标准是近年来破产法理论和实务界争论最具争议的话题之一,它反映了我国对破产企业的保护水平,体现了我们对破产法本质的理解。《纪要》发布后,各地法院在实践中,对实质合并作了进一步的细化,多地法院发布了实质合并相关的操作指引或工作指引,如青岛市中级人民法院于2021年10月29日发布实施《关联企业实质合并破产工作操作指引(试行)》,北京市第一中级人民法院则针对破产重整于2022年4月28日出台了《关联企业实质合并重整工作办法(试行)》。但对于实质合并适用的具体标准,法律、司法解释、《纪要》及各地法院司法文件都未予以详述。《纪要》第三十二条仅规定了"当关联企业成员之间存在法人人格高度混同、区分各关联企业成员财产的成本过高、严重损害债权人公平清偿利益"时,可以适用关联企业实质合并破产方式进行审理。但实务中,以上标准既有单独适用,也有叠加适用的情形,且作为考量因素,在不同案件中,每个标准所占比重亦有所不同。

换言之,目前还没有固定的模式对实质合并的适用进行标准化判断,实质合并适用标准固化仍处于理论上持续探讨、实践上不断积累的进程中,呈现出发散和整合的状态,带有明显的开放性,由此导致实践中适用的不统一。本文结合我国目前司法实践与立法倾向,借鉴域外立法经验,就关联企业实质合并破产程序中认定标准进行探讨。

二、辩证分析:实质合并破产现有标准的优劣

(一)人格混同标准:适用但适用程度不同

在实质合并破产案件中,适用人格混同标准得到各地法院的普遍认可,陈天意学者从收集的70份实质合并破产裁判案例中发现适用人格混同标准的案件达到100%,适用其他标准的出现概率均不到60%,并且都伴随着法人人格高度混同这一标准出现。[①] 徐瑾学者从收集的111个案例中发现"法人人格混同"标准仍是核心标准,其中仅以人格混同作为主要标准的占30%,以人格

---

① 陈天意:《关联企业实质合并破产适用标准探析》,西南财经大学,2022年,第7页。

混同为主要标准，附加其他考量因素的占比33%。但人格混同的具体认定角度有所不同，且各地法院对混同程度是否达到必须适用实质合并破产制度的程度也较少论及。① 由此可以认为各地法院均在一定程度上认可了法人人格高度混同这一标准。

但是，经分析发现，在具体适用上，不同法官的理解与认定也不尽相同②。如H市X区人民法院审理的杭州DD实业有限公司、杭州YC颜料化工有限公司及杭州YY颜料化工有限公司合并破产清算案，承办法官在认定各关联公司人格混同时主要从公司实际控制人相同，公司运营、人事、财务混同来进行认定。③ 而在J市R区人民法院审理的山东省济宁市JZ总公司、济宁市JH中心及济宁市YSJS总公司合并破产清算案中，承办法官仅以各关联企业人员混同、资产混同就认定构成法人人格混同，而对混同时间、区分资产负债的难易程度等未加说明或考虑。④ 当然，也有法官从各关联企业经营管理不独立、资产管理不独立、资金财务管理不独立、人事管理不独立、债务危机出现后实际控制人对关联单位债权债务进行统一处理等多方面综合认定各关联企业存在人格混同，如H市中级人民法院审理的WD电子公司等19家关联单位合并重整案。⑤ 即使是HH集团等321家公司实质合并重整案，法院也是以其丧失法人独立意志（行政管理、财务管理人、人员管理等方面无独立性）和无法人财产独立性（HH集团下统一管控的320家公司缺乏财务管理权和决策权，其资产、资金被独立调配，无法自主决定签订合同、对外担保等事项）两个方面认定法人人格高度混同。⑥ 综上可见，同一适用标准，不同法官具体理解适用亦有较大差异。

（二）欺诈防范标准：源头难以进行识别

实质合并破产起源于美国1941年Sampsell v. Imperial Paper&Color Corp. 案⑦（以下简称Sampsell案）。Sampsell案作为确立实质合并破产规则的第一案也是迄今为止美国联邦最高法院审理实质合并破产的唯一案例。在美国破产法典未对实质合并破产作出规定下，该案裁判成为美国司法实践作出实

---

① 徐瑾：《关联企业实质合并破产的适用研究》，华东政法大学，2023年，第14~16页。
② 钟颖：《论关联企业实质合并破产的裁判标准》，《经济法论坛》，2019年第2期，第47~61页。
③ （2017）浙0109破3、4、5号。
④ （2020）鲁0811破33号之一。
⑤ （2019）皖01破申37-4号。
⑥ （2021）琼破1号之一。
⑦ Sampsell v. Imperial Paper&Color Corp, 313U. S. 215, 1941.

质合并破产裁定正当性的主要依据。Sampsell 案中，唐尼从事涂料纸业经营，在负有相当债务后，其成立了唐尼墙纸涂料公司，并以存货作为出资注入该公司，在唐尼个人破产后，破产管理人桑普塞尔认为唐尼的出资行为涉及欺诈性转让，公司资产应当纳入破产程序。债权人帝国涂料纸业公司基于合并前其可就唐尼墙纸涂料公司的全部资产受偿、合并之后需与唐尼自然人破产案件中其他债权人共同分享，认为自身利益受到损害，主张应基于唐尼墙纸涂料公司独立法人人格就公司资产优先受偿。美国联邦最高法院支持地区法院裁判观点，认为唐尼出资成立公司的行为涉及破产欺诈，帝国涂料纸业公司对唐尼的行为知情，不能享有优先受偿权。美国联邦最高法院在该案中首次使用了"合并破产财产"（Consolidating the Estates）概念，成为实质合并破产规则的开端。该案裁决之依据系普通法中的欺诈交易规则，实质合并破产是对破产欺诈的救济，联邦最高法院通过简易程序将唐尼墙纸涂料公司并入唐尼自然人破产案件的破产财产中，而无须证明资产属欺诈性转让或符合州法中刺破公司面纱测试。早期的实质合并破产制度目标与法人人格否认制度有较高的相似，都以不具有人格独立性作为理论内核，法院在个案中也对此多有论证。基于 Sampsell 案分析实质合并破产制度之开端，帝国涂料纸业公司之所以丧失对特定资产的优先受偿权，是因为其对唐尼与唐尼墙纸涂料公司的欺诈知情，实质合并破产制度基于对债权人的公平救济而创设。

此外，《破产企业集团对待办法》明确规定："法院确信企业集团成员从事欺诈图谋或毫无正当商业目的的活动，为取缔这种图谋或活动必须进行实质性合并。"① 联合国国际贸易法委员会《破产法立法指南》在立法建议部分，明确将此种情形作为单独适用实质合并的理由。欺诈在实务中往往表现为通过关联关系操控关联企业进行资产、利益的不当输送和转移，以实现责任主体脱壳，进而达到逃废债务的目的，而实质合并可以成为矫正欺诈行为的有效手段。近年来，多地法院加大了打击破产程序中逃废债务的力度，如河北高院发布的《关于在审理破产案件中防范逃废债行为的意见（试行）》，重庆破产法庭发布的《关于在审理企业破产案件中防范和打击逃废债务行为的工作指引（试行）》，都对通过适用实质合并审理方式打击逃废债务进行了规定。

但是，我国无相关司法文件规定欺诈可作为实质合并破产标准，但梳理后发现实践中出现了两则案例：一例是 H 百货采购供应站申请破产案，发生在

---

① 联合国国际贸易法委员会：《贸易法委员会破产法立法指南》，第三部分《破产企业集团对待办法》，联合国维也纳办事处英文、出版和图书馆科，2012 年版，第 71~72 页。

20世纪90年代，以欺诈为标准进行实质合并；另外一例是HT证券公司及其46家壳公司合并破产清算案，该案的实质为欺诈，但名义上以法人人格混同为标准进行的实质合并。在关联破产领域，欺诈一般有两种类型：一种具有典型性，易于区分，不会与法人人格混同标准相混淆；另一种欺诈的表现形式与法人人格混同类似，不易区分，如将资产进行转移、利用企业集团的形式逃避法定义务。两者的本质区别在于主观上是否具有恶意。欺诈标准与法人人格高度混同标准的显著区别在于欺诈主体具有明显的主观恶意，即正是为了实施欺诈行为而设立关联企业或者实施关联交易的目的是恶意拖延、逃避债务。即使在表征因素上二者的表现可能都是关联企业间资产与债务高度混同，但法人人格高度混同标准是企业高度集团化运作过程中正常经营所致，关联企业仅在企业运营模式和运作机制上存在治理技术问题，而非在设立关联企业之时便带着主观恶意。因此欺诈标准主要规制情形是企业设立之初便带着明显的主观恶意，而并非为了正常商业经营活动。由于欺诈行为具备主观恶意性，我们无法在法律中规定何为主观恶意性，只能够授予法官自由裁量权。

（三）综合判断标准：明确但适用界限模糊

实质合并破产立法上的空白赋予了法官较大自由裁量权，进而导致实质合并破产标准适用各不相同。《纪要》虽列出了"法人人格高度混同""区分各关联企业成员财产的成本过高""严重损害债权人公平清偿利益"三个适用实质合并破产的多元要件，给法官裁判提供了更大空间，却并未明确是择一适用还是需同时满足，各要件之间是地位平等还是有主次之分。

就三个要件之间的关系，理论界存在不同的理解。有观点认为《纪要》第三十二条实质合并破产适用标准的规定与《中华人民共和国公司法》第二十条第三款法人人格否定的规定相类似，参照法人人格否认的构成要件理解，应当认为"关联企业成员之间存在法人人格高度混同、区分各关联企业成员财产的成本过高"是行为要件，"严重损害债权人公平清偿利益"是结果要件，如果没有对债权人的不公，则不应适用实质合并；法人人格混同是基本要素，资产分离成本以及债权人公平在法人人格混同标准前提下是辅助要素。[①] 也有观点认为"区分各关联企业财产的成本过高"是作为判断法人人格高度混同的标准

---

① 王静、蒋伟：《实质合并破产制度适用实证研究——以企业破产法实施以来76件案例为样本》，《法律适用》，2019年第12期，第9页。

之一，二者可能存在重复。① 还有观点认为，关联企业人格高度混同是核心判断条件，是适用实质合并的必要条件，其他两个要件属于辅助性判断标准，法官需纳入考虑但有自由裁量的空间。②

实务中，根据赵惠妙和左常午学者的调查数据，截至 2022 年 3 月 27 日的 267 个关联企业实质合并破产的案件中，约 67% 的案件采用人格混同作为单一标准，约 33% 的案例采用多重标准，即以人格混同为基础，附加资产分离经济成本过高、严重损害债权人利益等辅助标准。③ 从最高人民法院发布的指导案例来看，第 163 号以及第 165 号案例的裁判要旨中均明确说明以单独破产为原则，仅在满足三个要件的例外情况下适用合并破产；在法院的裁定理由部分也都存在案情符合该三个要件的说理，因此，最高法院的态度也侧面支持了实质合并破产的适用需要同时满足该三个要件。在三个要件的关系上，第 163 号以及第 165 号案例无论是事实认定还是裁判说理，法人人格高度混同都占了主要的部分，也都存在营业、财务混同导致的资产难以分离的客观事实。区别在于第 165 号案例存在明确的关联企业间转让负债损害债权人利益的事实；而在第 163 号案例中，法院只是从理论上说明单独重整可能会严重损害债权人公平清偿利益。这是否意味着最高院的态度也是"严重损害债权人公平清偿利益"并不需要实质造成该结果，法官对该要件的认定有自由裁量的空间？这三个要件之间的逻辑关系，仍需将来的立法予以澄清。

（四）辅助判断标准：多元但提高适用概率

第一，重整需要标准。随着司法实践发展，重整需要逐渐成为适用实质合并的一项独立标准。当前，重整需要标准还不被一些学者和实务人士认可，主要是他们认为重整需要不足以成为单独的标准，因为重整大都能够带来债务人财产价值的增加，提高债权人的受偿比例，促进债权人利益的实现，一方面会严重提高实质合并破产适用率，有违实质合并破产居于例外规定的地位；另一方面认为可以被债权人利益保护标准所吸收。

第二，债权人合理信赖标准。不同于重整需要标准，其需债权人举证其在

---

① 赵惠妙、左常午：《我国关联企业实质合并破产的裁定标准》，《法律适用》，2022 年第 4 期，第 99 页。
② 肖彬：《实质合并破产规则的立法构建》，《山东社会科学》，2021 年第 4 期，第 191 页。
③ 赵惠妙、左常午：《我国关联企业实质合并破产的裁定标准》，《法律适用》，2022 年第 4 期，第 92~95 页。

与各关联企业进行交易时有合理理由信赖与之交易的各关联企业为一个整体。[1] 外观主义作为商法的一项普遍原则[2]，其以外观为中心使得善意相对人基于合理信赖进行商业往来。债权人的合理信赖标准是对债权人与债务人利益进行平衡的一种重要工具[3]，但其并未纳入《纪要》有关实质合并破产适用标准范畴。

三、考量因素：实质合并破产适用的价值蕴意

（一）债权人整体利益最大

企业集团往往以整体利益最大化作为运营目标，在关联企业间随意调配资源，导致不当利益输送，使得部分企业的利益受损，而其债权人仅能就该企业的财产受偿，对债权人明显不公平，在企业破产时，适用实质合并使各关联企业的财产合并后作为单一破产财产进行分配，能够保证债权人相对公平的受偿。

首先，关联企业的各个企业之间往往联系异常紧密，通过企业经营一系列环节的互相分工安排，形成了完整的商业链条。这不仅方便了企业之间互相交易，也大大减少了交易成本，为众多企业在市场经济中生存提供诸多优势。[4]

其次，关联企业中一般存在理论上的主导企业，他们通过资本、人事任免的方式控制着其他关联企业，从而获取最大的利润，其他关联企业的利益则无法保障。如果按照我国破产法中的"一企一案"的原则审理，那么这些因为关联企业内部运营而利益受损的成员企业的债权人，原本应当受偿的财产就相应减少，从根本上损害了他们的利益。

最后，各关联企业之间还经常互相担保，损害金融机构的利益。或者通过担保的优先受偿权，在某一个关联企业破产时，因关联企业内部之间互相担保，所以其余关联企业享有优先受偿权，这最终导致侵犯了其他债权人的合法权益。

---

[1] 钟颖：《论关联企业实质合并破产的裁判标准》，《经济法论坛》，2019年第2期，第59页。
[2] 张雅辉：《论商法外观主义对其民法理论基础的超越》，《中国政法大学学报》，2019年第6期，第73页。
[3] 贺丹：《破产实体合并司法裁判标准反思——一个比较的视角》，《中国政法大学学报》，2017年第3期，第81页。
[4] 郑志斌、张婷：《公司重整：角色与规制》，北京大学出版社，2013年，第396页。

上述问题在原有制度上均难以解决，迫切需要新的救济途径。而实质合并破产规则通过将所有企业的资产合并，从而保障了各个债权人的清偿。因此，当面对个体债权人时，虽然实质合并破产规则可能会导致个体债权人的债权受到一定影响，但是破产法追求的是整体利益原则，追求整体债权人收益最大化，只要全体债权人增加的总体清偿利益大于部分债权人损失的清偿利益，也应当实质合并破产[①]。实质合并破产规则正是体现了这一整体利益原则。

（二）是否体现公平原则

在我国司法实践中，当法官无法按照具体的规定处理案件时，法官一般会向上寻找法律原则来进行处理。特别是在民法领域，多个基本原则都可以作为法官裁判的依据。关联企业之间往往存在多种不正当的利益输送行为，例如虚构债权债务、担保关系等，不仅损害了外部债权人的合理清偿利益，还在一定程度上破坏了关联企业的法人独立人格，这明显违背了诚实信用原则。比如，关联企业的控制企业往往通过与从属企业形成担保关系，从而在从属企业进入破产程序时，获得其财产的优先受偿权，明显违背了平等原则。实质合并破产规则正是在民法原则的背景下，为了解决上述损害债权人收益行为而产生的制度[②]，因而具有坚定的民法基础。

《中华人民共和国企业破产法》第一条规定了破产法的价值追求，要求保证全体债权人的利益得到合法清偿。[③] 并且当债务人资产无法全部清偿时，由法律提供一个中立的清理程序，保证债权人能够尽量得到合理的清偿[④]。实质合并破产规则符合我国破产法的价值追求，具备坚定的破产法基础。第一，实质合并破产规则保证了债权人的公平清偿。关联企业利用其内部的关联关系，通过相互持股、人事任免等方式恶意损害债权人的合法清偿利益。原本债权人的清偿顺序会因为上述的关联行为而发生混乱，实质合并破产规则是对上述的关联行为进行禁止或者改正，使破产程序重新走回正轨，确保每个债权人债权得到合理清偿。实质合并破产规则的目标与破产法所追求的价值同为公平清理债权债务关系，保证债权人的利益得到合法清偿，保证了公平原则。

---

① 齐明：《中国破产法原理与适用》，法律出版社，2017 年，第 30 页。
② 王欣新、周薇：《论中国关联企业合并破产重整制度之确立》，《北京航空航天大学学报（社会科学版）》，2012 年第 2 期，第 57 页。
③ 《中华人民共和国企业破产法》第一条规定："为规范企业破产程序，公平清理债权债务，保护债权人和债务人的合法权益，维护社会主义市场经济秩序，制定本法。"
④ 刘明尧：《破产债权制度研究》，中国社会科学出版社，2018 年，第 78 页。

（三）案件处理效率提升

破产法追求效率原则，即提升破产案件的处理效率，确保债权人的利益及时得到清偿。关联企业中的控制企业往往会利用自身的主导地位，在市场交易中谋取不正当利益，导致关联企业之间资产、人事等方面出现混同。关联企业间往往存在大量债权债务与担保关系，甚至有部分企业为逃避债务恶意在关联企业间转移财产，为了区分、清理关联企业之间的资产和债务，需要付出大量的经济成本和时间成本，进而造成破产程序的停滞，阻碍破产法程序价值的实现。[1] 如果按照"一企一案"的方式处理破产案件，那么将关联企业资产负债等快速高效地区分将会成为最困扰各级法院的事项，究其原因还是关联企业的各成员企业之间无论是在人事还是资产方面已经高度混同，区分的成本过高且耗费的时间太长。而实质合并破产规则通过省略区分这一项步骤，直接将关联企业所有的资产纳入一个资产池，统一用来清偿债权。不仅提高了司法实务中法院处理关联企业破产案件的效率，还在实质上真正确保了各个债权人的公平合理清偿，符合破产法的价值追求。

（四）可否拯救破产企业

现代社会的关联企业大多是以集团化的形式存在，关联企业之间可能在业务、资源上形成依赖。在处理关联企业破产重整的案件中，如果将各个关联企业分开出售可能会破坏原本关联企业之间形成的一条完整商业链，可能对各成员企业或整个集团的存续、发展造成不利影响，影响之后的实质合并破产重整，无法发挥破产法在一定程度上拯救企业的功能。而通过实质合并破产规则将各关联企业打包起来一并处理，则可以对各关联企业的资源进行整合，从而提升企业的运营价值，对企业存续以及整体出售都有益处。[2]

---

[1] 王静、蒋伟：《实质合并破产制度适用实证研究——以企业破产法实施以来76件案例为样本》，《法律适用》，2019年第12期，第6页。

[2] 王欣新、周薇：《关联企业的合并破产重整启动研究》，《政法论坛》，2011年第6期，第74页。

四、推陈出新：基于"定量＋定性"重构适用标准

（一）定量研究——"1＋n"适用标准的重构

1. 数据收集

由于实质合并破产正处于热度不断攀升阶段，许多学者采用实证研究方式对实质合并破产问题进行研究。鉴于各学者研究的案例样本较新，本文不再通过法律裁判文书等平台完整收集案例样本，而是集广大学者之力，在众多案例样本基础上进行实质合并破产标准分析。本文主要采用了以下学者的案例数据。

王艳丽和余竹颖通过分析 2018 年 3 月 4 日至 2022 年 12 月 31 日的 27 篇案例发现，人格高度混同标准在所有案件中都适用，其中仅以人格高度混同为标准的案件有四件，占比 14.8％。其余案例采用包含人格混同标准在内的综合判断标准。[1]

甘秋婷通过分析 2015 年至 2021 年的 116 篇案例发现，96.7％的案件均涉及对人格混同的判断。27.6％的案例仅以人格混同为判断标准，68.1％的案件以包含人格混同标准在内的综合标准判断，仅 4.3％的案件未涉及人格混同标准的判断，而以债权人会议表决结果的辅助标准来判断。[2]

徐瑾通过分析 2018 年 3 月 4 日至 2022 年 12 月 31 日的 111 篇案例发现，99％的案例均涉及人格混同的判断。其中 31％的案件仅以人格高度混同为裁判标准；33％的案件以人格混同标准为核心，附加辅助判断标准；35％的案件以包含人格混同标准在内的综合判断标准进行裁判；仅有 1％案例不涉及人格高度混同标准，仅单纯认定属于关联企业而裁判实质合并破产。[3]

张植涵通过分析 2018 年 3 月 4 日至 2022 年 10 月 1 日的 100 篇案例发现，所有的案件均涉及人格高度混同标准。仅以人格高度混同为判断标准的案例占 9％；其余案例均为包含人格混同在内的综合标准，或是以人格混同为核心，附加重整需要的辅助判断标准。[4]

---

[1] 王艳丽、余竹颖：《母子公司实质合并破产的判定标准探析——基于 2018—2022 年裁判文书的实证分析》，《黑龙江社会科学》，2024 年第 4 期，第 96～102 页。
[2] 甘秋婷：《论关联企业实质合并破产规则的适用标准》，广西大学，2023 年，第 21 页。
[3] 徐瑾：《关联企业实质合并破产的适用标准研究》，华东政法大学，2023 年，第 14～16 页。
[4] 张植涵：《关联企业实质合并破产适用标准研究》，兰州大学，2023 年，第 24 页。

陈天意通过分析 2017 年 1 月 1 日至 2021 年 12 月 31 日的 70 篇案例发现，所有的案件均涉及人格高度混同标准，50%的案件涉及资产分离难度标准，51.4%的案件涉及债权人收益标准，18.5%的案件涉及重整需要。①

邓鸿露通过分析 2018 年 3 月 4 日至 2021 年 1 月 10 日的 116 篇案例发现，"法人人格高度混同"是首要标准，"区分成本过高""债权人利益"是辅助性标准。其中有 55 篇案例，法院通过表征因素混同标准判定"法人人格高度混同"，有 52 篇案例法院通过法人独立性标准判定"法人人格高度混同"。②

贺丹以裁判文书网和百度搜索引擎为检索工具，检索 2007 至 2015 年的裁判文书，以 18 篇实质合并破产案例作为研究样本，提出"关联企业人格混同"是法院作出实体合并裁定的核心理由。③

王静和蒋伟对破产重整案件信息网、裁判文书网进行检索，加上最高人民法院、各地高级人民法院公布的破产典型案例，以 76 篇实质合并破产案件为研究样本，提出《纪要》确立了法人人格混同标准、资产分离困难标准和债权人收益标准三项要素，具体适用时应综合三要素。④

丁燕梳理了《纪要》出台后山东省 28 篇实质合并重整案例，提出裁判文书说理部分在阐述实质合并适用标准时呈现出两种类型：一种仅采用法人人格高度混同作为单一标准，另一种则依据《纪要》第三十二、三十三条规定综合判断。但是无论是单一还是多种标准，都存在对法人人格高度混同情况的论证缺陷，裁判文书的说理部分存在诸多问题，有损对实质合并重整适用标准的正确理解和统一适用。⑤

2. 数据分析

从现有的数据分析来看，在实质合并破产案件中，人格混同标准几乎覆盖所有案件，是判断实质合并破产的主要标准之一，甚至是唯一标准。而债权人利益标准、区分成本过高标准，重整需要标准和欺诈标准大多作为补强标准适用。故可将实质合并破产各标准统分为前置性标准和后置性标准，由此逻辑更加清晰，适用更加可行。

---

① 陈天意：《关联企业实质合并破产适用标准探析》，西南财经大学，2022 年，第 8 页。
② 邓鸿露：《实质合并破产标准司法适用的实证研究》，西南财经大学，2021 年，第 26～28 页。
③ 贺丹：《破产实体合并司法裁判标准反思——一个比较的视角》，《中国政法大学学报》，2017 年第 3 期，第 72～73 页。
④ 王静、蒋伟：《实质合并破产制度适用实证研究——以企业破产法实施以来 76 件案例为样本》，《法律适用》，2019 年第 12 期，第 3～5 页。
⑤ 丁燕：《我国关联企业实质合并重整适用标准研究》，《山东法官培训学院学校》，2021 年第 6 期，第 62～64 页。

(1) 前置性标准。

法人人格高度混同标准因其特殊性，可以作为前置性标准在司法实践中予以适用。前置性标准为实质合并破产的"入场券"，具有"一票否决权"，即只有关联企业符合法人人格高度混同时方可结合后置性标准考虑实质合并，否则不具备适用实质合并破产的前提。如果前置性标准为1，后置性标准为n，那么实质合并破产适用标准模式应为"$1+n$"（$n \geqslant 0$）模式。如上数据显示，实质合并破产法以法人人格混同为必须，这在司法实践中已达成一种共识，该标准可独立适用，即$1+0$模式。

(2) 后置性标准。

除法人人格高度混同标准为前置性标准予以必然适用外，其余标准均为后置性标准。后置性标准以是否可独立适用为依据，可分为独立性标准和补强性标准。

独立性标准是指在符合法人人格高度混同前提下，该标准也可裁定实质合并破产，即"$1+1$"（此时$n=1$）模式。相比"$1+0$"模式，"$1+1$""$1+2$"模式应更为常见。独立性标准之间并不互斥，可单独适用，也可同时适用。独立性标准包括欺诈标准和债权人收益标准。

补强性标准在实质合并破产中，除了独立适用的标准，还应配置相关补强适用的标准。补强性标准特征在于不可单独适用，仅为独立性标准的补充。该标准包括重整需要标准和债权人合理信赖标准。

（二）定性研究——各标准的具体适用

1. 划分人格混同适用程度

当关联企业达到法人人格的高度混同时才可以适用该标准作为裁判的依据，从而认定关联企业实质合并破产，即需把握好"严重"程度。由《破产企业集团对待办法》相关规定可知，关联企业混同是否达到"严重"程度，关键性标准之一就是区分资产和负债的成本。换言之，混同越严重，区分成本应越高，反之亦然。区分资产和负债的成本，如经济成本、时间成本等，实际上是判断关联企业混同程度的手段，而非实质合并破产的适用标准。此外，结合HH集团等321家实质合并重整案，在认定关联企业是否达到《中华人民共和国企业破产法》意义上法人人格的高度混同时，应主要从关联企业是否严重丧失法人的财产独立性来进行考量，而不是从是否严重丧失法人的意志独立性进行考量①。而在考量过程中，区分资债的成本这一手段往往贯穿始终。关于关联企业是否严重丧失法人的财产独立性则主要从以下四个方面进行衡量②。一是经营性财产混同。例如，各关联企业在固定资产、流动资金以及货币资产方面存在严重混同，从而导致司法裁判对各种经营性财产的占有、使用、收益和处分很难进行区分。二是财务管理混同。财务管理的混同主要体现在各关联企业之间的财务账簿和会记凭证混合使用，从而导致很难进行区分，或者财务信息资料由实际控制企业来进行管控，而其他关联企业在财务信息资料的管理上丧失独立意志。三是生产经营场所混同。生产经营场所的混同主要是指各关联企业使用同一个经营场所，或一条生产经营工作线中有多家关联企业，导致其无法区分或很难进行区分。四是其他导致关联企业丧失法人财产独立性的情形。

关联企业是否严重丧失法人意志独立性不是作为法人人格高度混同的判断依据，其主要理由如下：其一，法人意志独立性的丧失主要体现在各关联企业之间的业务混同、人员混同、相互担保以及总公司的实际控制等情形。③但是关联企业的这些行为是企业在发展过程中的一种中性行为和普遍现象，尽管这些行为会导致各关联企业存在法人人格混同的现象，但是其并不一定会导致各关联企业之间的资产和负债难以区分。尽管法人的意志不独立，但是其在关联企业之间的资产和负债能够有效区分下，能够实现债权人的清偿利益，即使达到法人人格混同，也不能实质合并破产。其二，在司法实务中，有部分债权人为了使自身债权得到较高比例清偿，故意把相关关联企业的债权人共同纳入平行分担债务的队列，这对于部分债权人不够公平。这种现象可能会给大部分债权人带来益处的同时损害到其他债权人的利益。关联企业的合并破产虽是对整体债权人的利益进行公平有序的分配④，但是也不能以明显损害其他债权人利益为代价。

2. 明晰欺诈防范标准识别

在实质合并破产独立性标准中，除了法人人格高度混同标准外，欺诈标准

---

① 胡庆东、胡永睿：《关联企业实质合并破产裁定标准研究》，《上海法学研究》，集刊2021版，第156页。
② 王欣新：《关联企业实质合并破产标准研究》，《法律适用》，2017年第8期，第14页。
③ 龚家慧：《关联企业实质合并破产启动规则研究》，华东政法大学，2020年，第46页。
④ 高小刚、陈萍：《论关联企业破产程序中实质合并原则的适用》，《法律适用》，2020年第12期，第85页。

也可作为司法裁判单独适用的标准。① 不同于实际生活中所理解的欺诈,作为实质合并破产适用标准的欺诈是指企业在成立之初抑或是在企业成立之后所从事的经营活动不具备正当的商业活动目的。关联企业存在欺诈行为进而适用实质合并破产主要从以下两个方面判断:一方面,该关联企业成立并不是为了追求盈利和正当从事商业活动,而是为了执行具有实际控制权的大公司的相关欺诈手段,从而实现各关联公司整体的获益。此时的债权人,在与关联公司进行最初交易时就被关联公司欺骗,其在权益受损得不到完全清偿的情况下可以通过申请各关联企业实质合并破产来弥补相应损失。另一方面,公司在成立之后成为实际控制人利益输送的中转站,方便实际控制人恶意逃避债务,抑或是通过空壳公司的破产使债权人利益遭受无法弥补的损失。该公司在具体实践中多是披着合法形式的外衣进行各关联公司之间债权债务的不正当交易,以实现公司实际控制人利益的最大化。欺诈手段是关联公司逃避债务,损害债权人合法权益的一种非常恶劣的手段,社会影响极其不好,对经济发展的良好运行也极为不利。破产法在市场经济的发展中扮演着保护合法公民权益的角色②,在面对关联企业通过欺诈手段进行不正当交易时,理应通过实质合并破产方式使得债权人利益最大化。

3. 分清综合判断标准界限

三个要件需同时满足而非择一适用。对于三个要件是择一适用还是需同时满足,多数观点认为需同时满足。《纪要》规定:"并没有在法人人格混同概念之外,明确设立其他独立的适用标准,而仅仅是将其他因素作为对适用法人人格混同标准时的辅助性或补强性内容。"③ 结合司法实践以及《纪要》第三十二条的文本来理解,在要求遵循审慎原则的前提下,从防止实质合并破产被滥用的目的来看,应当理解为三个标准需同时满足,从而纠正司法实践中曾多以单一标准裁定合并破产的现象,《纪要》颁布后,法院适用实质合并规则的案件数量明显下降也印证了这一点。④ 同时,如前文所述,实质合并破产适用的要件较法人人格否认更为严格,在法人人格高度混同之外增加"区分各关联企

---

① 王欣新:《〈全国法院破产审判工作会议纪要〉要点解读》,《法治研究》,2019年第5期,第133页。

② 李曙光:《破产法的宪法性及市场经济价值》,《北京大学学报(哲学社会科学版)》,2019年第1期,第149页。

③ 王欣新:《〈全国法院破产审判工作会议纪要〉要点解读》,《法治研究》,2019年第5期,第132页。

④ 赵惠妙、左常午:《我国关联企业实质合并破产的裁定标准》,《法律适用》,2022年第4期,第95页。

业成员财产的成本过高""严重损害债权人公平清偿利益"两个要求是实质合并破产独立价值的体现。若关联企业之间的资产可以轻易分离，尊重法人人格独立、各企业单独破产即可。正是因为区分成本过高，为了节约司法资源、破产经济成本，避免企业的剩余价值在冗长的程序中消耗，才有合并破产的必要，这正是破产法优化社会资源的配置与使用、实现社会效益的最大化的价值理念的体现。而当各关联企业之间存在资产混同且难以区分的情形下，对名下财产较少的公司享有债权的主体仅能就该公司的财产受偿显然对其不公平，从权利与义务对等的角度来看，关联企业没有按照法人人格独立原则从人力、资产、财务等各方面保证其自身的独立规范运营，那么其他主体也没有义务将其作为独立的法律主体对待[①]，因此将"严重损害债权人的利益"作为适用实质合并的条件之一体现的是其保障债权人公平受偿的功能和目的。

  本文认为，"法人人格高度混同"是核心判断要件，其他两个要件为辅助判断要件，理由在于：从实质合并的产生与发展过程来看，实质合并本质脱胎于法人人格否认理论，关联企业在运营过程中的财产、人员混同是适用实质合并破产的正当性以及必要性基础；从三个要件现实的逻辑关系来看，"区分各关联企业成员财产成本过高"以及"严重损害债权人公平清偿利益"是财产高度混同产生的可能影响以及后果，该两个要件是对实质合并适用标准的限缩，即要求人格混同到难以财产区分且会损害到债权人公平清偿时，方可适用实质合并。且该两个要件并非结果要件，因为在判断是否要适用实质合并时，区分各关联企业财产的行为尚未全部完成，关联企业也尚未分别对各自的债权人进行清偿，相关事实并未发生，无法判断结果。在判断这两个要件时，应当以相关机构对关联企业的财务审计情况以及资产评估意见作为依据，确定关联企业的财产混同程度，明确分别破产是否会产生区分财产成本过高以及损害债权人公平清偿的后果。

4. 列举辅助判断正面清单

  重整需要标准。虽然目前重整需要标准还不被一些学者和实务人士认可，但从司法实务角度，重整需要标准已经开始独立适用。《纪要》明确指出人民法院在审查实质合并申请过程中，可以综合考虑的因素列明了"增加企业重整的可能性"。地方司法文件中也有所规范，例如2022年4月28日发布的《北京市第一中级人民法院关联企业实质合并重整工作办法（试行）》第七条：

[①] 朱慈蕴：《公司法人格否认法理研究》，法律出版社，1998年，第125页。

"……关联企业部分或全部成员存在法人人格混同，虽不符合前款规定的高度混同标准，但其已经分别符合企业破产法第二条规定的情形，且关联企业符合下列情形之一的，也可以适用实质合并重整程序：（一）由于企业运营、资产配置等客观原因，上述成员的加入为整体重整所确实必需，且实质合并重整预计将不损害个别债权人的清偿利益；……"可见，重整需要标准已经日渐显现。重整是对债务人财产的就地再利用，可以有效避免单一破产程序下财产流转过程中的价值减损，对确保员工就业、保留税源亦有重要意义，是重整程序经济功能和社会功能的体现。尤其在经济下行趋势下，重整需要标准体现了破产司法更宏观的视野及更高的价值追求。因此，不排除重整需要标准脱胎独立，成为理论、立法和实务中适用实质合并的一项标准。

债权人的合理信赖标准是对债权人与债务人利益进行平衡的一种重要工具[1]，虽未纳入《纪要》有关实质合并破产适用标准范畴，但实务中不乏被适用。实践中，若适用债权人合理信赖标准，一般从两方面进行举证：一是须证明债权人属于真实的信赖。债权人在进行商业交易时，不仅需要有合同之债的外在表现，同时还需要真实的信赖各关联企业的主体外观，信赖其为一个整体的真实存在。二是须证明债权人属于合理的信赖。债权人基于合理信赖标准申请各关联企业进行实质合并破产，在证明其基于合理信赖与各关联企业进行交易时，除了必须证明各关联企业符合一个合法主体的表现形式，还须证明其尽到合理的注意义务。

---

[1] 贺丹：《破产实体合并司法裁判标准反思——一个比较的视角》，《中国政法大学学报》，2017年第3期，第81页。

公司法修订下有限责任公司清算义务人制度探究

阮学武　高媛媛　肖　薇　胡启航[*]

摘　要：公司的清算义务人制度包括清算义务人的主体范围、内容和责任，理论研究又以主体范围为首。修订《中华人民共和国公司法》（以下简称《公司法》）重构了有限责任公司清算义务人的范围，以董事取代股东的清算义务人地位，纠正了《中华人民共和国民法典》和现行《公司法》规定的体系冲突，统一了易混淆的概念。信义义务作为清算义务人主体从股东变化为董事的法理基础同样为控制股东所具备，董事和控制股东都应是适格的清算义务人。清算义务人的义务具体而言除启动清算外还需要承担保管配合的义务，违反义务的责任性质应为侵权责任。同时为完善市场退出法律制度，建议增设清算义务人的破产申请义务与破产制度衔接。

关键词：清算义务人；规范冲突；信义义务；控制股东

公司的成立和终止犹如自然人的出生和死亡，公司的独立人格由法律拟制，因此公司独立人格的诞生和消灭都有相应的程序和法律规定。公司的清算制度是公司退出市场的重要环节和必经程序。

根据中国人民银行和中国银行保险监督管理委员会共同发布的《中国小微企业金融服务报告（2018）》，国内中小企业的发展周期基本在3年左右，创办

---

[*] 阮学武，盈科全球总部合伙人、四川省破产管理人协会副会长、四川师范大学法学院校外导师；高媛媛，北京盈科（成都）律师事务所合伙人律师；肖薇，北京盈科（成都）律师事务所专职律师；胡启航，四川师范大学法学院民商法学硕士研究生。

3年之后依然可以维持正常经营的企业只占总数的三分之一①，而中小企业又以有限责任公司为主要形式，因此大量的有限责任公司作为市场主体存在着退出市场的现实需求。衡量一个市场经济制度是否健全的标准，不仅在于这个市场是否建立了合理的准入机制，还在于是否建立了健全的退出机制。现实中存在许多公司在解散后不对公司进行清算，甚至未经清算就注销的情形，导致公司债权债务久拖不决，严重损害债权人及中小股东的利益。②健全的公司清算制度是解决"僵尸企业"等市场主体规范退出、债权人利益保护问题的重要举措。

从基本概念出发，公司清算是依法定程序、清理公司债权债务、处理公司剩余财产，并最终终止公司法律人格的法律制度。③而由哪个或者哪类主体来担当清算义务人以启动清算，是清算制度的首要问题，也是清算程序的起点。

一、对和清算相关主体基本概念的界定

广义的清算相关主体指涉及公司清算程序的所有参与者，包含公司内部人员、外部债权人、专业的清算机构以及法院；狭义的清算相关主体仅指清算程序下法律规定的清算义务人、清算人、清算组。④此处仅讨论和有限责任公司相关的狭义的清算相关主体。清算义务人、清算人、清算组是清算制度体系中的基础性概念，而清算义务人与清算人、清算组之间存在着功能和人员构成上的区别，为避免张冠李戴，有必要从法律规定和学理上对其作出概念的明确界定。

（一）清算人和清算组

清算人和清算组这两个概念分别散布在我国不同的法律规范中。

清算人的概念出现次数较少，例如在《中华人民共和国合伙企业法》（以下简称《合伙企业法》）第八十七条，《中华人民共和国个人独资企业法》（以下简称《个人独资企业法》）第二十七条，《中华人民共和国信托法》（以下简

---

① 中国人民银行、中国银行保险监督管理委员会：《中国小微企业金融服务报告（2018）》，第128页。

② 赵吟：《公司清算义务人侵权责任的体系解构——兼论〈民法典〉第70条与〈公司法司法解释二〉相关规定的适用关系》，《法治研究》，2020年第6期，第150页。

③ 赵旭东：《公司法学（第三版）》，高等教育出版社，2013年，第473页。

④ 李建伟：《公司清算义务人基本问题研究》，《北方法学》，2010年第2期，第67页。

称《信托法》)第三十九条,《中华人民共和国民法典》(以下简称《民法典》)第九百三十五条中被使用。

清算组则是作为更常规的概念出现,例如《公司法》及其司法解释、《中华人民共和国保险法》第八十九条、《中华人民共和国企业破产法》第二十四条、《民法典》第七十条等。其中《最高人民法院关于适用〈中华人民共和国公司法〉若干问题的规定(二)》(以下简称《公司法司法解释二》)专门详细地对清算组作出了相关规定。此外,清算组还存在清算组成员这个下位概念,清算组成员是指根据有关规定组成清算组的"自然人",是清算组具体事务的管理者和执行者。

《合伙企业法》《个人独资企业法》《公司法》同属调整商事主体的法律,但在清算人和清算组概念的使用上并未统一,同样的问题也出现在《民法典》中,《民法典》在总则编使用了清算组的概念,而在委托合同章节又使用了清算人的概念。实际上在公司法的语境下,对于执行清算事务使用清算人或清算组的概念实际不存在本质上的区别,无进行概念区分之必要。从定义来看,清算人和清算组都是公司解散后接管财产、清理财产和债权债务的人,从地位来看,清算人和清算组在性质上都是清算中公司的代表人和业务执行机关,对内执行清算事务,对外代表清算中的公司。① 此观点在法律解释论的范围内存在以下佐证。

1. 文义解释

清算人和清算组从字面上不难理解为进行清算的人和进行清算的团体。《合伙企业法》第八十七条所规定的清算人在清算期间执行事务职能为:清理合伙企业财产,分别编制资产负债表和财产清单;处理与清算有关的合伙企业未了结事务;清缴所欠税款;清理债权、债务;处理合伙企业清偿债务后的剩余财产;代表合伙企业参加诉讼或者仲裁活动。《公司法》第二百三十四条所规定的清算组在清算期间的职能为:清理公司财产,分别编制资产负债表和财产清单;通知、公告债权人;处理与清算有关的公司未了结的业务;清缴所欠税款以及清算过程中产生的税款;清理债权、债务;分配公司清偿债务后的剩余财产;代表公司参与民事诉讼活动。通过比较可见,《合伙企业法》和《公司法》同属调整商事主体权利义务关系的法律,而在清算执行主体的职能规定上几乎如出一辙,二者的"清算"不存在差异。因此文义解释"人"和"组"

---

① 李建伟:《公司清算义务人基本问题研究》,《北方法学》,2010年第2期,第68页。

发现二者的差异存在于执行职能的人员数量上，清算人既可以理解为单独自然人担任，也可以认为由两人及以上共同组成；清算组的概念更突出其团体性，因存在下位概念清算组成员，所以清算组的构成人员数量应当为两人及以上。

人员数量上的差异并不会影响具体清算事务的执行。由此可见，在法条规定中将清算人和清算组互相替换并不会产生歧义并导致实质区别，可以将清算人和清算组画等号。

2. 体系解释

《民法典》在总则编第七十条使用清算组的概念，而在委托合同章节第九百三十五条使用的是清算人的概念。第九百三十五条规定为："因委托人死亡或者被宣告破产、解散，致使委托合同终止将损害委托人利益的，在委托人的继承人、遗产管理人或者清算人承受委托事务之前，受托人应当继续处理委托事务。"此条中的"清算人"对应的是被宣告破产、解散下进行清算的主体。总则编第七十条规定："法人解散的，除合并或者分立的情形外，清算义务人应当及时组成清算组进行清算。"此处的"清算组"同样是进行解散清算的主体。对于解散清算这同一种情形，立法不会作出两种不同的规定而陷入逻辑上的自我矛盾，因此认为清算人和清算组在体系上属于同一概念的不同语言表述无可厚非。

3. 历史解释

已经废止的《中华人民共和国民法通则》第四十七条、《中华人民共和国合同法》第四百一十二和第四百一十三条中曾使用了"清算组织"的概念。《最高人民法院关于贯彻执行〈中华人民共和国民法通则〉若干问题的意见》的第六十条对清算组织的定义为："清算组织是以清算企业法人债权、债务为目的而依法成立的组织。它负责对终止的企业法人的财产进行保管、清理、估价、处理和清偿。"通过对比可以发现，《民法典》第九百三十五条、第九百三十六条的规定承继《合同法》第四百一十二条、第四百一十三条规定，只是将其中的清算组织替换为现在使用的清算人。[①] 最高人民法院民法典贯彻实施工作领导小组主编的《中华人民共和国民法典合同编理解与适用（四）》对这一变动的理解是："虽然这些主体称谓不统一，但无论'清算组''清算组织''清算人'……其实质意义上的内涵基本相同，指代的是同一个法律群体，都

---

① 刘春彦、孙俊、杨健宇：《〈民法典〉下清算及有限责任公司清算义务人主体再界定》，《证券法律评论》，2021年，第178页。

是指清算事务的实际执行人,即具体执行清算事务的主体。"[1]

综上所述,清算人和清算组在我国的法律体系中可以看作同一概念,即公司解散后依法组成的,负责公司财产清理、债权债务清算事务的临时机构。值得注意的是,现行法律中的关于清算人和清算组在法条中的不同使用情况应当得到更正,并统一使用"清算人"概念为宜(后文也将使用"清算人"指代清算人和清算组),因清算组强调其团体属性,而清算人在人员数量的构成上更加周延。

(二)清算义务人

公司清算作为一系列的程序性行为,需要有组织者和实施者。前文论述了清算人是作为清算的实施者,与之对应的组织者则是清算义务人。清算义务人和清算人存在着时间上的先后顺序,清算义务人为启动清算而存在,在出现公司解散情形前处于义务休眠的状态,在出现解散情形后,清算义务人的主要职责便是组织清算、启动清算程序。清算义务人并不参与具体的清算活动,仅仅是负有清算组织的义务。清算义务人出现的主要目标是解决清算启动难的问题,并做好公司解散与清算的衔接工作。[2]

清算义务人概念在我国法律规定中出现时间晚于清算人和清算组,而清算实践中常常出现有些公司在解散后应清算而不清算,甚至故意借解散之机逃废债务的情形,严重损害了债权人利益并危及市场交易秩序,因此司法实践对清算义务人制度的探索由来已久。

清算义务人在立法层面的首次出现是在 2017 年施行的《中华人民共和国民法总则》中,《民法典》也承继了《中华人民共和国民法总则》的规定,将清算义务人的概念保留了下来。在司法层面,2012 年发布的指导性案例 9 号"上海 CL 贸易有限公司诉蒋某、王某等买卖合同纠纷案"的裁判要点提出:有限责任公司的股东、股份有限公司的董事和控股股东,应当依法在公司被吊销营业执照后履行清算义务,不能以其不是实际控制人或者未实际参加公司经营管理为由,免除清算义务。以指导性案例的形式确认了审判实践中的清算义务人范围。而在历史沿革层面,2002 年《最高人民法院关于审理解散的企业法人所涉民事纠纷案件具体适用法律若干问题的规定(征求意见稿)》第十一

---

[1] 最高人民法院民法典贯彻实施工作领导小组:《中华人民共和国民法典合同编理解与适用(四)》,人民法院出版社,2020 年,第 2542 页。
[2] 龚鹏程:《民法典时代公司解散清算制度的困境及化解》,《学海》,2021 年第 6 期,第 167 页。

条规定："清算义务人为企业法人的投资者或主管部门。"其中有限责任公司的清算义务人为该公司股东，股份有限公司的清算义务人为控股股东。2004 年《最高人民法院关于审理涉及企业法人解散案件若干问题的规定（送审稿）》第五条规定："企业法人的投资者或者开办人应认定为清算义务人。"上述两项规定的起草制定凸显出最高人民法院对该问题的关注以及对设定"清算义务人"制度的倾向性态度。① 清算义务人的概念第一次出现在正式法律文件中是 2009年《最高人民法院关于正确审理企业破产案件为维护市场经济秩序提供司法保障若干问题的意见》第十六条："……应当告知债权人可以另行提起诉讼要求有责任的有限责任公司的股东、股份有限公司董事、控股股东，以及实际控制人等清算义务人对债务人的债务承担清偿责任。"《全国法院民商事审判工作会议纪要》（以下简称《九民纪要》）第二章第五节也选择了《中华人民共和国民法总则》中清算义务人的提法。不过现行的使用清算义务人的条文中，并没有对清算人义务人的概念作出明确定义。

学理上有观点认为，清算义务人是指在公司解散时依法负有启动清算程序、选任清算执行人、清理公司债权债务责任的主体。② 有学者认为清算义务人还负有协助清算人进行清算的职能。③ 另外，还有理论将责任承担纳入概念中，认为清算义务人，是指基于其与公司之间存在的特定法律关系而在公司解散时对公司负有依法组织清算义务，并在公司未及时清算给相关权利人造成损失时依法承担相应责任的民事主体。④ 不论清算义务人的定义如何，其本质是为启动清算而存在，组织清算而不具体负责清算事务，这是和清算人的最大区别。

清算义务人的启动清算本质来源于我国法律规定所建立的特有的"清算义务人+清算人"的双轨制模式⑤，即启动清算程序和执行清算事务的义务由不同的主体承担。《公司法司法解释二》第七条规定："公司依公司法第一百八十四条的规定，在解散事由出现之日起十五日内成立清算组，开始自行清算。"即公司出现解散事由时，清算义务人应当在十五日之内组成清算组开始清算，

---

① 胡改蓉：《我国清算主体模式的反思——由双轨制向单轨制的转换》，《法治研究》，2023 年第 4 期，第 47 页。
② 朱爱农：《有限责任公司清算义务人若干问题探讨》，《中国科技信息》，2007 年第 14 期，第 135 页。
③ 李建伟：《公司清算义务人基本问题研究》，《北方法学》，2010 年第 2 期，第 68 页。
④ 王欣新：《论清算义务人的义务及其与破产程序的关系》，《法学杂志》，2019 年第 12 期，第 24 页。
⑤ 《民法典》的实施确立了公司在清算阶段存在着启动清算和具体实施清算两种不同的主体，由此"清算义务人+清算人"的双轨制模式得以建立。

这就是双轨制清算模式的基本体现。

（三）区分"清算义务人"与"清算人"的实践价值

除了避免形式上的张冠李戴，对清算义务人和清算人二者进行区分的主要价值是明确法律责任的承担。例如，依据《公司法解释二》第十八条，清算义务人"公司股东"可能会因怠于履行清算义务而对公司的债务承担连带赔偿责任，而清算人则一般仅对自身故意或者重大过失给公司或者债权人造成的损失承担赔偿责任。对比两种责任类型，一般情形下显然前者远重于后者。

全国人大常委会法制工作委员会民法室主任黄薇在其主编的《中华人民共和国民法典释义及适用指南》中表示："清算义务人是指在法人解散后，负有清算责任的主体，也称清算人。"[①] 此处黄薇关于清算义务人的定义明显与前文分析结论不匹配。负有清算责任的主体涵盖的是负有启动清算责任主体和负有实施清算责任的主体，虽然二者在具体人员构成上可能存在着交集，启动清算的人也有可能直接参与到清算事务的具体执行中，但不能直接将其等同，否则会造成法律适用和责任承担上的错误。

二、清算义务人范围的立法变化与理论思考

厘清了清算主体的概念问题，则需要思考公司解散时由谁来启动清算，即清算义务人的范围。清算义务人的范围决定了相关清算责任的承担主体，这不仅关乎清算义务主体的责任承担，也关乎债权人保护等相关利益，故而有必要清晰界定清算义务人的范围。

（一）现行法律下清算义务人的范围冲突

《民法典》第七十条第二款规定了清算义务人确认的一般规则："法人的董事、理事等执行机构或者决策机构的成员为清算义务人。"而根据《公司法司法解释二》第十八条的规定来看，有限责任公司的股东、股份有限公司的董事和控股股东未及时启动清算程序及怠于履行义务时将承担相应赔偿责任，甚至是对公司债务的连带清偿责任。该条虽未直接对清算义务人作出定义，但根据无义务便无责任的原则，显然第十八条通过这种列举的方式间接明确了清算义务人的范围。因此有限责任公司的股东、股份有限公司的董事和控股股东应当

---

① 黄薇：《中华人民共和国民法典释义及适用指南》，中国民主法制出版社，2020年，第216页。

为清算义务人。正是由于《公司法》中清算义务人概念的缺位，《公司法司法解释二》的条款规定中无法直接采取清算义务人的概念，而是直接将有限责任公司的股东、股份有限公司的董事和控股股东作为一个主体罗列出来，稍显复杂烦琐。此处还需要考虑的是，规定有限责任公司清算义务人为股东是由《公司法》第二百三十二条条文含义所确立的，还是由《公司法司法解释二》创设的。

《公司法》第二百三十二条规定："公司因本法第二百二十九条第一款第一项、第二项、第四项、第五项规定而解散的，应当清算。董事为公司清算义务人，应当在解散事由出现之日起十五日内成立清算组进行始清算。清算组由董事组成，但是公司章程另有规定或者股东会决议另选他人的除外。"第二百三十三条规定："公司依照前条第一款的规定应当清算，逾期不成立清算组进行清算的或者成立清算组后不清算的，利害关系人可以申请人民法院指定有关人员组成清算组进行清算。人民法院应当受理该申请，并及时组织清算组进行清算。"可以发现有限责任公司的清算组由股东组成存在文义解释上的歧义，有两种不同的理解：一是有限责任公司的清算组由股东组成，此处的"组成"为动词时，理解为有限责任公司的股东作为清算义务人来组成清算组；二是"组成"为描述客观构成的状态时，理解为公司的清算组成员为股东。股份有限公司的规定同理。对照来看，如果作第一种理解，则《公司法》第二百三十二条已经隐含确立了清算义务人的规定，司法解释只是补充。但是在股份有限公司上又和司法解释的规定不同；如果作第二种理解，那么第二百三十二条的条文主语当属公司，那么在"应当在解散事由出现之日起十五日内成立清算组"和"逾期不成立清算组进行清算的"两句前省略的主语也都是公司，此处就陷入了公司自己成立清算组清算自己，终止自己的独立人格的逻辑困境。因此，《公司法》第二百三十二条存在着语焉不详的问题，因此认为《公司法》中关于清算义务人的具体规定是由《公司法司法解释二》创设出的为宜。

重回对清算义务人范围的讨论，在商事主体为有限责任公司的情形下，《民法典》确认的清算义务人为法人的董事、理事等执行机构或者决策机构的成员，《公司法》则通过司法解释确认股东为清算义务人。从法律体系上说，《民法典》和《公司法》的关系属于一般法和特别法的关系，也存在着新法和旧法的时间先后顺序。二者的规定出现冲突，在公司清算义务人的确认上究竟是适用《民法典》的规定还是《公司法》的规定呢，这直接影响到不同主体履行义务、承担责任的问题。

《民法典》第七十条与此前《民法总则》的规定完全一致，可以按照《九民纪要》所规定的处理《民法总则》与《公司法》关系的原则来处理《民法典》和《公司法》的关系。《九民纪要》第一章第三节规定了《民法总则》与《公司法》的关系,是一般法与商事特别法的关系。《民法总则》第三章"法人"第一节"一般规定"和第二节"营利法人"基本上是根据《公司法》的有关规定提炼的,二者的精神大体一致。因此,涉及《民法总则》这一部分的内容,规定一致的,适用《民法总则》或者《公司法》皆可;规定不一致的,根据《民法总则》第十一条有关"其他法律对民事关系有特别规定的,依照其规定"的规定,原则上应当适用《公司法》的规定。但应当注意也有例外情况,主要表现在两个方面:一是就同一事项,《民法总则》制定时有意修正《公司法》有关条款的,应当适用《民法总则》的规定。该规定可以理解为以适用《公司法》规定为原则,以同一事项规定特意作出修正时适用《民法总则》为例外。那么就上述规定能否理解为《民法总则》以及《民法典》有意修正了《公司法》关于清算义务人范围的规定,进而排除《公司法》相关规定的适用?或者,《民法典》所谓的决策机构,包括法人的股东会这一权力机构,进而将决策机构的成员理解为包括股东,从而取得《民法典》与《公司法》在清算义务人范围安排上的一致?① 答案应是否定的。首先,没有直接的文本资料或立法注释显示《民法典》关于清算义务人的规定属于特意修正,无法优先适用《民法典》的空间;其次,决策机构的提法并不见于营利法人之中,《民法典》规定中存在决策机构的法人为事业单位法人和捐助法人。而公司股东对公司依法享有资产收益、参与重大决策和选择管理者等权利并不意味着有限责任公司股东属于决策机构成员,因此无法适用体系解释和当然解释的方法将股东纳入其范围之中。最后,《九民纪要》出台时间在《民法总则》之后,《公司法司法解释二》的最新修订时间在《民法典》之后,而后出台的文件都没有依据《民法总则》和《民法典》对清算义务人的范围作出协调性的更改。意味着立法者倾向优先适用《公司法》规定处理清算义务人范围争议。

因此对《公司法》清算义务人的范围确定应当遵循《公司法》及其司法解释的相关规定,以股东为清算义务人为准。最高院也持有同样的观点:《民法典》第七十条第二款第一句"法人的董事、理事等执行机构或者决策机构的成员为清算义务人"只是一般性规定。对于特定类型法人的清算义务人,允许法律、行政法规另行规定。例如,对于有限责任公司与股份有限责任公司,《公

---

① 蒋大兴:《公司清算义务人规范之适用与再造——"谁经营谁清算" vs. "谁投资谁清算"》,《学术论坛》,2021年第4期,第3页。

司法》第二百三十二条和《公司法司法解释二》第十八条有特殊规定，应依照以上规定认定有限责任公司与股份有限公司的清算义务人。[①]

虽然《公司法》存在作为特殊法的优先适用性，但从司法裁判案例来看，对公司清算义务人仍然存在法律适用上的不清晰不统一。在（2021）沪 0113 民初 14081 号桂林市 HS 国际旅行社有限公司与上海 XL 投资有限公司等股东损害公司债权人利益责任纠纷案中，原告桂林市 HS 国际旅行社有限公司诉被告 XL 公司、FY 中心、LK 中心、SL 中心、YM 中心、郑某、CJ 合伙企业及曹某对原告应付债务承担连带清偿责任。该案中，在认定 FD 公司大股东 XL 公司应承担连带清偿责任时，法院的裁判理由之一是"XL 公司作为 FD 公司大股东，未在 15 日内组成清算组，怠于履行清算义务"。可见，法院认为股东是清算义务人，其依据是《公司法司法解释二》第十八条。而在认定 FD 公司小股东对 FD 公司相应债务无须承担连带清偿责任时，其裁判理由之一是"根据《民法总则》及《民法典》规定，法人的董事、理事等执行机构或者决策机构的成员为清算义务人。法律、行政法规另有规定的，依照其规定。上述规定，FD 公司的小股东均非清算义务人"。可见，法院此时的认定依据是《民法典》和《民法总则》。然而，在认定郑某应对 FD 公司相应债务承担连带清偿责任时，法院再次适用了《民法总则》，其裁判理由之一是"根据《民法总则》的规定，法人的董事、理事等执行机构或者决策机构的成员为清算义务人。郑某系 FD 公司的董事长，系 FD 公司的清算义务人"[②]。上海市宝安区人民法院在此案的审理过程中，对清算义务人这一主体的认定采取了法律适用上的摇摆。此案二审维持原判，但二审法院在认定清算义务人时，仅根据了《公司法司法解释二》第十八条规定，保证了法律适用的统一性和清晰性。[③]

（二）《公司法》对清算义务人的重构

《公司法》第二百三十二条规定董事为公司的清算义务人，相比《公司法司法解释二》，清算义务人不论有限责任公司和股份有限公司都将其统一为董事并将原规定的股东排除在外。立法采取此变化的原因主要有下面几点。

1. 维护民商合一的立法体系

我国没有独立的商法典，采取的是民商合一的立法体系，《民法典》与

[①] 最高人民法院民法典贯彻实施工作领导小组：《中华人民共和国民法典总则编理解与适用》，人民法院出版社，2020 年，第 879 页。
[②] （2021）沪 0113 民初 14081 号判决书。
[③] （2022）沪 02 民终 10169 号判决书。

《公司法》之间的关系，是一般法和商事特别法的关系。现行《公司法》和《民法典》之间的冲突规定导致理论和司法实务的争议一直存在，亟须统一和明晰。《公司法》采取董事作为清算义务人是向《民法典》中的规定靠拢以保持体系上的一致性。这既是对我国民商合一立法体系的维护，也是从争议解决的实际出发对公司制度的一次完善。

2. 公司治理结构向实质董事会中心主义转型的需要

股东中心主义或董事会中心主义并不存在于任何国家的任何公司法文字规定中，它纯属对公司法进行学理注释。世界各国的公司治理模式经历了从股东会中心到董事会中心，甚至再到经理层中心的交错发展，中国公司的治理模式由 1993 年公司法确立，呈现为法定董事会中心主义与某些公司事实上的经理层中心主义或控股股东中心主义的特殊状态。[1]

考察此次《公司法》修订可以发现，董事责任成为立法重点。强化了董监高（董事、监事、高管）维护公司资本充实的责任，完善了董监高的忠实及勤勉义务，新增了董事及高管因执行职务致损对第三人的赔偿责任，强调了董高履职的独立性，加强了董事在清算阶段的责任。因而将董事列为公司的清算义务人，是强化董事责任，践行我国公司治理以董事会为中心的治理结构，通过法律规范加强其实质性的现实需要。

3. 回归股东有限责任的本源以提振投资信心

有限责任是公司法的基石性原则。现行《公司法》规定将股东作为有限责任公司的清算义务人，《公司法司法解释二》第十八至二十条列举了清算义务人之责任，包括怠于履行清算义务造成公司财产贬损的赔偿责任、怠于履行清算义务导致公司清算不能的连带清偿责任、恶意处置公司财产或利用虚假清算报告骗取注销登记的赔偿责任以及未经清算即注销公司的清偿责任。[2] 要贯彻股东承担有限责任原则，股东对公司债务承担连带或补充责任应有严格限制。《九民纪要》中关于怠于履行清算义务的认定就把股东举证证明其已经为履行清算义务采取了积极措施，或者小股东举证证明其既不是公司董事会或者监事会成员，也没有选派人员担任该机关成员，且从未参与公司经营管理的情形作为怠于履行的免责抗辩。司法也意识到将全体股东划作清算义务人会动摇《公

---

[1] 赵旭东：《股东会中心主义抑或董事会中心主义？——公司治理模式的界定、评判与选择》，《法学评论》，2021 年第 3 期，第 68 页。

[2] 赵吟：《公司清算义务人侵权责任的体系解构——兼论〈民法典〉第 70 条与〈公司法司法解释二〉相关规定的适用关系》，《法治研究》，2020 年第 6 期，第 151 页。

司法》风险锁定的有限责任原则,不利于市场投资的健康发展,因此也在限缩有限责任公司股东承担清算责任的主体范围,解开"资本多数决"下小股东的责任枷锁。

股东的主要义务就是向公司缴纳出资。股东只要全面真实地履行了出资义务,原则上就不用再对公司经营过程中发生的债务承担额外责任。① 此外,最高人民法院民法典贯彻实施工作领导小组在《民法典总则编理解与适用》中对《民法典》第七十条作出分析时指出:"法人虽有一定的财产,但并不当然具有出资主体,即使有出资主体,出资主体承担的是出资义务,要求所有出资主体承担清算义务并不妥当,故本条没有将出资主体作为清算义务人。"② 据此,可以认为这是《民法典》未将股东列为清算义务人的原因,也是修订《公司法》在清算义务人上回归《民法典》规定的理论支持。

三、公司股东和董事作为清算义务人之适格性辨析

有限责任公司清算义务人从股东向董事的转变将会解决长期以来的理论和司法裁判争议,不过清算义务人主体资格的适格性需要明晰,厘清其为何而来,有助于司法裁判的说理透彻。

(一)董事

选择董事作为公司清算义务人,学理上早有呼吁。对董事担任清算义务人的适格性存在如下的观点支持。

1. 由董事信义义务的内在要求决定

董事对公司负有信义义务,在我国《公司法》条文中规定为董事的法定忠实、勤勉义务。③ 信义义务起源于英美信托法理论,即委托人基于信赖将自身财产委托给受托人管理,受托人则应为委托人的最大利益行事。同理,董事作为公司法人的受托人,掌控公司财产并行使公司经营管理权,则其应对公司负有信义义务,而该义务当然涵盖了解散时的清算义务。

---

① 王长华:《论有限责任公司清算义务人的界定——以我国〈民法总则〉第 70 条的适用为分析视角》,《法学杂志》,2018 年第 8 期,第 92 页。
② 最高人民法院民法典贯彻实施工作领导小组:《中华人民共和国民法典总则编理解与适用(上下)》,人民法院出版社,2020 年,第 359 页。
③ 《公司法》第 147 条。

2. 有董事在公司治理结构中的身份优势支撑

从董事职权看，董事会是公司的经营管理机构，董事的天职就是管理公司。《公司法》第四十六条明确规定，制定公司解散方案是董事会的主要职权之一。制定方案意味着其是公司解散的最初启动者。从知情决策角度看，董事参与公司的经营管理，对公司信息的掌握较为全面、深入，知道公司现状与所处的环境，能够对公司是否应该启动清算程序做出较为妥当的判断。[1] 从主体条件看，相比股东的担任条件，董事任职必须符合《公司法》第一百四十六条之规定，必须为完全民事行为能力人，必须满足相关被处罚、任职限制的准入门槛，因此董事的履职能力相比股东优势明显。最后从可操作性来看，董事的姓名是公司在工商登记机关必须备案的信息，任何人都可以通过国家企业信用信息公示系统查询，显然董事作为清算义务人更具可操作性和透明度。[2]

3. 从比较法上的良好实践中得来

观察世界其他国家对于公司清算制度的规定，可以发现将董事作为清算事务的承担主体属于通行做法。在其他一些大陆法系国家，公司清算制度相比我国更加单一，清算的启动和清算的执行由同一主体负责，设立了由"法定清算人"实施清算的单轨制。

例如，《日本公司法》第四百七十八条第一款规定，董事、章程规定的人，依股东大会决议选任的人为清算股份公司的清算人；《韩国商法典》第五百三十一条规定："公司解散时，除合并、分立或者破产之情形外，均应由董事担任清算人。但是，章程中另有规定或者在股东大会上另选他人时除外。"《瑞士债法典》第七百四十条规定："清算由董事会负责进行，但公司章程或股东大会任命其他清算人的除外。"《德国股份法》第二百六十五条规定，在股份公司中董事是清算人，章程或者股东大会决议可以任命其他人员作为清算人。[3] 对于清算主体的双轨制和单轨制优劣在此不评述，但设置董事成为启动公司清算的主体是现代公司治理制度的共识。

（二）股东

由全体股东担任清算义务人存在着风险加重、主体范围不科学、清算功能

---

[1] 梁上上：《有限公司股东清算义务人地位质疑》，《中国法学》，2019年第2期，第266页。

[2] 王长华：《论有限责任公司清算义务人的界定——以我国〈民法总则〉第70条的适用为分析视角》，《法学杂志》，2018年第8期，第96页。

[3] 胡改蓉：《我国清算主体模式的反思——由双轨制向单轨制的转换》，《法治研究》，2023年第4期，第51页。

难以发挥的现实阻碍。但取消有限责任公司股东的清算义务人地位，立法的转变是否完全合理？现行的股东作为清算义务人的法理基础是否完全被抛弃？对这些问题的回答是：公司的控制股东仍然具备作为公司清算义务人的主体资格，在我国有限责任公司的语境下，控制股东＝控股股东＋实际控制人。控制股东作为清算义务人的合理性可以从以下两方面进行论述。

1. 同等地位的法律安排

公司股东可作类型化的归纳，有限责任公司的股东可以分为控制股东与非控制股东。一般而言，控制股东是指对公司事务可以行使事实上控制权的股东，并且可以做出各种有利于自己的决议，从而享有绝对的控制权。[①] 参见《公司法》第二百一十六条规定可知，其在这一点上采用了控股股东的说法，而学理上的控制股东包括纯粹依据股权或者主要依据非股权或者结合股权与非股权控制机制而控制公司的股东，是控股股东的上位概念。[②] 这也是控制股东＝控股股东＋实际控制人的理论基础。

根据前文所述，信义义务和管理公司的职能都是支撑董事成为清算义务人的来源，而控制股东同样兼具此两项条件，因此具备承担启动清算义务的合理性。《公司法》的第一百八十条第三款规定："公司的控股股东、实际控制人不担任公司董事但实际执行公司事务的，适用前两款规定。"立法在此条规定中，将公司的控股股东、实际控制人和董事、监事、高级管理人员置于同一地位。董事、监事、高级管理人员对公司负有忠实义务，应当采取措施避免自身利益与公司利益冲突，不得利用职权牟取不正当利益。董事、监事、高级管理人员对公司负有勤勉义务，执行职务应当为公司的最大利益尽到管理者通常应有的合理注意。控制股东当然也需要遵守这些义务，守住信义的底线。与之类似的还有《公司法司法解释二》第十八条关于违反清算义务的责任条款，其中第三款规定："上述情形系实际控制人原因造成，债权人主张实际控制人对公司债务承担相应民事责任的，人民法院应依法予以支持。"可以得出能够承担清算义务责任的主体不仅有股东、董事和控股股东，还包括了实际控制人。而无义务则无责任，因此控制股东作为清算义务人具备合理的基础。此处为条文上对控制股东担任清算义务人的法律支撑。

2. 经营权和所有权分离的应然与实然

经营权和所有权（也可称控制权）的两权分离是我国进行国企改革，迈向

[①] 朱慈蕴：《资本多数决原则与控制股东的诚信义务》，《法学研究》，2004年第4期，第104页。
[②] 李建伟：《公司清算义务人基本问题研究》，《北方法学》，2010年第2期，第71页。

现代化企业治理的大方向。在我国，强调实现经营权和所有权分离，是为了塑造市场主体，强化公司的独立性①。《公司法》的历次修订也没有改变此框架，可以说，经营权和所有权分离是《公司法》立法规定的应然，也是董事取代股东成为清算义务人的理论来源之一。

公司治理的立法意愿和公司现实运行的治理状况不尽相符。经营权和所有权不分甚至结合，股东参与公司的实质经营运作中，是我国大量中小公司实践中的实然。尤其是在"资本多数决"下，公司大股东或实际控制人是公司终极的控制者和真正的治理主体，实际上执掌和行使着公司主要的管理权。②因此大股东及实际控制人被视为可能操控公司而滥用控制权的主体③。根据禁止权利滥用原则，表决权使大股东获得了影响甚至控制公司利益和其他股东利益的可能性，该潜在的可能应受法律约束，故控制股东在一定范围内负有兼顾公司和其他股东利益的信义义务。④此处为我国公司运营现状对控制股东担任清算义务人的现实需求。

综上所述，控制股东作为有限责任公司的清算义务人仍然具备合理性与可行性。此外，还有司法界理论考虑到我国有限责任公司实践的机构设置简略，没有设置董事会或者执行董事，有些公司在发生清算事由时没有董事在任，公司管理处于真空状态。由此建议清算事由发生时没有可以履行职责的董事的，由实际承担公司管理职责的股东或者实际控制人承担清算义务；清算事由发生时公司无人承担管理职责的，全体股东都负有决议组成清算组或者申请人民法院指定相关人员进行清算的义务。⑤

四、清算义务人之义务简述

清算义务人立法的价值目标在于启动清算，为落实清算义务人制度应当有明确的权利义务安排。对于清算义务人有何义务，《公司法》第二百三十二条

---

① 周游：《公司法上的两权分离之反思》，《中国法学》，2017年第4期，第302页。
② 赵旭东：《股东会中心主义抑或董事会中心主义？——公司治理模式的界定、评判与选择》，《法学评论》，2021年第3期，第78页。
③ 蒋大兴：《公司清算义务人规范之适用与再造——"谁经营谁清算" vs. "谁投资谁清算"》，《学术论坛》，2021年第4期，第8页。
④ 蒙瑞：《公司清算义务人责任制度逻辑分析与实务争议探讨》，《汉江论坛》，2017年第4期，第136页。
⑤ 上海市高级人民法院商事庭课题组：《公司解散清算的功能反思与制度重构——从清算僵局的成因及制度性克服切入》，《法律适用》，2023年第1期，第75页。

承继《公司法司法解释二》的规定，依然规定为清算义务人应当在解散事由出现之日起十五日内组成清算组进行清算。立法仅指出了组成清算组的大方向，对具体内容未细化安排。因此可以根据学理观点与实践需要对清算义务人之义务以及相关的责任依据和制度衔接提出一些简要的看法。

（一）清算义务的具体内容

前文已述清算义务是董事忠实、勤勉义务的内在要求，至于清算义务的具体内容，法律规范中并未明确提及，以下从董事的忠实、勤勉义务出发，根据学者理论总结得出两点主要义务。

一是在法定期限内成立清算组开始清算，公司解散后要由清算义务人负责组织清算人启动清算程序。在自行清算时，因章程规定或者股东会决议选任清算人的清算义务人负责召集、主持首次清算人会议推选清算负责人开始清算。二是及时就公司经营管理业务与清算人进行全面交接，配合清算人依法及时清算，以进入下一步程序，如保管并提供财务会计报告、会计账簿、原始凭证、公司财产清单等。① 尤其对于指定清算人而言，他们主要是不了解公司内部情况的外部人，清算义务人的必要协助非常重要。②

（二）违反清算义务的责任性质

违反法定义务需要承担责任。《民法典》第七十条第三款规定了清算义务人未及时履行清算义务，造成损害的，应当承担民事责任。《公司法司法解释二》第十八条至第二十条规定则更为详尽和全面。以第十八条为例，"有限责任公司的股东、股份有限公司的董事和控股股东未在法定期限内成立清算组开始清算，导致公司财产贬值、流失、毁损或者灭失，债权人主张其在造成损失范围内对公司债务承担赔偿责任的，人民法院应依法予以支持。有限责任公司的股东、股份有限公司的董事和控股股东因怠于履行义务，导致公司主要财产、账册、重要文件等灭失，无法进行清算，债权人主张其对公司债务承担连带清偿责任的，人民法院应依法予以支持。"此处司法解释把违反清算义务的责任一分为二，分为清算赔偿责任和清算清偿责任（第十九、二十条同理）。

---

① 实践中，掌握公司财产、账册等重要文件的人员通常都是对公司有控制力的股东、实际控制人以及高级管理人员等，与清算义务人主体存在大部分重合。依据《公司法司法解释二》第十八条第二款规定，将对公司"主要财产、账册、重要文件等"的保管义务认定为全体清算义务人之义务也是法院的通行做法。

② 李建伟：《公司清算义务人基本问题研究》，《北方法学》，2010年第2期，第71页。

对于导致公司财产贬值、流失、毁损或者灭失，恶意处置公司财产给债权人造成损失的赔偿责任，其责任承担的法理依据为侵权责任应无争议。因为不论其行为的实施主体，毁损、灭失、恶意处置的行为导致的损害结果引发赔偿的请求权基础都为债权请求权，按侵权损害赔偿路径处理合理。

存在争议的是清算清偿责任的性质。最高人民法院民事审判第二庭认为清偿责任的法理依据为法人人格否认制度。[①] 此观点认为，在解散清算阶段，公司尚未注销，其法人资格仍然存续，股东或控股股东怠于履行义务，造成公司财产毁损、账册灭失等，以致无法清算时，属于公司独立人格和股东有限责任的滥用，可适用公司人格否认制度对其追责。这种观点需要纠偏，法人人格否认制度作为打破股东有限责任的工具，应当限缩适用而不应随意扩张。此扩张体现在三个方面：一是适用主体的不当扩张，法人人格否认制度适用于有限责任公司股东，而清算清偿责任包括股东、董事、实际控制人；二是适用行为形态上的不当扩张，法人人格否认适用的是股东滥用权利，故意为之的积极行为，而根据《九民纪要》的内容来看，清算义务人怠于履行是指有限责任公司的股东在法定清算事由出现后，在能够履行清算义务的情况下，故意拖延、拒绝履行清算义务，或者因过失无法进行清算的消极行为；三是适用结果的不当扩张，适用法人人格否认的核心是财产混同，而怠于清算下财产可能发生贬值、毁损等多种情况。由此看来，对清偿责任适用法人人格否认制度过于严苛，可能适得其反。合理的处理是将清算清偿责任与赔偿责任统一为侵权责任的性质。从《公司法司法解释二》第十八条至第二十条的内容表述来看，清算清偿责任与清算赔偿责任的区分主要在于清算赔偿责任是造成清算瑕疵，清算清偿责任是造成无法清算，具体的行为均系怠于清算、虚假清算，主体范围亦一致。[②] 清算瑕疵与无法清算均是对清算造成妨碍的结果，导致无法清算的行为是导致清算瑕疵行为的进一步延伸，这两种行为产生的民事责任理应是相同性质的。既然清算赔偿责任在性质上属于侵权责任，那么清算清偿责任亦应如此。

（三）清算义务人的破产申请义务

解散清算和破产同为市场主体的退出机制，将解散清算程序与破产程序进

[①] 最高人民法院民事审判第二庭：《最高人民法院关于公司法司法解释（一）、（二）理解与适用》，人民法院出版社，2015年，第346页。

[②] 蒙瑞：《公司清算义务人责任制度逻辑分析与实务争议探讨》，《汉江论坛》，2017年第4期，第138页。

行制度衔接具有实践价值。解散和破产都具备清算程序。非破产清算和破产清算的区别在于破产清算的核心是资不抵债，债权人得到完整清偿概率较小，涉及的利益风险更大。因此当公司无力清偿债务或者解散时，债权人往往会选择股东与公司承担连带责任来保护自己利益不受损害，存在从破产清算向非破产清算逃逸的倾向。①《企业破产法》第七条第三款规定："企业法人已解散但未清算或者未清算完毕，资产不足以清偿债务的，依法负有清算责任的人应当向人民法院申请破产清算。"与之对应的《公司法》第二百三十七条的第一款规定："清算组在清理公司财产、编制资产负债表和财产清单后，发现公司财产不足清偿债务的，应当依法向人民法院申请宣告破产。"此处存在两个时间节点的不同情况：一是企业已经解散但未清算，也就是清算义务人还未成立清算人，此时负有清算责任的人应当指的是清算义务人；二是已经解散正在实施清算但未完毕，此时负有清算责任的人指清算组，即清算人。

在时间节点上还存在一种情况，即公司无力清偿但未解散时，《公司法》并没有规定清算义务人具备申请破产的义务。② 因此我国应该增设清算义务人的破产申请义务，以便更好保护债权人利益，同时阻止债权人进入公司法上的非破产清算程序，保护股东利益③，以达到良好的退出市场效果。

五、结语

清算制度的完善对市场退出机制大有裨益，而清算义务人的主体范围冲突导致了长久以来的争论，通过分析可以得出董事和控制股东都有作为清算义务人的法理基础和现实需求。《公司法》只明确董事作为清算义务人的地位，但通过但书规定的形式为控制股东留有余地。此外，清算义务人之具体义务在《公司法》中仍未明确，违反清算义务的责任性质还未统一，期待通过司法解释等形式将其优化，同时希望解散清算和破产能够进行程序衔接，进一步完善市场主体退出的制度。

---

① 梁上上：《有限公司股东清算义务人地位质疑》，《中国法学》，2019年第2期，第276页。
② 王欣新：《论清算义务人的义务及其与破产程序的关系》，《法学杂志》，2019年第12期，第29页。
③ 梁上上：《有限公司股东清算义务人地位质疑》，《中国法学》，2019年第2期，第276页。

"双创"竞赛视域下卓越法治人才创新创业能力培养模式探究与实践

唐仪萱[*]

摘　要：创新创业能力是卓越法治人才的必备能力。创新创业竞赛的参与数量与获奖数量是创新创业教育成效的关键指标。有必要借由创新创业竞赛这一有效途径，以《关于加强新时代法学教育和法学理论研究的意见》为指引，秉承"卓越法治人才教育培养计划2.0"的改革精神，将创新创业教育融入专业教育、通识教育、素质教育等各个层面，探索契合本院学情的创新创业能力培养模式。但本院尚处于创新创业竞赛起步阶段，参赛项目欠缺统一规划，竞赛团队内驱力有待挖掘，亟须搭建知识融合度更强的新型实践平台。为此，我们可以依托学生社团创设法学院创新创业俱乐部，设计科学合理的课程体系和可持续发展的运行机制，培育创新创业竞赛文化，于全过程中强化政治方向和思想引领。

关键词：创新创业能力；创新创业竞赛；卓越法治人才；平台建设；课程改革

党的二十大报告强调要着力造就拔尖创新人才，指明了我国高等教育发展的重点任务。[①] 自2010年教育部首创性提出"创新创业教育"以来[②]，创新创

---

[*] 唐仪萱，四川师范大学法学院教授，四川科技法治研究中心主任。主要研究方向为民商法、科技法、教育法。本文系2022年度四川师范大学人才培养质量和教学改革校级项目"'双创'竞赛视域下卓越法治人才创新创业能力培养模式探究与实践"（20220009XJG）的阶段性成果。

① 王洪才、刘斯琪：《论高质量高等教育评估指标体系的构建》，《重庆高教研究》，2024年第12卷第5期，第6页。

② 教育部：《关于大力推进高等学校创新创业教育和大学生自主创业工作的意见》，2010年。

业教育得到了越来越多的价值认同，并实现了制度化。① 教育部《普通高等学校本科教育教学审核评估实施方案（2021—2025 年）》将"就业与创新创业教育"纳入本科教育教学审核评估指标体系；国务院办公厅《关于进一步支持大学生创新创业的指导意见》（国办发〔2021〕35 号）指出，要建立以创新创业为导向的新型人才培养模式。四川师范大学法学院学生的专业素养与法律职业能力近年来提升明显，擅长于以法庭辩论为代表的专业竞赛，而创新创业竞赛（以下简称"双创"竞赛）所要求的综合素养尚显不足。法学院获选国家级一流本科专业建设点，也亟须强化"挑战杯"竞赛、"大学生国际创新大赛"（原"互联网+"大学生创新创业大赛）等"双创"A 类竞赛②的竞争实力。因此，有必要一方面继续深耕学术能力培育，做好"挑战杯"全国大学生课外学术科技作品竞赛（以下简称"大挑"）等创新竞赛战略储备；另一方面积极探索"大学生国际创新大赛""挑战杯"中国大学生创业计划竞赛（以下简称"小挑"）等创业竞赛的培育模式，培养以法科生为核心的创业团队。本文直面西部地区高校传统法学教育面临的创新创业教育改革难题，以《关于加强新时代法学教育和法学理论研究的意见》③为指引，秉承"卓越法治人才教育培养计划 2.0"④的改革精神，坚持立德树人、德法兼修，以"双创"竞赛为契机，探索契合本院学情的创新创业能力培养模式，思考体现师范大学特色的"新法科"学术型人才培养之法，设计科学合理的课程体系和可持续发展的运行机制，并于全过程中强化政治方向和思想引领。

一、"双创"竞赛是卓越法治人才创新创业能力培养的重要途径

创新创业能力是卓越法治人才的必备能力。⑤ 卓越法治人才语境下的创新创业教育，紧扣应用型、复合型、创新型法治人才培养目标，旨在培养法科生

---

① 郑雅倩、杨振芳：《高校创新创业教育发展的制度化困境及其超越》，《高教探索》2024 年第 2 期，第 23 页。
② 教育部：《2023 全国普通高校大学生竞赛分析报告》，2023 年。
③ 中共中央办公厅、国务院办公厅：《关于加强新时代法学教育和法学理论研究的意见》，2023 年。
④ 教育部、中央政法委：《教育部 中央政法委关于坚持德法兼修实施卓越法治人才教育培养计划 2.0 的意见》，2018 年。
⑤ 教育部、中央政法委：《教育部 中央政法委关于坚持德法兼修实施卓越法治人才教育培养计划 2.0 的意见》，2018 年。

的法律职业素养、创新创业意识和跨学科合作能力。[①] 我们可以借由"双创"竞赛这一有效途径，将创新创业教育融入专业教育、通识教育、素质教育等各个层面，为法科生提供创新创业的价值和导向，助推法科生深入社会实践一线，体悟法的实施效用，反思社会结构变迁对法律制度的新需求。

一方面，"双创"竞赛是我院创新创业教育的重要抓手。创新创业教育唯有与专业教育有机融合，从被动适应现有学科专业结构转向主动整合学科专业碎片，确立复合型人才培养机制，才能获得最佳育人效果。[②] 学生积极开展田野调查和社会实践，发现制度运行问题并提出对策，再将该结论通过创业实践予以落地和验证，最后将这些有效推广应用的经验和成果用于参加"双创"竞赛、收获荣誉，完整体现了实践教学的各环节。在上述过程中，学生可拓宽知识视野，提升跨学科知识应用转化能力，这些可最终转化为卓越法治人才受用一生的职业素养。

另一方面，"双创"竞赛是带动我院师生投入创新创业教育的重要契机。"双创"竞赛的参与数量与获奖数量是创新创业教育成效的关键指标。虽然有观点认为，"双创"竞赛渐沦为高校名利场，竞赛的可量化性加速了创新创业教育实践的浅层化。[③] 但从我院尚处于"双创"竞赛起步阶段的实际出发，以赛促学仍不失为一条短期内快速打开局面的有效路径。近年来，学校、学院不断加强"双创"竞赛的推广力度。乘此东风，2023年，由笔者指导，法学院2021级本科拔尖人才创新实验班徐嘉鑫同学主持的社会调查报告《村民参与，"盘"活经济：乡村生态振兴中村民参与的现实考察与对策建议——基于川西林盘二十七村的实地调研》荣获第十七届"大挑"省级一等奖，为学院历史最好成绩。2024年6月，由张宏英老师和笔者指导，法学院本科2022级4班刘星雨主持的创业项目"竹GO菁彩——芊编万华，疗愈系绘色竹编文创作者"顺利进入了第十四届"小挑"配套交流活动"一带一路"国际邀请赛。不少同学对"双创"竞赛的态度也从观望到尝试，甚至有同学明确表达"现在终于理解参加'双创'竞赛对成为一名卓越法治人才的重要促进作用"，并全力以赴投入竞赛。

---

① 王爽、文江峰：《高校大学生就业教育的创新与探索》，《山西财经大学学报》，2024年第S1期，第267页。

② 黄兆信、黄扬杰：《复杂系统视角下高等学校创业教育与专业教育融合》，《教育研究》，2022年第8期，第111页。

③ 郑雅倩、杨振芳：《高校创新创业教育发展的制度化困境及其超越》，《高教探索》，2024年第2期，第29页。

二、法学院卓越法治人才创新创业能力培养的现实困境

法学院卓越法治人才创新创业能力培养的探索刚刚起步，在平台和课程建设、制度运行、创新创业教育思想认识等方面尚有改进空间。

（一）法学院亟须搭建知识融合度更强的新型实践平台

受限于本科生的知识水平，司法机关、律所等实习单位往往只会让实习生从事专业应用机会少、程度浅、重复性较高的个人任务，法科生专业知识的运用能力未得到充足的锻炼，更不用说文献综述、团队协作、社会交往、田野调查等综合能力的培养。为培养适应社会需要的创新型、复合型、应用型人才，法学院有必要整合院内外资源，对标高级别学科竞赛，搭建能够促进学生跨专业知识深度融合、综合能力显著提升的新型实践平台，配备优秀师资，建构科学有效的课程体系。

（二）法学院创新创业项目培育亟须制度化、体系化发展

当前法学院的"双创"竞赛仍然是小作坊式的"散打"模式，缺乏统一规划，延续性不足。其一，各创新创业项目两极分化明显，即使是相对优秀的项目，团队内部也存在严重的个体偏向，易落入"木桶效应"之中，产生创新项目学术性弱、创业项目选题窄等问题。其二，法学院创新创业项目亟须提升可传承性。项目往往在时空分布上呈现断层、分裂的态势。团队成员能实际投入项目建设的时间往往只有 1~2 年，这与许多项目本身的发展潜力、培育年限产生矛盾。其三，项目团队成员凝聚力不足，未能形成合力，缺乏良性竞争，教师除了指导项目本身，还需要调停矛盾，团队成员频繁更替阻碍项目发展。积极探索有利于学生创新创业项目可持续、可传承的制度建设势在必行。

（三）法学院亟须营造创新创业文化氛围

其一，法学院学生尚未充分了解创新创业项目及相关学科竞赛的益处，是我院"双创"竞赛成绩不佳的主观障碍。其二，"Z 世代"的生情较为特别，自我意识强而协作意识弱。有传统、有传承、有情怀的"三有"竞赛项目更容易获得学生的认可和持续投入。其三，我院本科生的求真务实、探索创新的科研精神，勤奋刻苦、锲而不舍的实干精神，贡献社会、回报国家的思想政治觉悟有待进一步提升。处于创新创业能力培养教学模式改革关键时期的法学院亟

须营造创新创业文化氛围，以提供源源不断的文化供给和精神动力。

三、法学院卓越法治人才创新创业能力培养的路径指引

在法学院卓越法治人才创新创业能力培养的改革攻坚期，应当以平台搭建和课程建设为着力点，主动适应创新创业教育改革的外部环境，积极获取、整合优势资源，统一规划、协调管理项目运行，形成价值共识，用文化滋养助推制度建设，增强创新创业项目的稳定性和可持续性。

（一）创设法学院创新创业俱乐部，规范平台运行

1. 建构稳定高效的运行机制

法学院创新创业俱乐部作为学生自主学习的组织，依托学生社团设立运行，采用学生自治、导师共建、成果共享、资金多源的运作模式。其一，学生自治：以拔尖人才创新实验班为基础，形成完善的成员选拔、晋升、退出规范，涉学生重大利益事项须经成员大会决议，依托社团设置相应的学生管理岗位，负责俱乐部日常运行。其二，导师共建：在师生互选基础上，组成以学院教师为主、校外导师和师兄师姐助教为辅的导师团队。其三，成果共享：与企业等社会组织合作开办"双创"竞赛、合作培育项目并参与"双创"竞赛等，实现学院、教师、学生以及合作单位的多方共赢。其四，资金多源：除了学校对社团的基本拨款外，俱乐部资金来源还可以包括教改项目经费、大创项目立项经费、教师课题经费、对外合作单位协议经费等，从而为学生创新创业项目实践落地提供稳定的资金支持。

2. 组建多层次优质师资队伍

在师资对外建设上，法学院可结合创新创业俱乐部的学生社团属性，形成教师+学生助教的导师梯队。第一，学院教师。教师将课题与学生创新创业项目结合，开展师生合作；发挥教师的社会资源优势，为学生创新创业项目提供发展平台。第二，师兄师姐助教。竞赛获奖学生作为新项目助教，形成传帮带的可持续发展体系。第三，校外导师。邀请行业企业人才担任"双创"导师，在社会调研、行业实践等方面提供实务指导。

3. 推进线下实体与线上平台"双线"建设

教育数字化转型是一个系统性的教育创新过程。[①]俱乐部在积极搭建线下实体运行模式的同时，应加快线上平台建设，将数字技术融入创新创业教育实践的各个领域和场景，处理好师生、数字技术与教学实践的共生关系，构建人技协同、跨界开放的创新创业教育教学实践新样态。[②]

（二）加强课程体系建设，助力项目培育

1. 设计跨学科培训课程

开展学术创新课程、创业课程，培养学生的文献综述、田野调查、课题论证等科研能力，行业分析、市场营销等创业能力；分为初阶、中阶和高阶三个课程阶段，分别对应新成员、初创组成员和有参赛经验的成员。条件成熟时可改造为有一定学分的选修课。笔者目前已经获得学校教务处批准开设"挑战杯大学生课外学术科技作品（哲学社会科学类社会调查报告）竞赛指导"选修课，1学分，完成了10余万字的课程实施大纲。该门课程在促进"挑战杯"大学生课外学术科技作品竞赛的推广和发展的同时，帮助学生学会根据自身学科特点和个人能力突出点选择符合时代需要和学科可操作性的项目课题，在此基础上完成促进青年创新人才成长、深化卓越法治人才素质教育的时代任务。

2. 创新教学方法和手段

创新理念，打造融项目培育、知识训练、德育培养为一体的教学模式。其一，在学术创新项目中，以学生感兴趣的社会问题为出发点，通过深度学术训练为本科生打通法律的"任督二脉"。其二，在创业项目中，突破传统法律咨询、法庭辩论等学习途径的局限，学生融当事人（企业）和法律服务提供者于一体，将创新创业知识与学科知识、行业知识深度融合。其三，引入"双创"竞赛的高级别获奖实例和经验交流活动，让学生通过对优秀实例的分析和经验借鉴获得对于"双创"竞赛准备的全景视野。其四，在"双创"项目训练指标中，添加社会主义核心价值观的要求，遵循立德树人的根本宗旨，帮助学生真正成长为让党放心、爱国奉献、担当民族复兴重任的时代新人。

3. 强化过程考核

根据课程进度开展过程考核，培养人才梯队。第一，按照项目申报、研究

[①] 《中国高教研究》编辑部：《2023年全国高校高等教育科研论文分析报告——基于23家教育类最具影响力期刊的发文统计》，《中国高教研究》，2024年第4期，第79页。

[②] 杨宗凯：《高等教育数字化转型的路径探析》，《中国高教研究》，2023年第3期，第3页。

报告（商业计划书）、路演和答辩四个环节进行过程性考核。第二，对标"双创"竞赛评审标准对项目组进行阶段性考核。第三，融入激励机制，增强学生的竞争意识和获得感。可根据学生每一阶段考核成绩择优形成竞赛种子队伍，作为重点打造对象，承接有竞赛基础的项目，将优势资源聚集到优秀团队。

4. 重视思政教育

思政教育与创新创业教育在价值目标上高度统一，对创新创业教育起着思想引领、理论支撑、实践提升作用。俱乐部的课程设计应当注重在教学内容、教学方法和实践活动方面，实现思政教育与创新创业教育的深度融合与有序协同[1]，注重培养学生的思想道德素养，强化价值引领，将社会主义核心价值观教育贯穿课程内容，传承向上向善的正能量。依托"双创"竞赛这一窗口，从知识、能力与情感的综合教学目标出发，以马克思主义理论为指导，创新教学设计和实践，激发学生创新创业兴趣，提升学生创新创业精神境界，最终形成饱含奉献精神、富有创新意识、勇于投身实践的创造性人格，主动承担起民族复兴大任。[2]

5. 整合多方资源

其一，联合校内校外各类实践平台，孵化有潜力的创新创业项目。充分发挥学校科技园、学校大学生创新创业俱乐部等实践平台、基地的介导作用；遵循优势互补、资源共享等原则，整合社会公共资源，联合相关单位建设校外大学生创新创业实践教学基地，实现我院与社会企事业单位的集群结对、实践合作。其二，创办竞赛，为学生提供更多试炼机会。与校内平台、校外企业等联合举办"双创"竞赛，如狮山青年学术创新竞赛、狮山青年创业计划大赛。其三，组织学生开展社会调查。定期组织学生开展社会调研，引导学生在某一领域扎根，持续关注并产出科研成果，为竞赛提供稳定的成果支撑。

（三）完善规章制度体系，培育竞赛文化

选拔德智俱健的成员，组成稳定的高水平项目团队，是竞赛成功的关键。为此，一方面形成以俱乐部章程为中心，覆盖成员选拔与培养制度、项目管理制度等内容的俱乐部规章制度体系，确保俱乐部制度化运行；另一方面还需要

---

[1] 范俊峰、邓苏心、王海霞：《高校创新创业教育与思政教育深度融合刍议》，《学校党建与思想教育》，2022年第23期，第86页。
[2] 金伟琼、陈永霖、吴蕾蕾：《高校创新创业教育与思想政治教育的融合》，《中国青年社会科学》，2018年第6期，第71页。

培育竞赛文化，提升学生参与竞赛、运营竞赛团队的内动力。

体现科学性、先进性和适应性的制度有利于延长俱乐部的生命周期。其一，制定俱乐部章程，包括俱乐部的宗旨、设立、运行、组织架构等基本内容，明确成员的权利义务、导师的权利义务等。其二，建立项目管理制度，包括项目申报审核流程制度、保密制度、知识产权保护制度、团队管理及传承制度等，以规范团队运行，为"双创"项目培育提质增效。其三，明确激励机制，着力解决项目内竞赛排名、竞赛获奖绩点折算、成员准入退出等涉学生重大利益问题，形成正向激励的长效机制。其四，确立对外联络机制，积极对接各学院、各高校、"双创"基地、公司企业、创业导师，构建校内外"双创"导师资源库，开设创新创业沙龙、讲座、培训、竞赛经验交流分享会等活动，以促进我院学生创新创业项目与社会各界的交流与合作。

成员形成共同的文化认知是项目团队的稳定器。创新创业文化是创新创业教育的精神内核，是创业理念形成的源泉，是企业人文价值体系构建的基石，是高校创新创业教育革新的内动力。① 竞争与对抗作为积极精神内因，包括努力拼搏的精神和遵守规则的意识两个维度，为竞赛成员在大半年的竞赛周期内持续发力提供稳定的内驱力。文化因子内蕴于创新创业教育及其竞赛之中，引导和浸润着创新创业过程。坚持"竞赛文化＋创新创业教育"的模式是取得竞赛佳绩、提升教育实效的必要路径。② 俱乐部导师应该深挖学情，将"双创"竞赛文化培育融入课程思政改革。其一，师兄师姐"传帮带"，培养学生的认同感、集体主义和勤奋刻苦精神。其二，探索多样的师生互动教育模式，突破课堂教学的时空禁锢，帮助学生在各类实践活动中认识真理，贯彻科学精神、实干精神。其三，定期组织团建活动，加强学生组织凝聚力，始终保持昂扬向上的精神状态。

四、结语

笔者主持的 2022 年度四川师范大学人才培养质量和教学改革校级项目"'双创'竞赛视域下卓越法治人才创新创业能力培养模式探究与实践"于 2022 年 11 月立项，法学院创新创业俱乐部于 2022 年 12 月底正式成立，依托

---

① 陈耀、李远煦：《改革开放以来我国高校创新创业教育组织变迁及其启示》，《高等教育研究》，2019 年第 3 期，第 50 页。

② 姜菁斐、杨欣欣、高长春：《创新文化视域下大学生"双创"路径研究》，《江苏高教》，2022 年第 10 期，第 88 页。

"狮山逐梦"社团管理运行，旨在打造强规则、享文化、有传承的创新创业项目培育体系，构建长效发展机制。

截至 2024 年，俱乐部学生成员总计 47 人，其中 2020 级本科生 2 人，2021 级本科生 3 人，2022 级本科生 19 人，2023 级本科生 23 人。在俱乐部运行的一年半时间里，俱乐部累计完成 21 次训练，课程涵盖引注规范、思维逻辑、文献综述、阅读训练、写作能力、答辩技巧、创业训练、社会调查方法和问卷设计、学术专题讨论、经验交流沙龙等，训练时长超 60 小时，成员完成训练计划书 5 万余字，训练 PPT10 余份，累积有效阅读交流专著 20 余册，阅读理解期刊论文 40 余篇。俱乐部成员主持了 9 项大学生创新创业训练计划项目，其中有 4 项国家级项目和 1 项省级项目；俱乐部成员主持、参与的 30 余个项目参加了"挑战杯"竞赛和大学生国际创新大赛，在院赛、校赛和省赛中屡创佳绩，最终获得"大挑"省级一等奖 1 项、"小挑"省级二等奖 1 项、大学生国际创新大赛省级铜奖 2 项，1 个项目顺利进入第十四届"小挑""一带一路"国际邀请赛。法学院创新创业俱乐部取得的优秀竞赛成绩得益于领导的重视、师生的投入、制度的保障，下一步的工作重点是进一步落实制度，持续推进课程内容和教学模式创新，继续拓展对外合作渠道。

"双创"竞赛的绩效不仅涉及参与者的激励问题，还涉及组织者的认知问题。[①] 法学院创新创业俱乐部的设立运行，应当坚持以习近平法治思想为指引，落实课程思政"铸魂育人"根本要求，经由"双创"项目培育和竞赛角逐，为培养以法学素养为根基、以法律职业能力为特色、以创新精神为引领的德法兼修卓越法治人才提供有力支撑。

---

① 胡锋、高扬、赵红等：《文化维度特征对创新竞赛绩效的影响：基于设计类创新竞赛的实证研究》，《管理科学》，2018 年第 3 期，第 108 页。

论我国互联网法学学科建设的现状与未来

彭 昕[*]

摘 要：我国互联网法学是随信息技术发展出现的新兴学科，自20世纪末开始已经逐步经历了萌芽、发展与勃兴三个阶段。尽管不同时期围绕"互联网＋法学"形成了不同的学科概念，其表述的侧重点亦有所区别，且对于该学科属于何种性质目前也尚存争议，但随着相关研究的不断深入，寻求互联网法学的独立学科定位已成为共识，并初步形成了相应的研究对象、研究方法以及学科平台，取得了一定的成就。从学科建设的角度来看，当前有关互联网法学学科的建设仍在学科定位、师资队伍建设、人才培养以及学科研究等方面面临不同挑战。未来，可从学科建设、教学与科研几个方面着手，整合既有探索成果，搭建科学的学科体系，为我国互联网法治提供新的理论与制度资源。

关键词：互联网法学；学科建设；新法科；互联网法治

加强互联网法治人才培养和学科建设是践行习近平总书记网络强国重要讲话精神的重要体现，也是适应新时代互联网治理体系和治理能力现代化建设的重要保障。学科建设是人才培养的基础工程，两者协同发展能够有效支撑人才培养高质量发展、有效助推学科建设跨越式发展。近年来，伴随着互联网向各行各业的全面深入，依托人工智能、大数据和云计算等技术的不断发展和应用，互联网和传统法学实现深度融合，推动了法学学科由传统学科向新兴学科、多学科交叉融合转变。在此背景下，回顾我国互联网法治学科建设历史，梳理并分析其建设现状，有助于我们从整体上把握其特征，从中观察和思考未来互联网法学的探索方向。

---

[*] 彭昕，法学博士，四川师范大学法学院讲师。

一、我国互联网法治学科建设历史回顾

（一）互联网法治学科建设的历史阶段

数字时代的到来正在改变人们的生活方式，随之而来的是教育的深刻变革。在此背景下，法学教育也迎来了前所未有的创新与发展，围绕互联网技术相关法律问题的教育教学开始萌芽，并随着相关技术的深入发展日渐勃兴。总体来看，"互联网+法学"教育的兴起和发展大致可分为三个阶段。

第一阶段可称为萌芽阶段，以 1985 年"信息法学"概念初步提出为标志。在"第三次浪潮"、计算机技术和系统科学的影响下，学者们纷纷开始对信息技术与法学的连接方式、新学科的建立展开自由构想。此后，北京大学信息管理系于 1996 年在全国率先开设了"信息法学"课程，标志着学界开始系统地尝试着手建设"信息技术+法学"的新学科、新疆域，并初步形成了相应的领域观念和问题意识。

第二阶段可称为发展阶段，以 2002 年中国法学会信息法学研究会的成立为标志，国内学界对"互联网+法学"的探索开始出现正式的组织化行动。这一领域的研究工作开始获得有组织、有计划的支持。在这一阶段，不少高校也意识到了"互联网+法学"的兴起已不可避免，开始探索和布局"互联网+法学"的教学科研与平台建设。

第三阶段可称为勃兴阶段，以 2016 年 AlphaGO 战胜李世石为标志。随着深度学习技术在发展和应用方面的重大突破，人工智能极大地激发了法学界的研究热情，同时带动了对区块链、大数据、云计算等新兴信息技术相关法律问题的关注和探索。在这一阶段，国内法学界迅速且广泛地展开"互联网+法学"的教学、研究与平台建设工作，涌现了诸如数据法学、计算法学、人工智能法学、网络与信息法学等一系列法学学科"新概念"，且随着部分院校围绕"互联网+法学"自主设置了相关二级学科或交叉学科，标志着"互联网+法学"已经成为法学高等教育必须面对的新方向、新挑战。

（二）互联网法学的学科概念变迁

当前，不同时期围绕"互联网+法学"教育形成了不同学科概念，较有影响力的包括网络法学、信息法学、网络与信息法学、计算法学、数据法学、人工智能法学等，每一种学科概念的张者不同，侧重点亦有所区别。

第一种是信息法学。信息法学的概念被提出得相对较早，由张守文、周庆山于 1995 年在国内第一本《信息法学》专著中正式提出。[①] 在该专著中，信息法学被界定为以信息法的现象及其规律为研究对象的一门科学，在整个著作中尝试建构作为一个属于法学分支学科的信息法学体系。[②] 由此，"信息法学"的主张正式作为一个有体系化论述材料支撑的新学科主张登上法学学科建设史的舞台。

第二种是网络与信息法学。随着互联网在我国的快速传播与普及，1997 年起"网络法学"这一概念开始被提出，并密集出现在 21 世纪初。[③] 此后，"网络法学"与"信息法学"的概念开始交互与融合，既有"信息网络法学"之表述，也有"网络信息法学"或"网络与信息法学"的表述，并以后者为主。[④] "网络与信息法学"或"网络信息法学"的表述整合了此前信息法学和网络法学的表述，其所涵盖的范围也从较为单一的"信息技术＋法学"或"网络技术＋法学"扩展至网络信息技术的各个方面，此外还将网络言论治理、电子商务、网约车治理、分享经济的政府规制等主题纳入其中，形成了较为广泛的覆盖面。

第三种是计算法学。计算法学的主要内涵是以计算技术为支撑的法学教育、法律信息检索、法律数据库、法律信息安全及相关的个人权利保护。[⑤] 计算法学这一概念在中国的传播肇始于清华大学法学院，其于 2018 年 4 月创办"计算法学全日制法律硕士学位"项目，并于 2019 年 9 月发起成立中国计算法学发展联盟。尽管"计算法学"的概念在国内外已被广泛采用，但尚未形成统一的内涵。当下计算法学大体具有广义和狭义之分。广义上的"计算法学"可用以指代任何与计算机和法律有关的内容或问题；但狭义上其仅指法律科技的研究，这种狭义上的"计算法学"可以理解为"法律的可计算理论与实践"。此外，亦有观点认为"计算法学"中的"计算"实则是一种方法论，即计算内

[①] 随后出现了系列对信息法系统理论加以研究的专著或教材，包括朱庆华、杨坚争主编的《信息法教程》，马海群主编的《信息法学》，周庆山著的《信息法教程》等。

[②] 张守文、周庆山：《信息法学》，法律出版社，1995 年，第 34~64 页。

[③] 董炳和：《网络时代呼唤网络法学》，《江海学刊》，2000 年第 4 期，第 91 页；牟宪魁：《论网络法学教育在我国的发展》，《广西政法管理干部学院学报》，2002 年第 1 期，第 118 页；张楚：《关于网络法基本问题的阐释》，《法律科学》，2003 年第 6 期，第 80 页。

[④] "网络与信息法学"的首要主张者为中国法学会网络与信息法学研究会，2002 年研究会成立之时，其名称为"中国法学会信息法学研究会"，其后不久，基于进一步扩展研究领域等考虑，中国法学会信息法学研究会更名为"中国法学会网络与信息法学研究会"。

[⑤] 参见申卫星、刘云：《法学研究新范式：计算法学的内涵、范畴与方法》，《法学研究》，2020 年第 5 期，第 7 页。

涵已经超越传统的数学运算,扩展到逻辑推理乃至观察世界的一种方法论。故计算法学是传统法学面对"计算无处不在"的时代现象和"计算主义"认识论所形成的一种新的研究范式。[①] 总体来看,当前学界较为接受的观点为:计算法学是基于计算的对象、方法以及能力等方面的差异而产生不同的法律问题以及与法律相关的技术问题,从而融入计算思维研究法律问题,利用计算方法开展法律大数据分析,以及结合计算技术研究法律科技的一门学科。

第四种是数据法学。"数据法学"这一概念的兴起亦与清华大学法学院密切相关。2017年,清华大学法学院组织首届"迈向数据法学"研讨会,2018年《清华法学》第4期刊发了"迈向数据法学"专题研讨,使"数据法学"这一概念备受学界瞩目。而在彼时,"数据法学"更多的是指以数据分析为基础的法律实证研究方法,仅有2017年成立的华东政法大学数据法律研究中心一家学术平台。随着2019年江西财经大学在本科招生中新增法学(数据法学)专业方向,"数据法学"这一概念得到快速的应用与发展,此后,何渊在其主编的《数据法学》教材中指出:数据法是以隐私、个人信息(数据)及非个人信息的数据等为主要研究对象,以数据隐私及安全等为主要研究内容,以基于重要性和行业领域为基础的数据分级分类保护制度为主要研究特色,具体考察数据主体、数据控制者及数据处理者之间法律关系的法律规范总称。[②]

第五种是人工智能法学。2015年以后,随着人工智能技术的飞速发展及其相关应用的重大突破,"智能法学"或"人工智能法学"的概念亦随之出现。就其内涵来看,人工智能法学主要聚焦人工智能与法治的深度融合,推动人工智能在法治领域、司法领域、社会治理领域的应用。将人工智能发展纳入法治轨道,可规范、促进、保障人工智能健康有序发展。[③] 作为当代信息技术中最受瞩目的领域之一,人工智能吸引了"互联网+法学"领域极大的关注,尽管"人工智能法学"的范围较前述试图总揽全域的信息法学、数据法学、计算法学狭窄,但作为法学与人工智能深度交叉融合的新兴专业方向,人工智能法学当下无疑已成为新文科建设在法学领域最为重要的增长点之一。

通过上文的梳理不难发现,尽管不同时期围绕"互联网+法学"教育形成了不同的学科概念,其表述的侧重点亦有所区别,但整体上仍呈现出以下两大

[①] 申卫星、刘云:《法学研究新范式:计算法学的内涵、范畴与方法》,《法学研究》,2020年第5期,第3页。
[②] 何渊:《数据法学》,北京大学出版社,2020年,第1页。
[③] 上海政法学院人工智能法学院:《人工智能法学简介》,https://www.shupl.edu.cn/rgznfxy/2019/0922/c1695a55478/page.htm。

趋势：一方面，随着相关研究的不断深入，相应的学科概念也逐渐从不同技术与法学学科的简单组合叠加，发展为对该领域核心要素的捕捉，即从最早的"信息+法学"或"网络+法学"逐渐演变为从信息技术领域提取出关键方法或核心要素从而形成的"计算法学"或"数据法学"；另一方面，学科所关注的领域开始出现分化，上述学科概念的产生都与信息技术的发展与应用密切相关，随着技术的迭代与分化，相关学科概念所关注的重点也随之分化，如人工智能法学关注范围便仅限于人工智能领域的相关法律问题，计算法学关注的领域主要基于计算技术和计算方法所展开的系列法律分析，而数据法学则主要围绕互联网时代数据这一核心要素与载体所展开的系列法律问题。但需要指出的是，尽管上述学科概念各有侧重，但总体而言，不同学科概念所指以及能指的范围亦存在不同程度的交叉、重叠。

二、我国互联网法治学科建设现状

一般而言，学科建设主要包括学科内涵建设、学科外延发展和学科建设管理三个子系统。学科内涵建设是学科建设的核心，它主要涉及人才培养、科学研究、师资队伍建设、社会服务、文化传承等。学科外延发展指新学科建设和发展，主要体现在学科规模的扩大、博士后流动站数和博硕士学位授权点数的增加等方面。学科建设管理是搞好学科建设工作的基础和保证，它包括学科发展规划、学科发展计划与调度和与学科内涵相关的师资、教学、科研、经费、实验室建设等管理内容。当前，我国互联网法治学科建设正处于快速发展阶段，相关建设成果主要体现为如下几个方面。

（一）互联网法学的学科性质

上文的分析表明，当前研究互联网相关法律问题的法学"新概念"为数众多，与之相关的教学活动也在国内部分高校逐步展开，但对于该学科属于何种性质目前尚存争议，对此学界主要存在如下三种不同的观点：

第一种观点认为，互联网法学属于法学的二级学科。当前持此观点的部分学校均在积极筹措将研究互联网相关法律问题的学科设立为法学目录外二级学科。据不完全统计，截至 2022 年，全国共有 9 所高等院校自主设置了与互联网法学相关的二级学科，如表 1 所示。如西南政法大学和上海政法学院均建立了人工智能法学院，并招收人工智能法学专业的本科生。根据上述学院官网的介绍，其均将人工智能法学定位为内涵清晰、方向凝练、理论自足、逻辑自治、体系完备的新兴二级学科。除上述两所院校外，2020年，中国人民公安大学、中国政法大学等高校设立了目录外二级学科"数据法学"，华东政法大学在法学一级学科下增设"智能法学"二级学科，并在智能法学学科下设网络法、数据法及人工智能法三大方向；2021年辽宁大学在法学一级学科下增设二级学科"知识产权与人工智能法学"等。

表1 自设互联网法学二级学科单位

单位名称	一级学科名称	自设二级学科名称
中国政法大学	法学	数据法学
中国人民公安大学	法学	数据法学
西南政法大学	法学	人工智能法学
上海政法学院	法学	人工智能法学
华东政法大学	法学	智能法学
辽宁大学	法学	知识产权与人工智能法学
南京航空航天大学	法学	网络法学
华中科技大学	法学	科技法与知识产权法学
中国社会科学院大学	法学	网络与信息法学

第二种观点认为互联网法学属于交叉学科。根据国务院学位委员会、教育部2021年印发的通知，"交叉学科"门类成为我国第14个学科门类[1]，从性质来看，交叉学科应是跨学科门类或多个一级学科的交叉学科，其基础理论、研究方法已经超出一级学科的范围。持上述观点的论者也主要从互联网法学学科知识体系的交叉性出发进行论证的，如有学者指出，数据法学本质上属于法学与数字技术相交叉的新兴学科，具有相对独立的知识体系[2]；亦有学者认为计算法学很有可能成为法学领域的交叉性独立学科。[3] 此外，结合2018年教育部、中央政法委《关于坚持德法兼修实施卓越法治人才教育培养计划2.0的

---

[1] 国务院学位委员会、教育部：《关于设置"交叉学科"门类、"集成电路科学与工程"和"国家安全学"一级学科的通知》，2020年。
[2] 雷磊：《数据法学的学科定位与培养模式》，《中国社会科学报》，2020年10月27日第8版。
[3] 季卫东：《一个交叉学科的崛起：新文科之下的计算法学》，https://wenhui.whb.cn/third/baidu/202104/02/398535.html。

意见》，① 当前已有部分高校自主设置了相关交叉学科，如大连海事大学自主设置的交叉学科人工智能中便涵盖了计算机科学与技术、交通运输工程、船舶与海洋工程以及法学四个一级学科。根据教育部2019—2022年公布的《学位授予单位（不含军队单位）自主设置交叉学科名单（截至2021年6月30日）》，表2中的高校设置了互联网法学相关的交叉学科。

表2 2019—2022年部分高校自设互联网法学相关交叉学科

单位名称	交叉学科名称	所涉及一级学科	设置时间
山东大学	数据科学	数学、统计学、计算机科学与技术、公共卫生与预防医学、土木工程、社会学和法学	2019年
武汉大学	网络法学	法学、网络空间安全、计算机科学与技术	2020年

第三种观点认为互联网法学应属于一种领域法，即以特定经济社会领域与法律有关的全部现象为研究对象，融合多种研究范式于一体，具有研究目标的综合性、研究对象的特定性以及研究领域的复杂性等特征。② 何渊在《数据法学》一书中开宗明义地指出，数据法并非传统的基本法律部门，而是一个典型的领域法③；学者王禄生在谈及人工智能法学人才培养模式时也指出人工智能法学人才的培养工作，并不是人工智能与法学两个学科的一般性结合，应当以"领域理论"立体化创新人工智能法学人才培养模式。④

具体而言，领域法是秉持实定法规范和实定法秩序的实用主义研究立场，主张打破部门法桎梏，以问题意识为关怀起点，以经验研究为理论来源，综合借鉴与运用其他社会科学的成熟方法进行研究。⑤ 从这个意义上讲，将互联网法学定义为一种领域法便也存在一定的合理性。当人类进入在线时代，互联网技术是各个法律部门都不能回避的重要研究对象，从不同部门法视角出发都能

---

① 2018年教育部、中央政法委《关于坚持德法兼修实施卓越法治人才教育培养计划2.0的意见》指出："鼓励高校开发开设跨学科、跨专业新兴交叉课程、实践教学课程，形成课程模块（课程组）供学生选择性修读。鼓励高校深入实施主辅修制度，丰富学生跨专业知识，培养学生跨领域知识融通能力和实践能力。推进法学学科体系、学术体系、话语体系创新……"

② 刘剑文：《超越边缘和交叉：领域法学的功能定位》，《中国社会科学报》，2017年1月4日第5版。

③ 何渊：《数据法学》，北京大学出版社，2020年，第1页。

④ 王禄生：《以"领域理论"培养人工智能法学人才》，https://baijiahao.baidu.com/s?id=1736223793495805791&wfr=spider&for=pc。

⑤ 刘剑文：《论领域法学：一种立足新兴交叉领域的法学研究范式》，《政法论丛》，2016年第5期，第10页。

就与互联网相关的问题进行该部门法体系内的探讨。此外，研究互联网相关法律问题不仅需在横向上整合传统法律部门要素，还需在纵向上突破部门法的壁垒，通过不同研究角度和方法来探索其普遍规律，形成具有内生性、协同性、整体性的研究框架。[1]

（二）互联网法学的研究对象

从学科建设的角度来看，构成一个独立学科的必要条件之一，便是具备独立的研究对象。上文的分析显示，当下有关互联网法学学科的建设，无论在学科概念还是学科性质上都存在不同的主张，相应地，就研究对象而言，无疑也存在不同的关注点。但纵览相关研究议题，总体来看，互联网法学的研究对象大致包括以下三大体系。

其一，是有关互联网法治的理论体系。从某种意义上来看，法律是对人类当下社会生活问题的一种回应。随着信息技术对人类社会生活各方面的重塑，传统法学理论无疑也面临不同程度的挑战或冲击。在此背景下，互联网法学的一大任务便是在迁移或承继仍然有效的法律概念、法律原则、法律规则理论的基础上，对那些遭遇挑战和变革转型的理论进行互联网法治导向的体系化重构[2]，即从俯瞰全局式的宏观视野观察信息技术对法学概念与原理的挑战与回应。

其二，是有关互联网法治的技术体系。信息技术不仅是社会发展变革的关键动力，也是互联网法学研究的关键，唯有深度了解与掌握相关技术的运行逻辑，才能从原理上对相应法学命题进行探讨，从而做出真正有效的回应。具体而言，随着以大数据、人工智能、区块链等为代表的数字技术的不断应用，实践中涌现出大量有关算法黑箱、算法歧视和算法权力等方面的问题，对个体的隐私、自由与平等保护发起了挑战，但唯有对上述问题背后所涉及的技术原理，如数据的采集、加工、共享与交易等环节进行系统的理解与学习才能正确将其与法学原理合理匹配，从而探寻出合理的治理或规制路径。

其三，是有关互联网法治的制度体系。信息技术的飞速发展与深化应用推动了国内外"信息技术＋法学"领域的立法进程，我国《网络安全法》《电子商务法》《数据安全法》《个人信息保护法》和欧盟《通用数据保护条例》《数字治理法》《数字市场法》《数字服务法》，以及美国《加州消费者隐私法案》

---

[1] 刘剑文：《领域法学》，北京大学出版社，2019年，第72页。
[2] 马长山：《数字法学的理论表达》，《中国法学》，2022年第3期，第125页。

等相关法律的出台也直接催生出学界对相应制度体系的探索与设计。总体而言，有关互联网法治的制度体系既包含宏观视域下相应制度体系的设计，也有对细分领域的制度构建，如针对数据治理领域、算法治理领域、个人信息保护领域、网络平台治理领域或智慧司法领域等的制度建立或完善。

（三）互联网法学的研究方法

如果说互联网法学的研究对象回答的是其有哪些研究议题以及就这些议题能够做出哪些贡献等问题，那么研究方法则侧重回答的是如何研究这些议题。通过上文的分析不难发现，互联网法学与传统法学相比，在研究对象上具有较为鲜明的"跨界融合"特征，反映出互联网科技与法学的深度融合。因此，互联网法学在研究方法上除了有法学传统的研究路径外，也体现出相当程度的融合性。从实践来看，当前有关互联网法学的研究主要存在三种不同的方法。

第一种是规范研究路径，即以法学规范分析为核心。此类围绕"规范"的研究方法沿袭了法学研究的传统路径，通常就某一互联网领域所发生的事件、新生事物予以制度层面的分析。就具体展开思路来看，该研究方法沿袭了法学研究的传统路径，通常分析的内容包含但不限于：从法律概念入手对某一新兴事物进行解释、论证，如论证个人数据是否构成民事权利的客体，在既有制度框架内对新生事物进行法律性质与责任的认定，在上述基础上提出立法方案或解释对策。

第二种是实证研究方法。实践中，此种方法主要是以应用数学、统计学、计算科学的相关知识、方法展开的法律实证研究，属于传统法律实证研究在互联网时代的新阶段。换言之，其本质上还是一种基于法律经验现象的数据分析与定量研究，以统计学、机器学习为主要研究方法，通过应用计算机技术实现对海量裁判文书中的数据提取、要素输出和准确率检查等。[①] 质言之，作为法律实证研究的衍生和拓展，互联网法学的相应研究同样以法律实践的经验现象作为理论关切点，通过收集、整理、分析和应用数据，尝试使用统计学、机器学习的相关知识进行相关研究。[②]

第三种方法是"计算法学"。诚如上文所述，"计算法学"除了指一个学科概念，同时也指一种研究范式。实践中，尽管也有不少被冠以"计算法学"的

[①] 邓矜婷、张建悦：《计算法学：作为一种新的法学研究方法》，《法学》，2019 年第 4 期，第 104～106 页。申卫星、刘云：《法学研究新范式：计算法学的内涵、范畴与方法》，《法学研究》，2020 年第 5 期，第 6～10 页。

[②] 左卫民：《中国计算法学的未来：审思与前瞻》，《清华法学》，2022 年第 3 期，第 200 页。

研究实则属于法律实证研究，但此处所指的"计算法学"主要是指基于数据驱动、算法驱动以及模型驱动多维推进研究方法，包含随机森林、聚类算法、神经网络等机器学习方法和自然语言处理、大数据集分析、网络分析、计算机模拟和建模、计算数据收集等。换言之，此种研究方法并非局限于基于数据的法律分析，而是融合了现代科技，强调研究模式的混合性，是一种由统计学、数学或者计算机科学等技术知识占主流的研究方法。

（四）互联网法学的学科平台

在互联网法学相关研究与教育正如火如荼开展的同时，一系列学科平台也如雨后春笋般涌现。需要说明的是，本文所称"学科平台"主要包含支持互联网法学教学或科研活动而建立的正式或非正式组织，这些平台大部分是高校内部的非在编科研机构，小部分是在编的教学科研实体，还有一些是跨单位的联盟或学会。① 统计发现，当前互联网法学学科平台的建设与发展呈现出如下特征：

第一，学科平台的数量持续增长。相关统计显示，截至 2020 年 12 月，国内已有 47 所科研院校先后成立了 91 个与互联网法学相关的研究机构。② 从纵向的时间维度来看，相关学科平台的建设自 2015 年起开始呈现出爆发性的建设趋势，这一趋势在 2019 年达到顶峰，仅 2019 年一年全国就增设了 36 个互联网法学相关的学科平台，尽管此后相关平台的年设立数量有所下降，但仍能发现其依然处于持续增长的阶段，如图 1 所示。

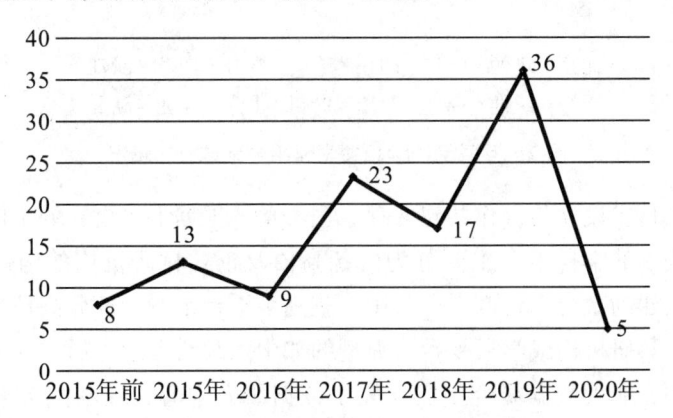

图 1　近年来学科平台设立数量

---

① 苏宇：《"信息技术+法学"的教学、研究与平台建设：一个整体性的观察与反思》，《中国法律评论》，2021 年第 6 期，第 182 页。

② 周辉、徐玖玖：《中国网络信息法学研究机构建设和发展报告（2004—2020）》，《网络信息法学研究》，2021 年第 1 期，第 221 页。

第二，全国各地发展态势迅猛。从学科平台的地域分布来看，国内已成立的74个与互联网法学相关的学科平台分别分布在16个省及直辖市，除了北京市拥有全国一半以上的学科平台外，其余各省对于学科平台建设的发展态势也较为乐观，尤其值得指出的是，西南地区似乎对互联网法学的研究和学科建设展现出较高的积极性，仅重庆一地便已经设立了10个与互联网法学相关的学科平台，如图2所示。

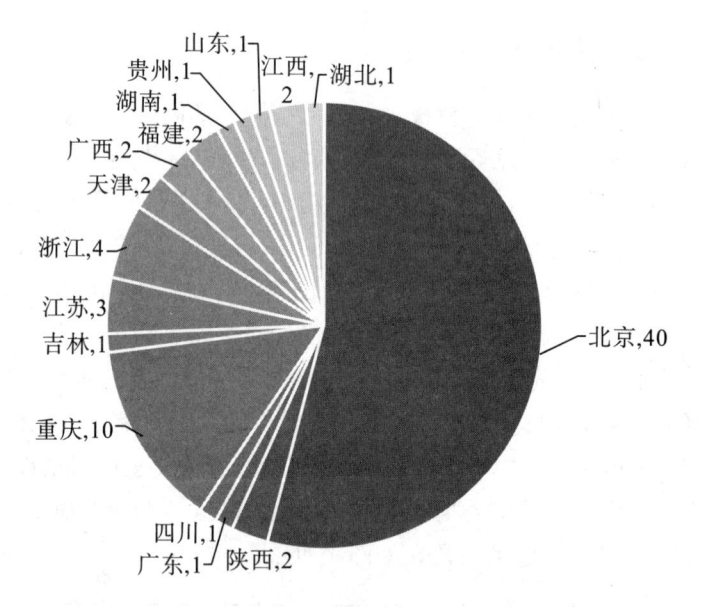

图2 互联网法学相关学科平台地域分布情况

第三，自主设立与合作共建并存。据考察，根据平台设立的主体不同，当前互联网法学的学科平台主要分为由各高校及正式科研机构的内部平台和院校、行业共建的联合平台两类。其中，就内部平台来看，部分高校均不止设立了一个此类科研机构或学科平台。典型的如中国政法大学先后成立的相关科研机构，其中犯罪大数据研究中心、电子证据研究中心、互联网金融法律研究院、互联网与法律规制研究中心、网络法学研究院、大数据和人工智能法律研究中心、法商大数据研究中心、人工智能法治研究院及数据法治研究院等均属此类平台。此外，还存在平台内下设分支平台的情形，例如中国人民大学法学院主导建立了未来法治研究院，未来法治研究院旗下又建立了数据权利研究中心、法治大数据研究中心、司法数据治理与量化运用研究中心等15个中心及数据法学实验室，形成了一个可观的"平台群"。①

就合作共建的平台来看，据统计，在91个已建成的平台中，至少有27个研究机构为有关行政部门、司法部门或企业在科研院校设立或与科研院校共建的，其中与企业展开合作的研究机构最多，达到了13个，占到了合作共建平台的近一半。②这也一定程度表明，在互联网法治领域，企业与高校之间能够就相应研究与学科建设形成良性互动并达成合作共赢的目标。

三、互联网法学学科建设面临的挑战

结合上文的分析不难看出，我国互联网法学是随着技术的发展出现的新兴学科，尽管自二十世纪末开始已经逐步经历了萌芽、发展与勃兴三个阶段，初步形成了相应的学科概念、研究对象、研究方法以及学科平台，取得了一定的成就。但从学科建设的角度来看，当前有关互联网法学学科的建设仍在学科定位、师资队伍建设、人才培养以及学科研究等方面面临不同挑战。

（一）学科定位尚不明确

当前，互联网法学的学科性质尚无定论，上文的考察也表明，实践中国内各大科研院校多结合自身的资源与特色采取了多元化的发展建设路径，如有的学校采取二级学科的建设模式，自主设置了与互联网法学相关的二级学科；有部分高校设置了与互联网法学相关的交叉学科；也有部分高校秉持互联网法学应属于一种领域法的理念，认为其具有研究目标的综合性、研究对象的特定性以及研究领域的复杂性等特征。③总体来看，在不同模式的引领下，与互联网法学相关的教学、科研、学科建设等活动正在各大高校纷纷开展，并在不同领域取得了一定的成就。但在上述多元化发展建设路径的背后，却潜藏着学科定位不明所带来的种种隐患。

一方面，互联网法学是否能够成为一个独立的学科，其学科应如何定位这类基础性问题仍存在较大分歧。在此背景下，当前各高校在"互联网法学"学科建设和发展中也出现了"名实之争""内涵之争""模式之争"等问题。此

---

① 苏宇：《"信息技术+法学"的教学、研究与平台建设：一个整体性的观察与反思》，《中国法律评论》，2021年第6期，第182页。

② 周辉、徐玖玖：《中国网络信息法学研究机构建设和发展报告（2004—2020）》，《网络信息法学研究》，2021年第1期，第229页。

③ 刘剑文：《超越边缘和交叉：领域法学的功能定位》，《中国社会科学报》，2017年1月4日第5版。

外，由于尚无体系化的发展模式可供借鉴，因此各大高校的探索也基本立足于前期相关积累与学科特色，既各有侧重也存在交叉重合之处，给学科发展带来了一定的不确定性因素，不利于学科的长远发展。

另一方面，学科定位不明不利于互联网法学知识体系的构建。任何学科都是与特定的知识体系相联系的，学科的定位不仅决定了其调整对象、调整范围和调整方法，更是与特定的概念、范畴和原理即知识体系密切相关。而学科定位不明便容易导致相关研究与探索的碎片化，无论是方法论层面还是认识论与本体论层面的探索都难以形成系统化的知识体系。

（二）师资队伍基础薄弱

互联网法学系统性知识体系缺乏导致人才培养基础的欠缺。一方面，缺乏对师资进行专门性、整体性的培养规划。互联网法学作为随着网络信息技术的发展逐渐兴起的学科，从萌芽到勃兴仅经历了二十多年的历程。由于其学科地位不明确，因此教育部没有明确的政策指导和统筹安排，学科本身缺乏系统的知识积累和人才培养基础。

从既有的师资队伍来看，各大高校有关互联网法学学科的师资基本来源于各传统二级学科，相关教师不仅多数是近几年转入的新的研究领域，而且大多数还需要同时承担原二级学科的教学工作，相关师资供不应求[①]，且在教学上也尚处于探索阶段，多数教学内容仍处于前期的探索与孵化阶段，难成体系。此外，各大高校通常基于前期相关积累与学科特色等因素进行互联网法学学科与学科方向建设，呈现出以科研带动教学、以科研带动学科发展的特征，对研究机构的创建和发展着力更多，学科建设的投入不足，缺少专门化、体系化的师资培养规划。实践中，承担互联网法学相应课程讲授的教师大多在其承担的原二级学科教学工作的基础上，自主学习该领域与互联网法学相关的知识并将其融入课程，具有较大的随意性，缺少系统性的学习体系。

另一方面，复合型师资不足。从事互联网法学教学还需要一批既了解相关信息技术基础又具备专业法律知识的教师，但当前有双重教育背景的教师极为稀缺。尽管部分高校已开始探索将互联网法学学科或方向开设的相关课程由不同院系甚至不同学校教师共同完成，但多数高校在教师培养和教师管理上仍然受传统学科划分的影响和制约，导致不同学科之间的协同不够。此外，由于不

---

① 苏宇：《"信息技术+法学"的教学、研究与平台建设：一个整体性的观察与反思》，《中国法律评论》，2021年第6期，第177页。

同学科背景的老师仅负责各自板块，因此若衔接不好便容易出现知识板块化、碎片化的现象，不利于学科知识体系的搭建。

（三）人才培养尚不成熟

学科建设是人才培养的基础工程，学科的创新与发展对人才培养也提出了新的挑战。随着信息技术的飞速发展以及互联网法学学科的逐步建设，着眼于信息技术相关的法律现象[①]为主要教学内容的教学活动近年来已初步崭露头角，但作为人才培养体系的两大关键要素，教材与课程建设都尚不能满足人才培养实践的需求。

其一，教材数量的短缺与知识的体系性不足制约了当前互联网法学教学活动的开展。从教材的数量上来看，尽管几年前甚至十多年前便已有《网络法学》《信息法概论》《信息网络法学》等教材出版，但其内容大多围绕以网络治理为中心的"传统"网络法问题展开，对于大数据、人工智能、算法治理、数据主权、网络安全、个人信息保护等一系列新兴法律问题尚未能涉及。此后出版的《数据法学》《人工智能与法律》等教材虽一定程度填补了上述空白，但教材层面仍有较为明显的缺口，难以满足当下教学活动的需求。

随着信息技术的飞速发展以及立法的不断更新，既有教材的知识体系以及对新法的衔接等问题也亟须应对。从当前教材编写的结构来看，由于学科知识体系的不健全，大部分教材均采用专题式结构进行编排，针对不同的研究对象与内容独立成编或独立成章节，而体系化的通用教材较为少见。此外，信息技术的飞速发展以及相关立法进程的推进，也为教材内容的不断更新提出了新的要求。换言之，既有教材在学科知识的体系性以及更新速率方面还亟待进一步完善。

其二，课程设置较为零散，难以满足人才培养的实践需求。当前，在互联网法学相关课程的设置上，各大高校纷纷根据自身特色与既有资源给出了多元化的方案。如部分院校采取必修课与选修课相结合的方式，也有部分院校仅将互联网法学相关课程设为选修课，还有部分院校在专业课之外还开设了相关的公共课程。此外，在学生的培养阶段上也存在较大差异，部分院校将相关课程设置在本科阶段，如上海政法学院人工智能法学院便将相关课程置于本科专业必修课程中，也有部分院校仅在研究生阶段设置了相关方向的课程。总体来看，互联网法学相关课程的设置都较为零散，在课程建设上也各有侧重。

---

① 如与大数据、区块链、人工智能等新兴信息技术相关的法律现象。

在此背景下，由于课程设置的零散化，加之体系化的通用教材相对少见，因而在教育方式上不少教师也倾向于采用灵活式的教学，如以讨论、研讨、学术报告等方式进行。[①] 但不能忽视的是，在学生法学基础与信息技术基础均较为薄弱的状态下，灵活式教学的预期目标恐难以实现。换言之，如何根据人才培养的实际需求找到真正实用、有效的教学方式亦是当前人才培养的一大挑战。

（四）学科研究亟待深入

信息技术在发展和应用方面的重大突破极大地激发了法学界的研究热情，同时带动了对人工智能、区块链、大数据、云计算等新兴信息技术相关法律问题的关注和探索，形成了相应的研究热点与"风口"。从既有研究成果来看，相关研究主要围绕"信息技术＋法学"这一主题，从互联网法治的理论体系、互联网法治的技术体系以及互联网法治的制度体系三个方面展开。但随着研究的深入以及研究热点的趋于常态，该领域的研究短板也逐渐显现。

其一，研究内容的体系性不足。技术的突破性发展与应用吸引着学界的广泛关注，也激发了其学术想象力。但面对技术的革命性进展，最初的相关研究呈现出快速扩张论域、抢占论题等特征。换言之，在互联网法学研究初期，相关研究整体上存在"碎片化"倾向，在过度追赶热点、抢占论题的同时，一定程度丢失了研究的深度，使得研究不够规范与不系统，缺乏科学的研究范式，不利于学科体系的构建。

其二，研究的融合性不足。纵览既有相关研究，其思路大致可划分为两类：一类是研究技术赋能法律，强调技术对法治的推动与革新；另一类是研究法律护航技术，强调法律对新兴技术的规范、保障与制约功能。但需要指出的是，无论是前者还是后者，当前的大多研究仍局限于技术与法律的简单交叉，"两张皮"的现象较为突出。此外，基于学科壁垒的限制，学科间难以协同发力，导致相关研究整体上重理论轻技术，有交叉但少融合。

其三，研究的应用性不足。诚如有学者所言，联网本质是技术，只有实际运用才有价值，互联网法律调整的也是不同网络场景下的行为规则。这就指向

---

① 罗维鹏、郜占川：《人工智能法治人才培养模式选择》，《山东社会科学》，2020年第11期，第101页。

了互联网法治的"实践"面向和"有效"标准。① 但既有研究多集中与基础理论的探讨,就如何构建我国数字经济治理体系和提升数字经济治理能力等问题还亟须深入研究。尽管近年来,随着《网络安全法》《数据安全法》《个人信息保护法》等一系列法律法规的出台,标志着我国互联网法治领域的制度逐渐完善,但如何确保制度的有效实施、如何规范相关产业的运行发展仍是当前研究的缺口,亟须加强相关研究的应用性,为互联网行业健康可持续发展保驾护航。

四、我国互联网法学学科建设的未来

萨斯坎德曾言:"未来的法律人将探索用技术来为法律开辟新的道路。"② 那么与信息技术密切相关的互联网法学的未来又将向何处去?或许直接断言互联网法学学科的前景实属不易,但结合上文关于互联网法学学科发展的现状,我们可以对其特征做一个总体性的概括,从中观察和思考互联网法学未来的探索方向。

从发展历程来看,诚如上文的分析,有关互联网法学学科的探索已近四十年,历经了萌芽、发展与勃兴三个阶段,相关探索的主题与方向也追随信息技术的变革在不断调适,但总体而言理论研究的深度与广度均不及技术的发展现状,研究的前沿性不足。从探索的路径来看,历经三个阶段的发展,互联网法学学科的探索逐步从前期的抢占主题、追逐热点等粗放式路径,向细分领域的精细化探索过度,不同领域正开始朝更加专业与深入的方向发力。在此基础上,以科研带动教学与学科建设的探索特征也日益明晰。但受到各大院校学科积累与专业特色等路径依赖的影响,相关探索仍缺乏整体性。总体而言,随着该领域立法进程的加快,新的秩序与学科建设布局正逐步搭建,"一哄而上"的窗口期已不复存在,但新的"赛道"也尚未完全定型。③ 如何在上述基础上整合既有探索成果,搭建科学的学科体系,为我国互联网法治提供新的理论与制度资源,是接下来需认真思考的问题。具体而言,可从学科建设、教学与科

---

① 甘藏春、包一明:《互联网法治研究的三个基本面向》,https://mp.weixin.qq.com/s?__biz=MzIyNzEwMjE5Mw==&mid=2648934565&idx=1&sn=c29ab6c0e5f4cf588f9d6f23a2b2a794&chksm=f071743bc706fd2d6f38e2abb3464c0c16d1d9593866f6514db1521df31363a5489ae5482329&scene=27。

② 理查德·萨斯坎德:《法律人的明天会怎样?——法律职业的未来》,何广越译,北京大学出版社,2019年,第225页。

③ 苏宇:《"信息技术+法学"的教学、研究与平台建设:一个整体性的观察与反思》,《中国法律评论》,2021年第6期,第184页。

研几个方面着手。

（一）明确领域法学的学科定位

毋庸置疑，信息技术的发展与深度应用给传统法学带来了新的挑战，无论是传统法学中的价值理念、相应的权利义务关系还是救济方式等都发生了不同程度的变化。且随着全社会对信息技术在各个领域重大影响的进一步认识，相关法律规范正逐步出台，我国针对网络、数据、个人信息等领域相继出台了《网络安全法》《数据安全法》《个人信息保护法》等一系列互联网法治领域的基本法。换言之，以总体国家安全观为指导的网络空间的法律框架已初步形成。在此背景下，法学教育和学科建设也迎来了前所未有的创新与发展。

从学科建设的角度来看，衡量一门学科是否成立的标准通常有三个方面：一是是否具备特定的调整对象和调整范围；二是是否具有特定的概念、范畴和原理，即理论体系；三是学科在理论和实践价值上是否具有独特性。就互联网法学而言，上文的考察显示，尽管与之相关的表述和侧重点有所不同，但在搭建网络法治的基本框架、在网络治理体系和能力现代化中寻求互联网法学的独立学科定位已经成为共识。近年来，与互联网法学相关的科研、教学以及学科平台建设正加速开展，已形成了一系列具有广泛影响力的成果，亟须以学科建设为引领，将既有成果规范化、体系化，形成专门性的知识体系和理论构造。当前，诚如上文所述，有关互联网法学学科的性质尚存争议，对此学界主要存在三种不同的观点，即二级学科说、交叉学科说与领域法学说，在不同观点的指引下，学科建设的方向与侧重点亦存在较大差异。

需要指出的是，抛开学科性质的争议，从互联网法学的特征与进一步发展的需求来看，对其学科性质的定位需要综合考虑如下因素：在法学学科内部，需兼顾传统法学的知识体系，实现互联网法学与传统法学的衔接与创新；在法学学科外部，要着力克服技术与法律"两张皮"的现象，从简单交叉向深度融合转变，实现技术与法律的交互融合，促进其真正成长为一门新兴学科。对此，将互联网法学定位为领域法学或许更有利于上述目标的实现。一方面，相较于法学二级学科，领域法学的定位更具包容性，有助于实现技术与法律的融合互动与协同创新。另一方面，相较于交叉学科，领域法学更能突显法学学科的学科内涵。

就具体的建设路径而言，结合当前互联网法学学科的建设现状，可采取分步走的计划，逐步实现其领域法学的建设目标。在学科建设前期，为尽快实现相应知识的积累，可先明确互联网法学的二级学科属性，将其作为独立的部门法进行学科建制；在此基础上，仍应以领域法学的发展定位为指导，充分挖掘现有法学二级学科中的互联网法治元素，形成具有互联网法治特色的法学二级学科群；此后，可进一步打通法学、网络安全学、计算机科学与技术等一级学科的界限，消除信息技术和法律政策之间的学科壁垒，培育新兴学科增长点，丰富和发展网络法治领域的学科体系，推动跨学科、多视角、复合型的学术研究和人才培养，从而满足时代发展和国家战略的人才需求和理论需求。

（二）打造专业化的师资队伍与课程体系

加强互联网法治人才培养和学科建设是践行习近平网络强国重要讲话精神的重要体现，也是适应新时代互联网治理体系和治理能力现代化建设的重要保障。但学科的建设与发展有其自身规律，需要知识的分化与融合，并形成一套系统化的人才培养体系，由此方能为学位授予单位规模化、规范化培养人才提供保障。互联网法学作为信息技术变革背景下成长起来的新兴学科，其一定程度上突破了传统法学学科的知识体系，具有前沿性、交叉性、开放性等特征，因而对互联网法治人才的培养也提出了新的挑战。结合当前学科建设的现状，未来应从加强师资队伍和课程体系建设两方面入手，补强互联网法治人才培养的薄弱环节。

一方面，要想推动跨学科、多视角、复合型的学术研究和人才培养，师资既是关键力量，也是制约当前学科建设与发展的难题。互联网法学的学科特征决定了其人才培养需要具有技术与法学双重教育背景的教师。为解决复合型师资不足的问题，未来应从法学学科内部与外部综合发力，打造一支既了解相关信息技术基础知识又具备专业法律知识的教师队伍。具体而言，在法学学科内部，可根据二级学科的划分，通过开展系列讲座、研修班的形式对既有师资开展系统培训，促进其知识体系的完善，实现原二级学科与信息技术的交互融合。在法学学科外部，应加强信息技术专业师资力量的支持，通过院系合作、跨校合作或者校企合作等方式，填补复合型师资的空缺。此外，当前部分高校正探索实行的自主设置交叉学科、在"信息技术＋法学"领域采取双导师制度、双学位培养博士研究生等创新举措也为日后填补师资缺口创造了有利条件。换言之，还应继续探索学科交叉融合式的教育，进而满足未来互联网法治人才培养体系对师资的需求。

另一方面，任何学科总是与特定的知识体系相联系，除了师资队伍的建设，如何构建一套科学的课程体系也是未来互联网法学学科建设的关键。尽管互联网法学领域的课程设计应兼具规则要素与技术要素早已成为学界共识，①但当前各高校相关课程设置仍呈现出零散化与简单拼接的现象。对此，未来可考虑在不同学龄阶段设置差异化的培养模式与课程体系。如在本科教育阶段，可采用双学位或辅修第二专业的形式，打造兼具规则要素与技术要素的融合式课程体系，夯实学生技术与法学的双重基础，助力其在该领域的继续深造。在研究生教学阶段，可区分学术型硕士与专业型硕士，根据学生的不同教育背景与培养目标设计差异化的课程体系，但仍应尽可能注重课程的前沿性和专业性，兼顾法律与技术的双重需求。此外，课程建设的完善还离不开相应教材的支撑。随着互联网法学领域研究与教学的开展以及互联网法治领域系列基本法的颁布，打造一套具备学科知识体系性与前沿性的教材便迫在眉睫。对此，应尽快总结凝练研究方向，形成具有互联网法治特色的二级学科群，积极推进相应教材的编撰工作。在教材的编撰体例上，在适用"专题集合"式创新安排的同时，还可适当兼顾"总论与分论"式安排，加强学科知识的体系性构建。

（三）凝练特色化与应用性研究方向

从应用的角度来看，中国的网络法治、数字法治实践已然走在了世界前列，而这也是我们为世界法治发展和世界法学理论做出贡献的绝佳机会。② 如果说新兴信息技术浪潮兴起之初，互联网法学研究的视角是整体性的，即从较为宏观的角度笼统地探讨技术对法学的影响以及法学的应对方法，那么随着信息技术在各个领域的深度应用，研究领域与方向的细分化便是必然的趋势。在此背景下，凝练特色化的研究方向并加强研究的应用性是尊重学科发展规律并促进理论研究更好指导实践的必由之路。

在学术体系构建上，要立足实践，将我国鲜活的互联网法治实践经验理论化、抽象化，提炼出互联网法学的基本理论与基本范畴，并在此基础上实现更加科学化、理论化的体系构建。就研究方向而言，应聚焦新技术、新应用、新业态，关注其中的理论与实践问题，凝练具有前沿性的特色研究方向，在统一原理下构建系统性的互联网法学体系。例如网络主权与管辖权、网络违法犯罪链条治理、关键信息基础设施安全保障等，亟待学术界通过研究网络空间行为规范，维护网络空间秩序，在理论、方法、路径、机制等方面提供智力支持。

---

① 陈亮：《繁荣人工智能法学助力人工智能法律法规体系建设》，《中国高等教育》，2020年第2期，第57~58页。

② 胡铭：《数字法学：定位、范畴与方法——兼论面向数智未来的法学教育》，《政法论坛》，2022年第3期，第131页。

此外，互联网法学前沿性与交叉性的特征意味着其研究内容是不断发展变化的，应打破学科壁垒，加强各学科间的协同与融合，促进研究成果的应用化，从而更好地指导实践。

运用备案审查案例讲好中国宪法故事：
本科宪法学教学创新的路径探讨

孔德王[*]

摘　要：为贯彻落实习近平总书记关于讲好中国宪法故事的总体要求，本科宪法学教学应当运用好备案审查案例。随着作为宪法监督制度重要组成部分的备案审查全面激活，全国人大常委会通过多种方式不断公开备案审查案例，为讲好中国宪法故事提供了权威可靠、针对个案、面向实践的素材。运用备案审查案例既有助于丰富宪法学教学案例，又能够凸显宪法学的中国特色，而且对于引导学生树立科学的宪法观具有积极意义。今后的本科宪法学应当按照"介绍案例—列举法条—引导思考—讲授知识—延伸探讨"的顺序，充分挖掘备案审查案例的多重价值。

关键词：备案审查案例；宪法监督；中国宪法故事

2022年，为纪念现行宪法公布施行四十周年，习近平总书记发表署名文章强调："要讲好中国宪法故事，有自信、有志气宣传中国宪法制度、宪法理论的显著优势和强大生命力，有骨气、有底气同一切歪曲、抹黑、攻击中国宪法的错误言行作斗争。"[①] 从党的十八大至今，备案审查作为"一项具有中国特色的宪法性制度设计"[②]，不仅得到了党中央的高度重视（如党的二十大报告明确要完善备案审查制度），而且在实践中得到了有力推进，取得显著的制

---

[*] 孔德王，法学博士，四川师范大学法学院讲师。研究方向：立法学、人大制度。本文为四川师范大学2023年度人才培养质量和教学改革校级项目"宪法课程思政"（20230035XSZ）的阶段性成果。

① 习近平：《谱写新时代中国宪法实践新篇章——纪念现行宪法公布施行40周年》，《人民日报》，2022年12月20日第1版。

② 梁鹰：《备案审查制度若干问题探讨》，《地方立法研究》，2019年第6期，第5页。

度成效，一件件备案审查案例即是明证。案例作为备案审查制度最为直接、最为显著的成果，其产生与公开为丰富宪法学教学、深化宪法学研究和普及宪法观念提供了宝贵的素材。课堂是法学教育的根基，笔者认为，本科宪法学课堂要想讲好中国宪法故事，应当重视挖掘备案审查案例这一"学术富矿"，自觉将其融入宪法学本科教学之中。由于实践中备案审查是由党委、人大、政府和军队分工合作形成的体系化制度，为了方便讨论，也为了聚焦，笔者的分析主要集中于人大的备案审查，尤其是全国人大常委会备案审查所形成的案例。

一、备案审查案例的整体概况和基本特征

为了进一步突出备案审查案例的素材价值，在分析如何运用之前，笔者先从整体概况和基本特征两个方面介绍备案审查案例的现状与未来趋势。

（一）备案审查案例的整体概况

自习近平总书记在 2012 年纪念现行宪法公布施行三十周年发表重要讲话至今，我国宪法监督制度全面激活，不仅制度建设动作频出，实际运作也驶入了快车道，备案审查和合宪性审查工作[①]都取得了长足进步和显著成就。在习近平总书记和党中央的高度重视下，全国人大常委会积极推进备案审查工作，从组织机构到职权配置再到审查流程全方位进行强化。备案审查制度建设最亮眼的成就是 2019 年 12 月 16 日第十三届全国人大常委会第四十四次委员长会议通过的《法规、司法解释备案审查工作办法》，其"具有里程碑式的意义"[②]，为各级人大常委会开展备案审查工作提供了可操作性的指引。

在现有的制度框架下，备案审查案例主要通过以下几个渠道公之于众：

第一，全国人大常委会法制工作委员会（以下根据语境简称全国人大常委会法工委或者法工委）年度备案审查工作情况报告披露的典型案例。《法规、司法解释备案审查工作办法》第五十二条规定："法制工作委员会应当每年向全国人大常委会专项报告开展备案审查工作的情况，由常委会会议审议。备案审查工作情况报告根据常委会组成人员的审议意见修改后，在全国人大常委会公报和中国人大网刊载。"其实，备案审查制度早在 2000 年《中华人民共和国

[①] 梁鹰：《备案审查制度若干问题探讨》，《地方立法研究》，2019 年第 6 期，第 5~6 页。
[②] 梁鹰：《备案审查工作的现状、挑战与展望——以贯彻执行〈法规、司法解释备案审查工作办法〉为中心》，《地方立法研究》，2020 年第 6 期，第 1 页。

立法法》（后文简称《立法法》）出台后即正式确立，但基于多种原因长期处于"鸭子浮水"的低调运行状态，并未引起学界和大众的注意。① 全国人大法工委备案审查室主任梁鹰曾概括指出，"备案审查制度的作用和效果没有以公众看得见的方式显现出来"②。为了让备案审查工作"显性化"，全国人大常委会自2017年首次听取法工委备案审查专项工作报告，至2024年已经连续七年听取年度备案审查专项工作报告，如前所述，目前这一做法已经上升为法定制度。而每年法工委备案审查专项工作报告中最引人注目的内容之一就是备案审查典型案例。

第二，全国人大常委会法工委公开出版的备案审查典型案例。《规范性文件备案审查案例选编》是这一类案例的典型代表，该书"是全国人大常委会法制工作委员会首次将各级人大常委会备案审查工作实践中的典型案例选编成册、公开出版"③。相比于年度备案审查工作情况报告披露的典型案例，全国人大常委会法工委公开出版的备案审查典型案例不仅将范围扩大到省级、市级、县级地方人大常委会备案审查的案例，而且对每个案例都做了较为全面细致的介绍，规范化程度较高。可以预见的是，未来全国人大常委会还会持续推出类似的案例汇编供地方各级人大常委会作为工作参考。

第三，全国人大常委会法工委通过公众号公布的备案审查案例。为借助信息化手段提升备案审查工作的影响力，全国人大常委会法工委于2021年开通了官方公众号"备审动态"，顾名思义，主要推送备案审查工作动态。仅2021年，全国人大常委会法工委就通过公众号"先后于5月和12月分两次集中推送披露了各省报送案例中的32件"④。

第四，全国人大常委会通过官网公开发布的备案审查工作案例。中国人大网作为全国人大常委会官网承担着公开透明的对外窗口职能。自2023年以来，中国人大网全国人大常委会法工委的主页新增了"备案审查工作案例选编"栏目。未来，全国人大常委会法工委势必会借助网络的传播优势在官网上公开发布更多的备案审查案例。

---

① 郑磊：《十二届全国人大常委审查建议反馈实践：轨迹勾勒与宏观评述》，《中国法律评论》，2018年第1期，第95~98页。

② 梁鹰：《全国人大常委会2018年备案审查工作报告述评》，《中国法律评论》，2019年第1期，第152页。

③ 全国人大常委会法制工作委员会备案审查室：《规范性文件备案审查案例选编》，中国民主法制出版社，2020年，前言第2页。

④ 郑磊：《新时代备案审查研究的三元实践素材：政策·制度·案例》，《法治时代》，2022年创刊号总第1期。

《全国人民代表大会常务委员会法制工作委员会关于十三届全国人大以来暨 2022 年备案审查工作情况的报告》进一步提出："加强对地方人大备案审查工作的联系指导,举办培训班,开展工作案例交流,探索建立案例指导制度。"[1] 由上可见,全国人大常委会不仅通过多种渠道对外公布备案审查案例,让备案审查制度的作用和效果以公众看得见的方式显现出来,而且公布案例的规范化程度也越来越高。

(二)备案审查案例的基本特征

备案审查案例的以下特征,使之有潜力成为优质的学术研究素材:

第一,权威可靠。目前,不管采用哪种方式公布出来的备案审查案例都来源于全国人大常委会法工委,而它在全国人大备案审查的组织架构中处于关键地位。全国人大法工委备案审查室主任梁鹰曾撰文介绍,"依据宪法法律规定,全国人大及其常委会是合宪性审查、备案审查的主体,全国人大宪法和法律委员会作为全国人民代表大会的专门委员会担负审查职责,具体工作由全国人大常委会法工委承担"[2]。从《法规、司法解释备案审查工作办法》第十九条至第二十二条的规定来看,全国人大常委会法工委肩负着法定的审查职责。此外,专门承担法规和司法解释备案审查工作的法规备案审查室即隶属于全国人大常委会法工委。因此,全国人大常委会法工委公布的备案审查案例的权威性毋庸置疑,专业性也能得到可靠保障。

第二,针对个案。研究和宣传宪法一直以案例的方式在进行,不管是宪法学课堂上还是宪法学研究中,案例都占有不小的分量。为了推动宪法发展,秉持"个案推动依宪治国"的理念,中国人民大学公法研究中心自 2009 年起不仅每年都组织评选和发布"中国十大宪法事例"[3],而且组织专门的学术会议、出版专门的学术书籍对这些评选出来的事例进行研讨。但是,现有的宪法案例由于不具有法律效力,因此很难称为真正的案例,对个案的分析也主要是理论上的推演而非权威的说明。相比之下,备案审查案例本身即是宪法监督制度针对个案而来的产物,涉及宪法的案例更因为权威性和专业性而获得了真正的案例地位。更为值得注意的是,一些典型的备案审查案例在我国属于首次公布,

---

[1] 沈春耀:《全国人民代表大会常务委员会法制工作委员会关于十三届全国人大以来暨 2022 年备案审查工作情况的报告》,《全国人民代表大会常务委员会公报》,2023 年第 1 号,第 159 页。
[2] 梁鹰:《备案审查制度若干问题探讨》,《地方立法研究》,2019 年第 6 期,第 5~6 页。
[3] 《2022 年度中国十大宪法事例发布暨研讨会举行》,http://www.calaw.cn/article/default.asp?id=14934。

例如 2019 年备案审查工作报告首次披露了备案审查研究处理行政法规的情况[①]，其法治意义和学术价值再怎么强调也不为过。

第三，面向实践。习近平总书记在《在首都各界纪念现行宪法公布施行 30 周年大会上的讲话》中强调："宪法的生命在于实施，宪法的权威也在于实施。"[②] 备案审查制度的健全与落实是我国宪法实施的大事，而源源不断的备案审查案例则标志着我国宪法生命的不断延续和宪法权威的持续强化。权威可靠的备案审查案例在一个个个案中彰显宪法从"纸面上的法"转化为"行动中的法"，使得通过个案发展宪法、推动宪法实施在我国不仅成为可能，而且正在成为现实。

类比而言，备案审查案例之于我国宪法实施和宪法发展如同指导性案例之于我国法律实施和法律发展。从宪法事例到宪法案例，从理论推演到制度实践，备案审查案例的累积象征着我国宪法全面实施的点滴进步。

二、本科宪法学教学运用备案审查案例的必要性

随着越来越多的备案审查案例公布出来，尤其是涉及宪法问题的备案审查案例公之于众，备案审查案例理应成为本科宪法学教学的重要素材来源和知识构成要素，出现并运用于宪法学课堂之上。

（一）运用备案审查案例有利于丰富宪法学的教学案例

案例是法学教学与研究的基本素材，案例教学则是法学教育普遍采用的方法。有学者甚至认为，"法律的生命不在于逻辑，而在于案例"[③]。相比于其他部门法，宪法学教学尤其是本科教学更离不开案例的支撑，因为宪法作为根本大法天然具有抽象性、原则性的特点，距离日常生活较远，且课程一般开设于大一上学期，增加了学生理解和消化的难度。根据笔者的学习经历和教学体验，长期以来，我国本科宪法学教学案例的来源主要有两个：一是域外国家的宪法案例，如美国最高法院、德国宪法法院的宪法案例，"马伯里诉麦迪逊案"等对于法学院学生而言可谓耳熟能详；二是学界整理的宪法案例，主要是依据宪法规定和基本理论对热点事件等的学理分析而形成的宪法事例，如前述每年

[①] 梁鹰：《2019 年备案审查工作情况报告述评》，《中国法律评论》，2020 年第 1 期，第 25 页。

[②] 习近平：《在首都各界纪念现行宪法公布施行 30 周年大会上的讲话》，人民出版社，2012 年，第 6 页。

[③] 胡云腾：《加强案例法学研究提高案例研究水平》，《法律适用》，2020 年第 10 期，第 4 页。

一评的中国十大宪法事例。随着习近平总书记提出构建中国特色哲学社会科学的要求以及法学知识自主性的觉醒，后者在本科宪法学教学中的分量越来越重，已经有超越前者的趋势。

总体来看，现有的宪法学教学案例存在不同程度的缺陷。对于来自域外国家的宪法案例，由于既不适用我国宪法也不符合我国宪法实践，有脱离国情之虞，可以适当介绍，但不值得提倡与鼓励，尤其是从打造中国法学自主性话语体系的目标来看更是如此。而对于学界整理的宪法案例，尽管其所针对的都是实践中发生的真实事件或者热点话题，且运用的分析概念也来自我国宪法或者宪法学理论，不存在脱离国情的问题，但其仅仅是学理上的推演，缺乏权威性。此外，由于学术观点的多样性，学界整理的宪法案例往往并无定论，更无法得出具有法律效力的结论。相较之下，备案审查案例天然适合作为本科宪法学教学案例，一方面其具有本土性，立足于我国实践，来源于我国实践，适用的也是我国宪法法律；另一方面其具有权威性，是我国宪法监督制度有效运行的产物，结论也具有法律约束力。总而言之，备案审查案例兼具本土性和权威性，是宪法学教学案例的上佳选择。

（二）运用备案审查案例有利于凸显宪法学的中国特色

凸显宪法学的中国特色是教育部印发的《普通高等学校宪法学教学重点指南》所着重强调的，"立足我国宪法实践，系统总结党的十八大以来推进全面依法治国的新实践，特别是宪法实施的新成就新经验，提炼规律性认识，丰富宪法学理论，凝练宪法的时代特色和实践特色，形成中国特色社会主义宪法理论和宪法话语体系"。备案审查案例的出现和增加为突出和强化宪法学的中国性提供了绝佳的素材和契机，解决了我国宪法学案例研究"无米下锅"的窘境。近年来，围绕备案审查典型案例展开的学术讨论时有出现[1]，专门研究备案审查的刊物也在连续出版[2]，备案审查案例分析等专业课程更是陆续建立并取得成效。[3] 正如学者郑磊所指出的，"备案审查实践极大地丰富了中国宪法

---

[1] 梁洪霞：《备案审查的人权保障功能及其实现路径——潘洪斌案的再思考》，《人权》，2020年第2期，第64~77页。

[2] 在全国人大常委会法制工作委员会有关方面指导下，北京航空航天大学备案审查制度研究中心主编的《备案审查研究》由中国民主法制出版社出版发行，是全国首部备案审查领域的专业连续出版物。

[3] 《高校备案审查课程格局已初步形成》，http://www.npc.gov.cn/npc/c30834/202302/5226e387eb7e45cab0022e01db1ebe71.shtml。

学的各类素材,尤其是备案审查案例使得中国宪法案例研究成为'有米之炊'"[1]。由此可见,在备案审查案例的催化下,我国宪法案例研究的面貌为之一新。

更为重要的是,整理备案审查案例并总结蕴含其中的规律性认识,实现从单一个案到概念提炼的飞跃,有助于发展中国特色的宪法学理论、形成中国特色的宪法学话语体系。例如,学者李松峰梳理发现我国人大备案审查在纠错机制方面一般不采用撤销等对抗性的处理方式,而是往往通过协商、沟通等柔性的方式促使制定机关自行纠正。对此,他进一步总结道:"我国备案审查的纠错机制实际上就是一种有别于西方对抗型/否决型的审查模式,是一条具有中国特色的以'沟通''协商'为主的共识型纠错模式。"[2] 备案审查共识型纠错模式的提出丰富和发展了我国宪法监督理论,而随着越来越多的案例积累和理论提炼,我国宪法学的中国特色势必会进一步得到凸显。

(三)运用备案审查案例有利于学生树立科学的宪法观

习近平总书记指出:"宪法的根基在于人民发自内心的拥护,宪法的伟力在于人民出自真诚的信仰。必须坚持宣传、教育、研究共同推进,坚持知识普及、理论阐释、观念引导全面发力,推动宪法深入人心,走进人民群众,推动宪法实施成为全体人民的自觉行动。"[3] 本科宪法学课堂除了向学生传递专业宪法学知识,还应当将宪法宣传教育作为重要内容,这也是落实课程思政的题中应有之义。引导学生树立科学的宪法观,备案审查案例能够发挥不可替代的作用。首先,在材料来源方面,备案审查案例是中国的宪法案例而非西方的宪法案例,来自我国宪法实践并推动我国宪法发展。其次,在是非对错方面,备案审查案例对于系争法规等规范性文件是否符合宪法法律给出权威结论,有助于教育学生在合宪性问题坚持正确的"是非观"。最后,在具体内容方面,备案审查从启动到得出结论要经过一整套复杂流程,有过程有细节,有料又有趣,增强宪法案例的吸引力,激发学生的学习热情。

---

[1] 郑磊:《备案审查与法治体系的复调变迁》,《中国政法大学学报》,2022 年第 6 期,第 85 页。
[2] 李松锋:《"沟通"与"协商"是符合国情的备案审查方式》,《法学》,2019 年第 3 期,第 20 页。
[3] 习近平:《谱写新时代中国宪法实践新篇章——纪念现行宪法公布施行 40 周年》,《人民日报》,2022 年 12 月 20 日第 1 版。

三、本科宪法学教学运用备案审查案例的具体设想

（一）运用备案审查案例的教学场景

备案审查案例既可以作为课堂教学的重要内容，也可以作为课后延伸教学的使用素材。对于课堂教学而言，备案审查案例根据教学需要不仅可以作为教师分析具体理论问题的切入点和载体，还可以用作课堂讨论的素材，引导学生进行开放式的思考和深入的讨论。对于课后教学而言，备案审查案例后可以发展为形式多样的课后作业。例如，引导学生阅读和整理年度备案审查工作报告所披露的备案审查案例，发掘其中的规律；指导学生运用所学评判已有备案审查案例的分析是否妥当；引导学生从旁观者转变为参与者，将生活中遇到的宪法问题转化为备案审查建议，通过在线平台提交全国人大常委会法工委进行审查。总而言之，备案审查案例可以适用于多种多样的本科宪法学教学场景。

（二）运用备案审查案例的基本顺序

备案审查案例要想有机融入本科宪法学教学，进而成为丰富教学、启发学生的"利器"，应当精心设计其使用方式，使其与宪法学理论知识相辅相成。备案审查案例的运用可以考虑采取"介绍案例—列举法条—引导思考—讲授知识—延伸探讨"的基本顺序：

第一，介绍案例基本情况。这是案例教学法的基本步骤，通过展示案例基本情况引入话题。在此尤其需要强调的是，介绍完背景之后教师应当将备案审查案例所涉及的主要争议——概括出来，抛给学生。例如，全国人大常委会法工委在《对地方物业管理条例有关移交专业经营设施设备所有权等规定的审查研究案例》中介绍基本情况时即开宗明义将争议概括为三点。[①]

第二，列举宪法法律条文。法条是法律的基本载体。在备案审查案例中，宪法条文是解决争议的文本依据和权威规范，而系争法律条文则是有待检验的规定。教育部印发的《普通高等学校宪法学教学重点指南》附件《普通高等学校宪法学教学知识体系》着重强调："宪法学的主要任务是解释本国宪法文本

---

① 全国人大常委会法工委法规备案审查室：《对地方物业管理条例有关移交专业经营设施设备所有权等规定的审查研究案例》，http://www.npc.gov.cn/npc/c30834/202308/20f905a54a2740a28ebbc98ed7fe564b.shtml。

形成的背景、基本精神、规范内涵与实践意义。"① 因此，列举与备案审查案例相关的宪法不仅有助于学生了解和熟悉我国宪法文本，而且比对条文之间的差异能够为下一步运用法条解决争议问题奠定基础，培养基本的规范分析能力。

第三，引导学生思考问题。在案例介绍和法条列举完成后，教师应当通过组织讨论、主动发问等方式引导学生分析所涉及的宪法问题，尤其是指导学生不断"往返于事实与规范之间"，尝试将静态的宪法文本运用于动态的宪法实践当中。

第四，讲授相关宪法知识。经过层层铺垫和引导之后，教师应当通过讲授相关宪法知识的方式剖析备案审查案例的价值和意义。一方面，讲授应当以宪法通识通说为主，打牢基础；另一方面，讲授还应当具有适度的批判性，例如引入少数观点、介绍相似或相反案例，帮助学生客观看待问题，培养批判性思维。

第五，延伸课后思考话题。现有的备案审查案例一方面仍缺乏细致的论证过程，仅有简单的说明；另一方面跟宪法学知识缺乏有效互动，往往留下了很多值得进一步思考的话题。这些话题适合提出来由学生课后进行延伸思考，再辅之以最新的学术研究成果，这对于培养学生的科研能力大有裨益。

（三）运用备案审查案例的个案尝试

收容教育制度的废止在我国备案审查、合宪性审查乃至宪法监督发展史上具有标志性意义，其启动审查始于党的十九大以来"首个建议对相关法律制度进行合宪性审查的提案"，而其最终废止也被认为是合宪性审查"第一案"②，因而属于备案审查典型案例，尤其是备案审查发挥合宪性审查功能的典型案例。下文以这一案例为样本，结合上文提出的基本框架，尝试进行备案审查案例分析。

1. 介绍案例

1991年，《全国人民代表大会常务委员会关于严禁卖淫嫖娼的决定》第四条第二款规定："对卖淫、嫖娼的，可以由公安机关会同有关部门强制集中进

---

① 教育部：《普通高等学校宪法学教学重点指南》附件《普通高等学校宪法学教学知识体系》，2021年。
② 梁鹰：《全国人大常委会2018年备案审查工作报告述评》，《中国法律评论》，2019年第1期，第153页。

行法律、道德教育和生产劳动，使之改掉恶习。期限为六个月至二年。具体办法由国务院规定。"国务院据此制定了《卖淫嫖娼人员收容教育办法》。2014年，演员黄某因卖淫嫖娼，北京警方决定对其收容教育六个月，引发了来自各方的质疑。学者和媒体等认为收容教育制度存在以下问题：第一，合宪性存疑。根据《立法法》规定，"对公民政治权利的剥夺、限制人身自由的强制措施和处罚"属于法律保留事项，即只能制定法律。第二，程序不正当。根据《卖淫嫖娼人员收容教育办法》最长可以剥夺公民两年的人身自由，无须经过司法审判，公安机关裁量权过大。第三，合理性不足。卖淫嫖娼是违法行为，并不构成犯罪，却可以关六个月到两年，比对一些犯罪行为的处罚还重。①

2018年，全国政协十三届一次会议期间，有提案建议对收容教育制度进行合宪性审查。《全国人民代表大会常务委员会法制工作委员会关于2018年备案审查工作情况的报告》给出了具有确认合宪性意味的说法，即制定《关于严禁卖淫嫖娼的决定》主要是为了补充修改当时的刑法和治安管理处罚条例的有关规定，制定程序和内容均符合宪法规定。②但经过调研论证，《全国人民代表大会常务委员会法制工作委员会关于2018年备案审查工作情况的报告》建议废止收容教育制度。具体而言，"总的看，收容教育制度实施多年来，在维护社会治安秩序、教育挽救卖淫嫖娼人员、遏制不良社会风气蔓延等方面发挥了积极作用。但是，随着我国经济社会的快速发展和民主法治建设的深入推进，特别是2013年废止劳动教养制度后，情况发生了很大变化。近年来，收容教育措施的运用逐年减少，收容教育人数明显下降，有些地方已经停止执行。通过调研论证，各有关方面对废止收容教育制度已经形成共识，启动废止工作的时机已经成熟。为了深入贯彻全面依法治国精神，我们建议有关方面适时提出相关议案，废止收容教育制度"③。

2019年，《全国人民代表大会常务委员会法制工作委员会关2019年备案审查工作情况的报告》以"回头看"的方式再次提及收容教育制度，指出2019年11月27日，国务院已经向全国人大常委会提出《国务院关于提请废止收容教育制度的议案》。该议案已列入本次常委会会议议程。④最终，2019

---

① 朱征夫：《收容教育何时了》，《同舟共济》，2014年第12期，第36~37页。
② 沈春耀：《全国人民代表大会常务委员会法制工作委员会关于2018年备案审查工作情况的报告》，《中国人大》，2019年第3期，第10页。
③ 沈春耀：《全国人民代表大会常务委员会法制工作委员会关于2018年备案审查工作情况的报告》，《中国人大》，2019年第3期，第10页。
④ 沈春耀：《全国人民代表大会常务委员会法制工作委员会关于2019年备案审查工作情况的报告》，《中国人大》，2020年第5期，第34页。

年 12 月 28 日通过的《全国人民代表大会常务委员会关于废止有关收容教育法律规定和制度的决定》、2020 年 3 月 27 日通过的《国务院关于修改和废止部分行政法规的决定》正式废止收容教育制度。

2. 列举法条

第一，《中华人民共和国宪法》（以下简称《宪法》）第三十七条："中华人民共和国公民的人身自由不受侵犯。任何公民，非经人民检察院批准或者决定或者人民法院决定，并由公安机关执行，不受逮捕。禁止非法拘禁和以其他方法非法剥夺或者限制公民的人身自由，禁止非法搜查公民的身体。"

第二，《立法法》第十一条："下列事项只能制定法律……（五）对公民政治权利的剥夺、限制人身自由的强制措施和处罚……"

第三，《全国人民代表大会常务委员会关于严禁卖淫嫖娼的决定》第四条："对卖淫、嫖娼的，可以由公安机关会同有关部门强制集中进行法律、道德教育和生产劳动，使之改掉恶习。期限为六个月至二年。具体办法由国务院规定。"

第四，《法规、司法解释备案审查工作办法》第三十六条："对法规、司法解释进行审查研究，发现法规、司法解释存在违背宪法规定、宪法原则或宪法精神问题的，应当提出意见。"第三十七条："对法规、司法解释进行审查研究，发现法规、司法解释存在与党中央的重大决策部署不相符或者与国家的重大改革方向不一致问题的，应当提出意见。"

3. 引导思考

（1）国务院 1993 年制定的《卖淫嫖娼人员收容教育办法》以 1991 年《全国人民代表大会常务委员会关于严禁卖淫嫖娼的决定》为根据，实践中收容教育主要依据的也是《卖淫嫖娼人员收容教育办法》。请思考并回答：其一，《卖淫嫖娼人员收容教育办法》合法吗？其二，《卖淫嫖娼人员收容教育办法》合宪吗？

（2）收容教育制度最终不是被全国人大撤销，而是由制定机关自行废止，称之为"合宪性审查第一案"是否恰当？

（3）《卖淫嫖娼人员收容教育办法》第八条规定"对卖淫、嫖娼人员实行收容教育，由县级公安机关决定"，是否符合《宪法》第三十七条人身自由条款？

（4）《法规、司法解释备案审查工作办法》第三十六条和第三十七条分别规定了备案审查中的合宪性标准和政治性标准，从《全国人民代表大会常务委员会法制工作委员会关于 2018 年备案审查工作情况的报告》的说理来看,运用的是哪一个标准?

4. 讲授知识

备案审查废止收容教育制度这一案例主要涉及两大块宪法学知识:一是公民享有宪法保障的人身自由,二是宪法监督部分的备案审查。两部分知识在此不仅可以融会贯通,相互结合,而且因为案例的引入趣味性也增加不少。

5. 延伸探讨

收容教育制度备案审查这一案例并未随着收容教育制度规范依据的废止而丧失意义,反而产生了一些值得深入探讨的学理问题,已经有学者尝试进行分析。例如,对于备案审查废止收容教育制度这一案例所提出的第四个问题,即收容教育制度违反了哪一个标准的问题,全国人大常委会法工委的说明较为模糊,值得学理上深入辨析,而符合我国国情的审查基准的形成离不开相关案例的积累和提炼。正如有学者所指出的:"备案审查事件实例的探索与积累是重要基础,以此为基础审查才可进行概括凝练、类型化乃至体系化,并且在案例的发展中,进一步完善审查基准。"[①] 再如,根据《法规、司法解释备案审查工作办法》第三十六条关于合宪性标准的规定,违宪包括违反宪法规定、宪法原则和宪法精神三种情形。相比于违反宪法规定和宪法原则,违反宪法精神应当如何认定、如何操作的问题引发了学界的讨论。

---

① 郑磊:《备案审查程序三大板块初探》,《中国法律评论》,2020 年第 1 期,第 45 页。

社会主义核心价值观融入"民事诉讼法学"教学研究

曾兴辉[*]

摘 要：党的二十大提出："用社会主义核心价值观铸魂育人，完善思想政治工作体系，推进大中小学思想政治教育一体化建设。坚持依法治国和以德治国相结合，把社会主义核心价值观融入法治建设、融入社会发展、融入日常生活。"[①] 把社会主义核心价值观融入"民事诉讼法学"的课程教学，是落实"用社会主义核心价值观铸魂育人"的重要举措，是提高"德法兼修"法治人才培养质量的关键内容。因此，有必要进一步研究社会主义核心价值观与"民事诉讼法学"课程融合的教学框架，并辅之以丰富的教学素材开拓认知、前沿学术理论指引研究、经典案例研习等，引导法学专业的学生自觉将社会主义核心价值观内化于心、外化于行，并为未来的法律职业打下坚实的基础。

关键词：社会主义核心价值观；法学教育；法治人才培养

引言

党的十八大提出："倡导富强、民主、文明、和谐，倡导自由、平等、公

---

[*] 曾兴辉，四川师范大学法学院讲师，法学硕士，研究方向：民事诉讼法学、行政诉讼法学。本文为 2021 年度四川师范大学校级教学改革项目"课程思政类示范课程'民事诉讼法学'"（20210152XSZ）成果。

[①] 习近平：《高举中国特色社会主义伟大旗帜 为全面建设社会主义现代化国家而团结奋斗——在中国共产党第二十次全国代表大会上的报告》，人民出版社，2022年，第44页。

正、法治，倡导爱国、敬业、诚信、友善，积极培育和践行社会主义核心价值观。"[1] 2013年12月，中共中央办公厅发文《中共中央办公厅关于培育和践行社会主义核心价值观的意见》，指出富强、民主、文明、和谐是国家层面的价值目标，自由、平等、公正、法治是社会层面的价值取向，爱国、敬业、诚信、友善是公民个人层面的价值准则，这24个字是社会主义核心价值观的基本内容。社会主义核心价值观是社会主义核心价值体系的内核，体现社会主义核心价值体系的根本性质和基本特征，反映社会主义核心价值体系的丰富内涵和实践要求，是社会主义核心价值体系的高度凝练和集中表达。[2]

党的二十大提出："广泛践行社会主义核心价值观。社会主义核心价值观是凝聚人心、汇聚民力的强大力量……用社会主义核心价值观铸魂育人，完善思想政治工作体系，推进大中小学思想政治教育一体化建设。坚持依法治国和以德治国相结合，把社会主义核心价值观融入法治建设、融入社会发展、融入日常生活。"[3]

"民事诉讼法学"课程教学，应主动融入社会主义核心价值观，探索在课堂教学中培育和践行社会主义核心价值观的有效形式，推动社会主义核心价值观进课堂、进学生头脑，引导学生自觉将社会主义核心价值观内化于心、外化于行。

一、社会主义核心价值观与法治建设、法学教育的关系概述

为大力培育和践行社会主义核心价值观，运用法律法规和公共政策向社会传导正确价值取向，把社会主义核心价值观融入法治建设，2016年12月中共中央办公厅和国务院办公厅联合印发《关于进一步把社会主义核心价值观融入法治建设的指导意见》，指出社会主义核心价值观是社会主义法治建设的灵魂，把社会主义核心价值观融入法治建设，是坚持依法治国和以德治国相结合的必然要求，是加强社会主义核心价值观建设的重要途径。[4]

---

[1] 胡锦涛：《坚定不移沿着中国特色社会主义道路前进　为全面建成小康社会而奋斗——在中国共产党第十八次全国代表大会上的报告》，人民出版社，2012年，第31~32页。
[2] 中共中央办公厅：《中共中央办公厅关于培育和践行社会主义核心价值观的意见》，2013年。
[3] 习近平：《高举中国特色社会主义伟大旗帜　为全面建设社会主义现代化国家而团结奋斗——在中国共产党第二十次全国代表大会上的报告》，人民出版社，2022年，第44页。
[4] 中共中央办公厅、国务院办公厅：《关于进一步把社会主义核心价值观融入法治建设的指导意见》，2016年。

把社会主义核心价值观融入法治建设工作，离不开加强法治工作队伍建设。《关于进一步把社会主义核心价值观融入法治建设的指导意见》明确要求在立法队伍、行政执法队伍、司法队伍中，深入开展社会主义核心价值观和社会主义法治理念教育，强化职业道德和职业操守，努力建设一支信念坚定、执法为民、敢于担当、清正廉洁的政法队伍。该意见还明确要求坚持立德树人、德育为先导向，推动中国特色社会主义法治理论进教材进课堂进头脑，培养造就法治人才及后备力量。

社会主义核心价值观是社会主义法治建设的灵魂。我国法治建设工作需要思想政治素质高、业务工作能力强、职业道德水准高，忠于党、忠于国家、忠于人民、忠于法律，坚持社会主义法治理念和社会主义核心价值观的法治人才。在法学教育培养法治人才的过程中，我们必须重视社会主义核心价值观的引导和教育。

二、社会主义核心价值观融入"民事诉讼法学"教学的意义

（一）社会主义核心价值观融入"民事诉讼法学"课程教学是落实立德树人根本任务的重要举措

教育部印发的《高等学校课程思政建设指导纲要》明确"培育和践行社会主义核心价值观"是课程思政建设的重点内容之一，强调教育引导学生把国家、社会、公民的价值要求融为一体，提高个人的爱国、敬业、诚信、友善修养，自觉把小我融入大我，不断追求国家的富强、民主、文明、和谐和社会的自由、平等、公正、法治，将社会主义核心价值观内化为精神追求、外化为自觉行动。① 2017年5月3日习近平总书记在中国政法大学座谈会上提出："首先要把人做好，然后才可能成为合格的法治人才。"② 还提到"有的法学教育重形式轻实效、法治人才培养重专业轻思想政治素质"的不好现象。③

培养什么人、怎样培养人、为谁培养人是教育的根本问题，落实立德树人根本任务，必须将价值塑造、知识传授和能力培养三者融为一体、不可割裂。

---

① 教育部：《高等学校课程思政建设指导纲要》，2020年。
② 习近平：《论坚持全面依法治国》，中央文献出版社，2020年，第179页。
③ 习近平：《论坚持全面依法治国》，中央文献出版社，2020年，第175页。

法学教育，培养法治人才，不仅要教授法学专业知识，而且要培养学生的思想道德素养。在"民事诉讼法学"课程中推进课程思政建设，就是要将价值观融入知识传授和能力培养之中，将社会主义核心价值观融入课程教学，帮助学生塑造正确的世界观、人生观、价值观。因此，把社会主义核心价值观融入课程思政是在落实《高等学校课程思政建设指导纲要》的基本要求，是落实立德树人根本任务的重要举措。

（二）社会主义核心价值观融入"民事诉讼法学"课程教学是提高德法兼修法治人才培养质量的关键内容

社会主义核心价值观是社会主义法治建设的灵魂。2016年12月中共中央办公厅和国务院办公厅联合印发《关于进一步把社会主义核心价值观融入法治建设的指导意见》之后，《中华人民共和国宪法》[①]和《中华人民共和国民法典》（以下简称《民法典》）[②]等众多法律将其直接吸纳，在法律规范体系层面确立了社会主义核心价值观的重要地位。

为推动"社会主义核心价值观入法入规"，2018年5月7日中共中央印发《社会主义核心价值观融入法治建设立法修法规划》，强调要以习近平新时代中国特色社会主义思想为指导，坚持全面依法治国，坚持社会主义核心价值体系，着力把社会主义核心价值观融入法律法规的立改废释全过程，确保各项立法导向更加鲜明、要求更加明确、措施更加有力，力争经过5到10年时间，推动社会主义核心价值观全面融入中国特色社会主义法律体系。[③]

在推动"用司法公正引领社会公正"层面，最高人民法院连续发布《关于在人民法院工作中培育和践行社会主义核心价值观的若干意见》（法发〔2015〕14号）、《关于深入推进社会主义核心价值观融入裁判文书释法说理的指导意见》（法〔2021〕21号）等文件，强调在审判工作中深入贯彻落实中共中央关于进一步把社会主义核心价值观融入法治建设的工作要求，正确贯彻实施《民法典》，充分发挥司法裁判在国家治理、社会治理中的规则引领和价值导向作

---

① 《中华人民共和国宪法》（2018年修正）第二十四条："国家通过普及理想教育、道德教育、文化教育、纪律和法制教育，通过在城乡不同范围的群众中制定和执行各种守则、公约，加强社会主义精神文明的建设。国家倡导社会主义核心价值观，提倡爱祖国、爱人民、爱劳动、爱科学、爱社会主义的公德，在人民中进行爱国主义、集体主义和国际主义、共产主义的教育，进行辩证唯物主义和历史唯物主义的教育，反对资本主义的、封建主义的和其他的腐朽思想。"

② 《中华人民共和国民法典》第一条："为了保护民事主体的合法权益，调整民事关系，维护社会和经济秩序，适应中国特色社会主义发展要求，弘扬社会主义核心价值观，根据宪法，制定本法。"

③ 中共中央：《社会主义核心价值观融入法治建设立法修法规划》，2018年。

用，进一步增强司法裁判的公信力和权威性，努力实现富强、民主、文明、和谐的价值目标，努力追求自由、平等、公正、法治的价值取向，努力践行爱国、敬业、诚信、友善的价值准则。

由上，社会主义核心价值观已经融入我国法治建设工作从立法到司法、从行政执法到社会治理的各个方面。对于在校法科生来说，学习社会主义核心价值观除了是提升个人自身思想政治素养的需要外，还是毕业后从事具体法治工作的必备技能之一。其不仅要认知社会主义核心价值观，还要在未来的工作中践行和传播社会主义核心价值观。这也意味着，法学教育必须将社会主义核心价值观融入基础课程，坚持立德树人、德法兼修，这样培养的学生才能适应建设中国特色社会主义法治体系和建设社会主义法治国家的实际需要。综上所述，社会主义核心价值观既是社会主义法治建设的灵魂，也是社会主义法学教育的重要内容，是全面提高法治人才德法兼修培养质量的关键内容。

（三）社会主义核心价值观融入"民事诉讼法学"课程教学有助于推进中国特色社会主义伟大事业、实现中华民族伟大复兴中国梦

社会主义核心价值观，可以引领社会思潮、凝聚社会共识。当今世界范围内，思想文化交流、交融、交锋加剧，不同意识形态价值观在悄无声息地进行着各种较量。改革开放和发展社会主义市场经济背景下，民众的思想意识呈多元、多样、多变的新特点，抓好在校大学生的价值观教育，任务十分艰巨而紧迫。积极培育和践行社会主义核心价值观，对于巩固马克思主义在意识形态领域的指导地位、巩固全党全国人民团结奋斗的共同思想基础，对于促进人的全面发展、引领社会全面进步，对于聚集全面建成小康社会、实现中华民族伟大复兴中国梦的强大正能量，具有重要现实意义和深远历史意义。①

我们要看到，培育和践行社会主义核心价值观是一项长期性、系统性的工作。高校是法治人才培养的第一阵地，也是培育和践行社会主义核心价值观的重要阵地。高等教育要深入开展中国特色社会主义和中国梦宣传教育，不断增强大学生的道路自信、理论自信、制度自信、文化自信，坚定全社会全面深化改革的意志和决心。同时，高校还有较为强大的理论研究优势，能够深入研究社会主义核心价值观的理论和实际问题，深刻解读社会主义核心价值观的丰富内涵和实践要求，为实践发展提供学理支撑。

在"民事诉讼法学"课程中，"我们要坚持从我国国情和实际出发，正确

---

① 中共中央办公厅：《中共中央办公厅关于培育和践行社会主义核心价值观的意见》，2013年。

解读中国现实、回答中国问题，提炼标识性学术概念，打造具有中国特色和国际视野的学术话语体系，尽快把我国法学学科体系和教材体系建立起来"①。打造具有中国特色的"民事诉讼法学"话语体系，离不开凝聚社会共识，融入社会主义核心价值观应是题中应有之义。微小的水滴可以汇聚成汪洋大海，社会主义核心价值观融入"民事诉讼法学"课程的教学和研究，有助于推进中国特色社会主义伟大事业、实现中华民族伟大复兴中国梦。

三、社会主义核心价值观与"民事诉讼法学"教学融合框架分析

《高等学校课程思政建设指导纲要》中重点提到科学设计课程思政教学体系、结合专业特点分类推进课程思政建设，法学类专业课程要在课程教学中坚持以马克思主义为指导，加快构建中国特色哲学社会科学学科体系、学术体系、话语体系。社会主义核心价值观融入"民事诉讼法学"课程，需要有机结合课程教学体系，将价值塑造、知识传授和能力培养三者融为一体，而不是自说自话，专业知识和课程思政"两张皮"。笔者将结合"民事诉讼法学"整个课程，来谈一下社会主义核心价值观与"民事诉讼法学"课程融合的教学框架。

（一）教学指导思想

高举中国特色社会主义伟大旗帜，坚持以马克思列宁主义、毛泽东思想、邓小平理论、"三个代表"重要思想、科学发展观、习近平新时代中国特色社会主义思想为指导，深入学习贯彻党的十八大、十九大、二十大精神和习近平法治思想，紧紧围绕坚持和发展中国特色社会主义的主题，紧紧围绕实现中华民族伟大复兴中国梦的目标，紧紧围绕社会主义核心价值观的基本内容，将价值塑造、知识传授和能力培养三者融为一体，使社会主义核心价值观融入"民事诉讼法学"教与学的全过程。

（二）课程教学目标

遵循《法学类教学质量国家标准（2021年版）》的培养目标："法学类专业人才培养要坚持立德树人、德法兼修，适应建设中国特色社会主义法治体

---

① 习近平：《论坚持全面依法治国》，中央文献出版社，2020年，第176页。

系，建设社会主义法治国家的实际需要。培养德才兼备，具有扎实的专业理论基础和熟练的职业技能、合理的知识结构，具备依法执政、科学立法、依法行政、公正司法、高效高质量法律服务能力与创新创业能力，坚持中国特色社会主义法治体系和熟悉国际规则的复合型、应用型、创新型法治人才及后备力量。"[①]

（三）课程教学要求

1. 知识要求

掌握"民事诉讼法学"课程基础知识和基本理论，并形成合理的整体性知识结构。

2. 能力要求

具备独立自主地获取和更新民事诉讼法学相关知识的学习能力；具备将所学的专业理论与知识融会贯通，灵活地综合应用于实务之中的基本技能；具备利用创造性思维方法开展科学研究工作和创新创业实践的能力。

3. 素质要求

热爱祖国，热爱社会主义，拥护中国共产党的领导，掌握中国特色社会主义理论体系，牢固树立正确的世界观、人生观、价值观。掌握民事诉讼法学专业的思维方法和研究方法，具备良好的人文素养和科学素养。养成良好的道德品格、健全的职业人格、强烈的法律职业认同感，具有服务于建设社会主义法治国家的责任感和使命感。

（四）课程教学体系

笔者所授"民事诉讼法学"课程的教学内容，已在知识传授和能力培养两个重要的板块摸索和总结出一套较为行之有效的教学体系和教学方法，正在完善课程思政建设中。课程教学体系如表1所示。

---

① 教育部办公厅：《教育部办公厅关于推进习近平法治思想纳入高校法治理论教学体系的通知》附件《法学类教学质量国家标准（2021年版）》，2021年。

表 1 "民事诉讼法学"课程教学体系

板块	主要内容	创新点	解决问题	论文
板块一	改造课程知识体系	构建以"纠纷解决的要素与过程"为主线的教学体系	知识传授,课程体系逻辑化	《民事诉讼法学从"静态"到"动态"教学体系改革探索》
板块二	改造技能培养体系	构建以"纠纷解决过程+民事之诉合法要件"的程序法思维训练模式	能力培养,严谨的程序法思维训练	《从"实体"到"程序":民事诉讼法学要件分析教学法研究》
板块三	完善课程思政体系	构建"六大板块"课程思政内容(含社会主义核心价值观)	价值塑造,培养德才兼备的法治人才	《社会主义核心价值观融入"民事诉讼法学"教学研究》

表 1 中三个板块的内容,即价值塑造、知识传授和能力培养,要三位一体、有机融入,这样才是一个较为完整的"民事诉讼法学"课程体系。这个课程体系虽说还有不断打磨和提升的空间,但是笔者能自信地说,其具有本土特色、符合中国国情、适合学生的学情,能以课程体系示范——坚定中国特色社会主义道路自信、理论自信、制度自信、文化自信。

(五)社会主义核心价值观融入点分析

结合"纠纷解决的要素与过程"的课程体系,社会主义核心价值观可以从以下视角融入"民事诉讼法学"课程,具体如表 2 所示。

表 2 "民事诉讼法学"课程中社会主义核心价值观融入点

课程框架	专业内容	社会主义核心价值观融入点
概述	民事纠纷、民事纠纷的解决机制	我国经济发展、国富民强,但伴随民事纠纷多元且数量增多,倡导富强、民主、文明、和谐的价值目标,理性解决民事纠纷,并关注实务多元化纠纷解决、诉源治理
	民事诉讼、民事诉讼法	从立法到司法环节,把社会主义核心价值观融入法治建设,用司法公正引领社会公正
	民事诉讼法的基本原则	结合民事诉讼法的基本原则(如当事人平等原则、处分原则、辩论原则、诚信原则),倡导自由、平等、公正、法治的价值取向,倡导爱国、敬业、诚信、友善的价值准则

119

续表

课程框架	专业内容	社会主义核心价值观融入点
纠纷解决要素	民事审判主体（法院）	人民法院要在司法审判中大力弘扬社会主义核心价值观，在法治轨道上明规则、破难题、扬正气、树新风，使司法审判成为践行社会主义核心价值观的生动实践；要深入推进社会主义核心价值观融入裁判文书释法说理，充分发挥司法裁判在国家治理、社会治理中的规则引领和价值导向作用。法律人要以身作则，遵守法律职业道德，带头践行和传播社会主义核心价值观
	民事争讼主体（当事人）	充分尊重当事人的处分权和辩论权，强化诉讼过程中的价值导向，符合社会主义核心价值观的行为应得到倡导和鼓励，违背社会主义核心价值观的行为应受到制约和惩处。在争议解决过程中，依法依规行使诉权，遵守诚信原则，合理表达诉求，不滥用诉权、恶意诉讼等浪费司法资源
	民事争讼客体（诉讼请求与诉讼标的）	全面推进依法治国，法治理论是重要引领。关于诉讼标的，课程可以引入关于"诉讼标的"的前沿学术成果，引入法官"要件审判九步法"的裁判思维，既传授基础知识，又训练实务操作技能，还探索中国特色的学科体系、学术体系、话语体系，不做西方理论的搬运工，要做中国学术的创造者、世界学术的贡献者
纠纷解决过程	立案；一审；二审；再审；执行	在诉讼解决纠纷的过程中，既要看到各方面工作呈现向上向好的方面，同时也要看到把社会主义核心价值观融入法治建设还存在不小差距，充分认识到把社会主义核心价值观融入法治建设的重要性、紧迫性，推动社会主义核心价值观内化于心、外化于行
小结	核心内容	法学学生应提高个人的爱国、敬业、诚信、友善修养，自觉把小我融入大我，不断追求国家的富强、民主、文明、和谐和社会的自由、平等、公正、法治，将社会主义核心价值观内化为精神追求、外化为自觉行动

四、创新社会主义核心价值观融入"民事诉讼法学"的其他举措

在"民事诉讼法学"教学过程中，更好地将社会主义核心价值观融入课程，要坚持学生中心、问题导向、持续改进，不断提升学生的课程学习体验、学习效果。

（一）丰富素材，拓展社会主义核心价值观融入"民事诉讼法学"的知识宽度

《高等学校课程思政建设指导纲要》提到要帮助学生了解相关专业和行业领域的国家战略、法律法规和相关政策，引导学生深入社会实践、关注现实问题，培育学生经世济民、诚信服务、德法兼修的职业素养。作为法科生，有必要了解建设法治国家、法治政府、法治社会的国家战略，社会主义核心价值观入法入规的最新进展，社会主义核心价值观推动社会治理的最新实践和生动案例等。这些教学素材，有助于教师将社会主义核心价值观的内容具体化，使学生认同社会主义核心价值观，以指导其一言一行。

（二）理论引导，提升社会主义核心价值观融入"民事诉讼法学"的知识深度

如何提升"民事诉讼法学"课程的知识深度，唯有在教与学的过程中深入开展理论研究，充分发挥高等学校具有丰富的理论研究资源的优势。"民事诉讼法学"课程教师可以多引入前沿学术观点，激发学生不断深入研究的学术兴趣。比如：社会主义核心价值观的法源地位，能不能被直接适用到司法裁判？司法裁判如何在法律和道德之间"往返"考量？引入《社会主义核心价值观的法源地位及其作用提升》[1]《论社会主义核心价值观的司法适用》[2]《论社会主义核心价值观融入裁判文书释法说理的理论基础和完善路径》[3] 等前沿学术观点。

（三）案例研习，训练社会主义核心价值观融入"民事诉讼法学"的实操技能

首先，了解社会主义核心价值观融入司法裁判说理的主要方法。根据最高人民法院印发《关于深入推进社会主义核心价值观融入裁判文书释法说理的指导意见》（法〔2021〕21号），深入学习第五至七条，以法律规定与社会主义核心价值观的逻辑关联为切入点细分释法说理情形。

---

[1] 孙光宁：《社会主义核心价值观的法源地位及其作用提升》，《中国法学》，2022年第2期，第204页。
[2] 于洋：《论社会主义核心价值观的司法适用》《法学》，2019年第5期，第60页。
[3] 刘峥：《论社会主义核心价值观融入裁判文书释法说理的理论基础和完善路径》，《中国应用法学》，2022年第2期，第58页。

其次，借鉴学术研究成果，细化社会主义核心价值观融入裁判文书释法说理的层级。如何将社会主义核心价值观运用于实务，运用于裁判文书释法说理？在校学生对此可能是一头雾水，一问三不知。不仅学生，经验丰富的实务法官也存在类似的困惑和迷茫。《社会主义核心价值观融入裁判文书释法说理的现状与规范路径——基于1178份裁判文书的实证分析》一文，实证分析发现社会主义核心价值观在融入裁判文书释法说理方面存在融入方式简单、说理内容空洞、说理过程粗糙的问题。① 同时，可以向学生推荐该文章提出厘清社会主义核心价值观的层级和功能分类的观点，提高学生理解核心价值观适法说理方面的准确性和合理性。

最后，研习经典案例，提升社会主义核心价值观融入"民事诉讼法学"课程的实操技能。笔者常在课堂说，书本和课堂讲授的东西是静态的，还没有被激活，需要同学在案例研习和实务训练的过程中链接知识和能力。社会主义核心价值观融入裁判文书释法说理的典型案例有很多，需要初学者研习大量的案例，将静态知识激活，并转化为自己的实务技能。

五、小结

习近平总书记高度重视法治人才的培养问题，指出："全面依法治国是一个系统工程，法治人才培养是其重要组成部分。法律的生命在于实施，法律的实施在于人。建设法治国家、法治政府、法治社会，实现科学立法、严格执法、公正司法、全民守法，都离不开一支高素质的法治工作队伍；法治人才培养上不去，法治领域不能人才辈出，全面依法治国就不可能做好。"② 社会主义核心价值观是社会主义法治建设的灵魂，法律法规是推广社会主流价值的重要保证。我们要用法治思维和法治方式推动以富强、民主、文明、和谐，自由、平等、公正、法治，爱国、敬业、诚信、友善为主要内容的社会主义核心价值观建设。"民事诉讼法学"是法学专业的核心课程，教学融入社会主义核心价值观是落实法学专业课程思政建设的重要举措，有利于助推法学教育培养坚持社会主义法治理念和社会主义核心价值观的法治人才。

---

① 杨贝、樊力源：《社会主义核心价值观融入裁判文书释法说理的现状与规范路径——基于1178份裁判文书的实证分析》，《人民司法（应用）》，2022年第16期，第15页。

② 习近平：《论坚持全面依法治国》，中央文献出版社，2020年，第174页。

第二编

课程思政融入法学专业课程的理念与路径

理论、实践与时政：刑事诉讼法课程思政教学的三个面向

全 亮 刘 全[*]

摘 要：刑事诉讼法课程在各个面向上都蕴含了丰富的思政元素。在理论教学面向，可以通过马克思、恩格斯刑事诉讼观开启课程思政之路；通过刑事诉讼法的目的和任务强化爱国精神；通过刑事诉讼法基本原则增强政治认同；通过刑事诉讼的价值分析塑造社会主义核心价值观；通过诉讼各方的行为方式培养职业道德和提高伦理修养；通过具体诉讼制度与程序传承中华文脉，熏陶家国情怀。在实践教学面向，可以通过案例分析培养积极正面的心态，通过观摩教学牢固树立法治观念，通过模拟教学增强职业认同感和使命感。此外，刑事诉讼法是最能够发挥司法体制改革思政教育效应的课堂，如以认罪认罚从宽制度改革彰显以改革创新为核心的时代精神，以法检两院的体制改革凸显"四个自信"，以国家监察体制改革展示党自我革命的勇气和魄力，从而在时政教学面向上把握好刑事诉讼法课程思政的时代脉搏。

关键词：刑事诉讼法；课程思政；理论教学；实践教学；司法改革

引论

2023年2月，中共中央办公厅、国务院办公厅印发的《关于加强新时代

---

[*] 全亮，法学博士，四川师范大学法学院教授，主要从事刑事诉讼与少年司法研究；刘全，四川师范大学法学院诉讼法学硕士研究生，主要从事刑事诉讼与少年司法研究。本文系四川师范大学2020年"课程思政四大工程"教学改革项目"'刑事诉讼法＋司法改革'课程思政模式教学改革研究"、四川师范大学2020年校级顶点课程建设项目"中国司法制度改革"的阶段性成果。

法学教育和法学理论研究的意见》（以下简称《意见》）指出，要"把思想政治工作贯穿法学教育教学全过程，加强理想信念教育和社会主义核心价值观教育，强化爱国主义、集体主义、社会主义教育，深入推进法学专业课程思政建设……"可见，法学教育在新时代不能仅仅局限于对学生进行专业知识与专业技能的传授，更要着力对其政治素质、人文素质与职业道德进行培养，必须"坚持立德树人、德育为先导向，推动中国特色社会主义法治理论进教材进课堂进头脑"①。而立德树人的抓手就是要在专业教学活动中开展课程思政建设。按道理，"法学专业课程的内容大部分都可以成为思想政治教育的素材"②。然而，纵观近几年全国各种场合下评比出来的大量课程思政典型案例，可以注意到法学类课程在里面的占比其实很小。作为一个和思想政治领域关系非常密切的学科，这显然值得检讨，它至少在一个侧面反映出法学专业的课程思政建设还大有潜力可挖。因此，作为法学教育工作者，我们应当充分利用法学专业的特点，迎头赶上全国课程思政建设的浪潮。而依笔者十几年的一线教学经验来看，刑事诉讼法便是一门蕴含着丰富的课程思政元素的专业教育课程，是法学专业开展课程思政教育的优质载体。因为法治是社会主义核心价值观之一，而法治乃规则之治即程序之治，刑事诉讼法又是最典型的程序法，所以刑事诉讼法的教学"承载着形塑学生程序公平正义的法治理念和弘扬社会主义核心价值观的重要功能"③。

根据教育部2020年5月28日印发的《高等学校课程思政建设指导纲要》（以下简称《纲要》），"深入开展宪法法治教育"是课程思政建设目标要求之一。④ 而刑事诉讼法作为国家基本法律的属性，它对国家基本法律秩序的维护，对公共机关依法行使权力的规范，对人权司法保障的强调，对安全与自由的双重平衡，无不彰显其在社会主义法治国家和法治社会建设中的极端重要性。作为国家基本法律，刑事诉讼法对"法治理念、法治原则、重要法律概

---

① 《中共中央关于全面推进依法治国若干重大问题的决定》，人民出版社，2014年，第32~33页。
② 时显群：《法学专业"课程思政"教学改革探索》，《学校党建与思想教育》，2020年第4期，第59页。
③ 刘玉江：《公安院校刑事诉讼法学"课程思政"要求及其实现》，《江苏警官学院学报》，2021年第1期，第107页。
④ 《高等学校课程思政建设指导纲要》指出："三、明确课程思政建设目标要求和内容重点……深入开展宪法法治教育。教育引导学生学思践悟习近平全面依法治国新理念新思想新战略，牢固树立法治观念，坚定走中国特色社会主义法治道路的理想和信念，深化对法治理念、法治原则、重要法律概念的认知，提高运用法治思维和法治方式维护自身权利、参与社会公共事务、化解矛盾纠纷的意识和能力。"

念"的认知，对"运用法治思维和法治方式维护自身权利、参与社会公共事务、化解矛盾纠纷的意识和能力"的提高，都有直接助益。况且刑事诉讼法素有"小宪法"之称，这使其在宪法法治教育中的特殊重要性更加突显。尊重和保障人权是宪法的基本要求之一，而"刑诉法就是实践中的人权法和宪法的应用法，以人权保障为核心的'以人为本'的理念是其存在与发展的根基"[①]。质言之，搞好刑事诉讼法的思政教学，对于"深入开展宪法法治教育"这一课程思政建设目标的实现具有极为重要的支撑作用。

需要强调的是，法学学科的一大特点是既有博大精深的理论体系，也有纷繁复杂的实践场域，同时还与时事政治紧密联系，因此笔者就从理论教学、实践教学和时政教学三个面向来谈一谈自己在刑事诉讼法课程思政教学改革中的一点思考，求教于同仁。

一、理论教学贯穿思政教育

任何一个学科的教学都离不开基本理论的教学，因为基本理论教学对于整个课程知识体系的学习具有铺垫和支撑作用。因此在基本理论部分贯穿思政教育，对于后续知识内容嵌入思政元素具有指引作用，对于思政元素融入具体知识具有基础性功效。

（一）通过马克思、恩格斯刑事诉讼观，开启课程思政之路

马克思主义是我们立党立国、兴党强国的根本指导思想，是我们党的灵魂和旗帜，因此课程思政教学首先应当解决的便是如何将马克思主义理论融入专业课的学习中去。但由于马克思和恩格斯二人本身并不是专门的法律研究者，因此将马克思主义的基本原理和一般理论无缝衔接到法学学科的理论教学中，要既不显得生硬，又要给学生留下深刻印象，这对于长期受西方法治话语范式影响的各个法学课程教学来说并非易事。

但刑事诉讼法这门课程在此问题上却拥有一个大多数法学课程都不具备的独家优势，即在马克思、恩格斯的经典著作中，有不少对于刑事诉讼相关问题的直接探讨和论述，有的甚至成为我国法学理论研究中的经典引文，如"法官除了法律就没有别的上司""诉讼和法二者之间的联系，就像植物外形和植

[①] 樊崇义：《我国刑诉法实施四十周年历史回顾与理论前瞻》，《检察日报》，2020年11月5日第3版。

本身的联系""法官、原告和辩护人都集中在一个人身上，这种集中是同心理学的全部规律相矛盾的"等。因此，"马工程"教材①《刑事诉讼法学》专门在其第一章分了五节来阐述"马克思、恩格斯的刑事诉讼观"②，并以之来统领整本教材后续的理论原理和具体的知识与技术。这些从马克思、恩格斯经典原著中挖掘出来的"真正的纯粹的思政元素"③，意味着学习马克思、恩格斯的刑事诉讼观，就是在学习刑事诉讼的基本理论和重要原理，也就是在学习马克思恩格斯的理论和思想。实质上，这就是马克思主义理论指导下的专业理论学习活动，就是体现马克思主义观点和方法的专业知识学习过程，思政元素和专业课程可谓天然融为一体。这样一种"有强烈的马哲思想导向和教学内容""体现了浓厚的马哲底蕴和课程思政精神"④ 的专章教学内容安排，在其他法学教材中是不太容易办到的。因此，我们应当利用好这个独家优势，充分利用好教材上的这一章节，从课程教学一开始就用马克思主义的理论和方法开启学生对于本门课程知识的探索之路，牢固树立马克思主义在刑事诉讼法教学中的指导思想地位，以便从根本上贯彻课程思政的教学宗旨。

（二）通过刑事诉讼法的目的和任务，强化爱国精神

爱国精神即爱国主义精神，是热爱祖国并愿意为祖国奉献一切的精神，它同为国奉献、对国家尽责紧紧地联系在一起。在中华文明几千年的发展赓续中，爱国主义作为一种精神支柱和精神财富起了重要作用。中华民族伟大的创造精神、奋斗精神、团结精神、梦想精神都是以爱国主义为核心的，因此在大力推进中国式现代化的今天，课程思政理应将强化爱国精神作为首要教育目标。那么刑事诉讼和爱国主义是什么关系呢？这就要从刑事诉讼的目的和任务着手来解读。控制犯罪和保障人权，抑或维护秩序和追求自由，是现代刑事诉讼的双重目的和任务。尤其是通过刑事诉讼活动打击违法犯罪、维护社会治安，一方面是创造国家安宁和平内部发展环境的必然要求（比如2022年6月发生的唐山烧烤店打人事件）；另一方面也是防治敌对势力渗透破坏，维护国家安全和利益的雷霆重拳（比如2023年5月宣判的梁成运间谍案）。青年大学

---

① "马工程"教材：马克思主义理论研究和建设工程的教材。
② 《刑事诉讼法学》编写组：《刑事诉讼法学/马克思主义理论研究和建设工程重点教材》，高等教育出版社，2022年，第28~40页。
③ 张继钢：《法学专业课程思政改革的特点及路径》，《黑龙江教育（高教研究与评估）》，2023年第1期，第72页。
④ 黄豹：《"刑事诉讼法学"开展课程思政的优势》，《西部素质教育》，2022年第8期，第67~69页。

生本就具有较强的忧国忧民爱国情怀，若在教学中引入必要的案例对刑事诉讼目的和任务进行阐释，让学生切实感受到刑事诉讼制度是国之重器，是维护社会治安与国家安全的有力武器，那么学生在理解刑事诉讼处理这些危机的价值和意义时，所产生的忧患意识和国家主人翁意识将是对爱国主义的最好注解。

（三）通过刑事诉讼法基本原则，增强政治认同

"政治认同是人民群众对于政权的赞同态度、支持行为及由此产生的对政权代表的国家的心理归属感。"[①] 中国特色社会主义事业只有取得广大人民群众尤其是青少年的政治认同才能持续推进下去。法律制度是政治制度的组成部分，增强对法律制度的认同将有助于对政治制度的认同。那么党和国家的理论、方针、政策怎样才能通过对法律制度的学习而被自然而然地接受呢，刑事诉讼法课程的教学如何能够助推青年大学生对党和国家的政治归属感呢？笔者认为可以从刑事诉讼基本原则的教学内容里面做文章。就现实的立法条文和教材上的总结归纳来看，在我国刑事诉讼法的基本原则体系中，有多条原则的原始出处事实上都来自中国共产党的基本主张和基本理念，来自马克思主义的基本观点。例如，"以事实为根据，以法律为准绳"这一原则以及由其延伸出来的"重证据、重调查研究，不轻信口供"之规定，作为我国司法工作的经验总结，最早就发源于革命根据地时期的"实事求是、调查研究"工作方法，而实事求是则是中国共产党的思想路线，被誉为党的生命线。再比如"依靠群众原则"这一人民司法的优良传统，无疑源自"从群众中来，到群众中去"这一党的群众路线的领导方法和工作方法，同时也是"全过程人民民主在刑事诉讼中的具体体现"[②]。对这些原则背后理念渊源的阐释，就能寻找到刑事诉讼制度与马克思主义政党基本观点的精神契合处，有助于学生在专业知识的学习过程中自觉增强对党的基本理论尤其是法治理论的政治认同、思想认同和情感认同。

（四）通过刑事诉讼的价值分析，塑造社会主义核心价值观

"人民有信仰，国家有力量，民族有希望。"[③] 国家强盛离不开国民精神的

---

① 常轶军：《政治认同：国家治理现代化的根与魂》，《光明日报》，2018年2月8日第15版。
② 《刑事诉讼法学》编写组：《刑事诉讼法学/马克思主义理论研究和建设工程重点教材》，高等教育出版社，2022年，第74页。
③ 李章军：《习近平在会见第四届全国文明城市、文明村镇、文明单位和未成年人思想道德建设工作先进代表时强调 人民有信仰民族有希望国家有力量 锲而不舍抓好社会主义精神文明建设》，《人民日报》，2015年3月1日第1版。

支撑，培育和践行社会主义核心价值观对于建设中华民族的共有精神家园意义重大。① 党中央指出要把培育和践行社会主义核心价值观融入国民教育全过程，因此这也是课程思政教育的重要目标。社会主义核心价值观是个价值问题，而刑事诉讼法也有其价值追求，价值分析的方法本就是刑事诉讼法学的专业研究方法之一。② 我们可以从价值的角度分析，为什么要赋予相关参与人以正当权利，特别是要结合社会发展与伦理现实分析诉讼权利和义务的内涵与外延，引导学生关注社会、伦理等问题，让学生学会正确的价值判断方法。例如，核心价值观中"和谐、自由、平等、公正、法治、诚信"这些表述，也正是法律所追求的价值目标，而且在刑事诉讼法中体现得更为明显。如当事人诉讼权利平等、控辩平等、司法公正、侦查程序法治化、刑事和解、诉讼突袭等刑事诉讼术语，我们在对其蕴含的刑事诉讼价值进行阐释的同时，就可以将它们作为社会主义核心价值观在刑事诉讼中得以贯彻的一个例证，那么这同时就是一个思政教育的过程了。考虑到刑事诉讼中的这些价值追求一般也是全世界公认的法律价值，这就更能说明社会主义核心价值观是对全人类共同精神文明财富的提炼，正所谓越是民族的越是世界的！这样的教学思路丝毫不脱离专业知识的学习范畴，然未讲思政、胜似思政，具有典型的一体两面的思政教育效果。

（五）通过诉讼各方的行为方式，培养职业道德和提高伦理修养

大学教育强调立德树人，法学教育强调德法兼修，法治建设强调德治与法治并举并重，其重要指向都涵盖了"人"这个第一位因素，强调本行业从业者的"德性"——职业道德。因此，"深化职业理想和职业道德教育，教育引导学生深刻理解并自觉实践各行业的职业精神和职业规范，增强职业责任感"是《纲要》载明的课程思政重要建设目标。法律职业包括多个诉讼角色，法官、检察官、警察、辩护人、代理人、证人、鉴定人等都会在刑事诉讼中出场，可以说刑事诉讼法是涵盖法律职业角色最多的部门法，这也就意味着多类型的职业行为方式会在刑事诉讼中交替出现，这使得刑事诉讼法的学习过程成为较好的观察和理解不同职业角色特点的场域。比如讲述刑事辩护活动时，可以结合现实案例对辩护人的行为规范性进行针对性的点评；在讲述审查起诉活动时，

---

① 刘云山：《着力培育和践行社会主义核心价值观》，《求是》，2014年第2期，第3页。
② 《刑事诉讼法学》编写组：《刑事诉讼法学/马克思主义理论研究和建设工程重点教材》，高等教育出版社，2022年，第12页。

可以用重大影响性案件对检察官的客观中立义务进行具体剖析；在讲述平反冤假错案时，可以用法官对于疑罪从无原则的理解和执行状况，来引导学生思考法官如何做才符合审判的独立与公正之要求。这种从实践现象中引申出行为规则的反思性教学方法，能够帮助学生树立起法律人应当忠于事实、忠于法律这一最高职业道德；同时对案例中不同诉讼角色的代入式探究，可以帮助学生很好地体会法律职业伦理的不同表现方式。

（六）通过具体诉讼制度与程序，传承中华文脉，熏陶家国情怀

加强中华优秀传统文化教育是课程思政的目标之一。中华法系源远流长，中华法文化对后世影响深远，这不仅仅体现在法律史类的课程中，刑事诉讼法课程中同样闪耀着古人智慧的光辉。且不说刑事诉讼法教材中本身就要对我国诉讼法的历史进行梳理，就拿现行的制度规定来追根溯源，也能看到其对中华法系精气神的历史传承。比如相对不起诉制度和认罪认罚从宽制度，通常都认为是借鉴于英美法系当事人主义下的起诉便宜主义和辩诉交易制度，但如果认真发掘我们自己的法制史，会发现中华法文化中的"宽严相济"精神同样也是我们这些制度的思想源流。① 又比如关于死刑复核制度，中国自古就有掌握最高司法权的皇帝用"朱批"审核死刑判决的做法，而古代的"秋审"制度就更加体现了统治阶级对死刑判决的慎重，这些实质上就是中国古代"慎刑"思想的体现。"德法并重""慎刑重德"一直是中华历朝历代奉为圭臬的社会治理理念，如果说在法律史课程中这样言说还有点抽象，那么在刑事诉讼具体制度上，比如死刑复核程序中，作出这样评价则更加言之有物了。再比如刑事和解制度，看似移植自西方的恢复性司法理论，但它难道不是中华优秀传统文化中讲仁爱、守诚信、尚和合、求大同以及与人为善的思想精华和时代价值的体现吗？

质言之，任何一部法律的立法意图都蕴含着立法者对于特定社会关系进行确认和安排的价值倾向，我们的教学只有尽力呈现"法律条文背后蕴含的家国情怀、人生追求等思想"②，才算是真正让学生学懂了一部法律。因此对于上

---

① 《尚书·吕刑》中曾说："轻重诸罚有权，刑罚世轻世重。"《周礼·秋官司寇·大司寇》谈到掌建邦国之三典时说："一曰，刑新国用新典；二曰，刑平国用中典；三曰，刑乱国用重典。"其意思是各种刑罚的轻重可以有所变通，刑罚根据社会情况的不同（新国、平国、乱国）或者从轻或者从重。这里虽然没有宽严相济的文字，但内容却体现了宽严相济的精神。

② 卢颂馨、徐俊：《"刑事诉讼法"课程思政教学改革与实践探索》，《教育教学论坛》，2022年第21期，第1页。

述知识点的教学，如果我们大胆跳出西方话语体系的窠臼，完全可以用中华优秀传统文化的时代价值进行统合，在和西方话语体系的对比中，让学生感受到中华法文化的魅力，从而促进学生对中华传统文明的认知和认可，增强民族自豪感。这样一种主体对共同体的认同便是家国情怀的发源。

二、实践教学浸润思政教育

法学是一门应用性很强的学科，法学教育不仅仅是一种理论教育，更是一种实践教育，因此实践性教学是不可或缺的教学方法。[①] 尤其是刑事诉讼法作为程序法，具有更明显的应用性色彩，因此应用法律、实践法律也是刑事诉讼法学科的教学目的。而传统上的实践教学比较注重"法律工匠"的"技术延续"，而对"工匠精神"本身关注不够，对实践育人的价值挖掘不足，多把法学实践教学定位为法律职业技能训练，事实上是把实践教学庸俗化了。实际上，实践教学的价值远远不止教会学生几个办案技巧。在一般意义上，社会实践不仅能增强学生社会阅历、丰富学生职业经验，而且能培养大学生知、情、意、行，让其道德在不断内化和外化的转变中获得发展和成长。[②] 那么作为社会实践重要内容之一的"专业教学型实践"[③]，实践教学除了通过理论联系实际使大学生加深对专业基础理论的认识和把握外，更重要的是在此过程中促进大学生走出象牙塔，了解社会、了解民生、了解国情，以增强社会责任感，初步实现自身的社会化。为了防止学生在社会化过程中出现思想认知偏差，课程思政元素也应充分浸润实践教学环节。

（一）通过案例分析培养积极正面的心态

实践教学可以分为课堂内实践教学和课堂外实践教学，课堂内实践教学最典型的形式就是案例教学。实践教学的核心要义是让学生接触社会。选用社会上发生的真实案例进行分析，尽管可能是间接经验，但仍不失为学生接触真实社会的启蒙之举。

---

① 中共中央办公室、国务院办公室印发的《关于加强新时代法学教育和法学理论研究的意见》"（十）健全法学教学体系"部分专门强调："强化法学实践教学，深化协同育人，推动法学院校与法治工作部门在人才培养方案制定、课程建设、教材建设、学生实习实训等环节深度衔接。"

② 杨志成、齐成龙：《实践育人：让学到的东西落到行动上》，《学习时报》，2021年12月17日第6版。

③ 汪明义：《如何度过大学时光——"十个一"养成教育指南》，四川师范大学电子出版社，2022年，第286页。

"法律制定出来就是要被违反的"这句古老的西方法谚表明，法与不法、守法与违法始终是法学这门学问绕不开的"光明与黑暗"话题。易言之，法科学生在学习过程中会不可避免地了解到很多违法犯罪现象，注定会接触到很多社会阴暗面问题。如果我们不积极地加以引导，那么部分政治定力不够的学生、不善于自主辨识法治里消极负面因素的学生，就有可能产生思想上的无序乃至"三观"的混乱，影响心理健康甚至动摇理想信念。在此问题上，刑事诉讼法课程扮演的角色尤为重要，因为在当前的社会环境下，刑事诉讼中经常会爆出程序不公、司法腐败、滥用职权、冤假错案等负面、敏感新闻，学生可能会产生困惑，因此刑事诉讼课程的教学必须承担起培养学生积极正面的心态、以正确眼光看待问题的重要使命。

比如，我们在教学中可以冤假错案及其舆论为载体，组织学生对该冤假错案的成因进行深入思考，引导学生从冤假错案的历史、现状、中外对比、未来趋势以及体制机制、人员素养等多元视角来辩证看待这一现象，引导学生全面了解我国刑事诉讼制度发展完善的历程和规律，也即结合辩证唯物主义中"事物的发展是波浪式前进和螺旋式上升"的观点，帮助学生形成对社会主义初级阶段基本国情尤其是法治建设不足的正确认识。这样的教学可以让学生更直观地理解十八届四中全会提出的"全面依法治国"的深层次意义，更深刻地掌握习近平总书记提出的"努力让人民群众在每一个案件中都感受到公平正义"①的论断，从而形成更加积极正面的心态，去看待社会主义法治建设事业的未来发展。

（二）通过观摩教学牢固树立法治观念

在刑事诉讼法的教学中，安排学生前往人民法院观摩真实庭审，是一种常见的教学手段。虽然这并不新鲜，但在加强课程思政建设的大背景下，庭审观摩教学活动可以被赋予更多的内涵。传统意义上，观摩庭审的教学功能主要在于将诉讼程序的知识从枯燥费脑的文字转化为了形象生动的视听场景，以此来加深学生对于法律程序的理解和掌握，更让学生感受到法庭的威严和法律的神圣，从而树立对法律的敬畏之心。《纲要》指出，"……牢固树立法治观念……提高运用法治思维和法治方式维护自身权利、参与社会公共事务、化解矛盾纠纷的意识和能力"是课程思政建设的重要目标。那么通过观摩庭审，"法治思

---

① 《习近平主持召开中央全面深化改革领导小组第十二次会议强调　把握改革大局自觉服从服务改革大局　共同把全面深化改革这篇大文章做好》，《人民日报》，2015 年 5 月 6 日第 1 版。

维""法治方式""化解纠纷"这些抽象字眼就转化成具象的人物言行，法庭上法官、检察官、辩护人等诉讼角色的"现身说法"可谓亲身诠释什么叫意识，什么叫能力。这种直观的认知冲击可以最大限度地在学生心目中树立起要依法办事的观念。同时，《纲要》还指出，经、管、法类专业课程要"引导学生深入社会实践、关注现实问题"。观摩庭审就是深入法律机关的办案实践场域，旁听案件审理当然也就是关注现实法律问题或真实案件纠纷，这显然是很"接地气"的宪法法治教育方式。

（三）通过模拟教学增强职业认同感和使命感

"纸上得来终觉浅，绝知此事要躬行。"模拟教学也是当下法学教育尤其是刑事诉讼法课程中非常流行的实践性教学方法。模拟教学法是源于行为导向教育思想的一种具体的教学方法，它侧重于互动与实践，使学习者在实际操作中有所提升和感悟，将知识再次进行提炼、升华，与杜威提出的"从做中学"教育原则一脉相承。而"实践课是思政元素承载量最大、项目最多、频度最大的承载体"[①]。在一般意义上，通过控、辩、审等不同角色的扮演来模拟诉讼流程，学生在不同的角色模拟中不仅可以将理论知识应用于实践，更可以亲身感受作为法官、检察官或律师在自己的岗位上履职尽责的含义与要求，从而对所学内容形成深度记忆，促进知行合一，使学生初步掌握将理论转化为行动的方法。而在更深层次意义上，法庭审理场景中的法物、法器、法服以及独特的程序和法言法语，能够让参与模拟的学生充分体味到法治带给自己的满足感，体味到不同诉讼角色所担负的法治使命，从而有助于增强其对未来自己所从事职业的认同感和使命感。那么站在课程思政的意义上来说，这种沉浸式教学无疑有助于坚定学生尊法、尚法、守法、用法的理想信念；意识决定行为，行为也可以反作用于意识，模拟教学在潜移默化中也有助于升华学习者作为法治建设事业以及中国特色社会主义事业的建设者和接班人的思想意识。

三、时政教学突显思政教育

在 OBE（Outcome-Based Education）理念（一种以学习成果为目标导向的教育理念）下，"课程思政服务于专业课教学，专业课教学服务于毕业要求，

[①] 崔丽：《"刑事诉讼法学"浸润式思政育人模式的探索》，《辽宁警察学院学报》，2021 年第 6 期，第 116 页。

毕业要求服务于人才培养，人才培养服务于学生和社会发展的需求"[1]。那么这就意味着，国家和社会高速发展的现状就决定了课程思政教学的内容必须与时俱进。党的十八大以来开展的司法体制改革，是我们党从发展社会主义民主政治、加快建设社会主义法治国家的高度所作出的重要战略部署。而司法体制改革中很多重要内容都直接或间接地与刑事诉讼制度相关联[2]，这使得刑事诉讼法课程的教学具备很强的时代性。习近平总书记强调："司法体制改革在全面深化改革、全面依法治国中居于重要地位，对推进国家治理体系和治理能力现代化意义重大。"[3] 申言之，司法体制改革是我们高举中国特色社会主义伟大旗帜，不断发展、改革和完善中国特色社会主义制度的重要保障，是进一步发挥和体现社会主义优越性的重要举措。对司法体制改革相关内容进行学习，当然就有助于坚定中国特色社会主义"四个自信"，增强"政治认同"和"家国情怀"，培育"自由、平等、公正、法治"等社会主义核心价值观的课程思政教育目标的实现。然而，大多数院校的法学本科教学计划中一般都没有开设专门的司法改革主题的课程，这就使得刑事诉讼法的教学成为距离司法改革最近的课堂，是最能够发挥司法改革之思政教育效应的场域——这是其他法学课程在思政教学改革中所不具备的独特优势。因此，刑事诉讼法的课程思政教学应当善加利用这一时政特征，在专业教学中引导学生了解世情国情党情民情，以坚定理想信念。

（一）以认罪认罚从宽制度改革彰显以改革创新为核心的时代精神

当前党和国家大力推进司法体制改革，刑事诉讼法律制度发生着极速的变革。基于应对诉讼大爆炸时代和"案多人少"现实所带来的诉讼效率问题，十八届四中全会决议提出"完善认罪认罚从宽制度"的改革主张，在经过了2014年刑事速裁制度试点改革和2016年认罪认罚从宽制度试点改革后，认罪

---

[1] 夏红：《基于OBE理念的法学专业课程思政设计探索》，《渤海大学学报》，2022年第6期，第37页。

[2] 作为一个刑事案件办理流程的规范，刑事诉讼法的内容涉及公安机关、国安机关、检察机关、审判机关、监察机关、司法行政机关乃至政法委员会等主体的职权和运行方式，因此任何刑事诉讼法教材都会设专章至少要对侦查机关、检察机关、审判机关的基本情况进行介绍。法学其他学科和课程的教材及其教学内容则一般都不会涉及对这些国家专门机关的介绍（民事诉讼法和行政诉讼法教材中一般只对法院有所介绍）。而司法体制改革从根本上说就是对公检法司等机关之间的关系进行调整和对其体制机制进行优化，这就必然导致刑事诉讼法的教学内容会较多地、直接地反映出司法体制改革的最新情况。

[3] 《习近平对司法体制改革作出重要指示强调 坚定不移推进司法体制改革 坚定不移走中国特色社会主义法治道路》，《人民日报》，2017年7月11日第1版。

认罚从宽制度于 2018 年正式载入立法，是新一轮司法改革中最先见诸成效的措施之一。起初不少人认为认罪认罚从宽制度来源于西方的辩诉交易制度，但事实上这项制度并非来源于理论的嫁接，而是有着深厚的中华传统文化基础，是源自中国社会治理、司法实践的客观需求，植根于本土国情的"中国之治的制度创新"[1]，是在"为创新社会治理贡献法治智慧"[2] 的过程中对刑事诉讼程序的创新。在这样一个持续推进改革的年代，创新是时代的主题，认罪认罚从宽制度的入法历程可以让学生充分理解到以改革创新为核心的时代精神是如何在刑事诉讼法中体现的。

（二）以法检两院的体制改革凸显"四个自信"

党的十八届四中全会通过的《中共中央关于全面推进依法治国若干重大问题的决定》拉开了法院和检察院新一轮体制改革的序幕，司法责任制、司法员额制、跨行政区划法院检察院、最高法院巡回法庭、司法遴选与惩戒委员会、省以下法检人财物统管等措施先后落地生根，法院和检察院系统迎来了史无前例的大变革，"许多过去想办而没有办成的大事办成了"[3]。而这些事情能够办成，源于以习近平同志为核心的党中央团结带领全国各族人民攻坚克难、锐意进取，让党和国家事业发生了历史性变革，凸显了中国特色社会主义在道路自信、理论自信、制度自信和文化自信支撑下的国家生机与活力。而如最高法院巡回法庭、跨行政区划法院检察院、金融法院、互联网法院、知识产权法院这些十八届四中全会带来的新生事物，都先后出现在刑事诉讼法教材上。对这些前沿内容的介绍和探讨能够让学生体会到社会主义在中国不断开辟发展新境界，感受到党领导人民想做事也能做成事的决心和毅力，更有助于坚定"四个自信"之思政目标的实现。

（三）以国家监察体制改革展示党自我革命的勇气和魄力

党的十八大以来，党领导人民开展了史无前例的反腐败斗争，深入推进全面从严治党，加强党内监督，反腐败成为推进党的自我革命的必然要求，而党

---

[1] 于潇：《认罪认罚从宽：中国之治的制度创新》，http://news.jcrb.com/jsxw/2021/202101/t20210119_2243817.html。

[2] 张伯晋、戴佳、史兆琨等：《推动认罪认罚从宽制度落实为创新社会治理贡献法治智慧》，http://news.jcrb.com/jxsw/201907/t20190712_2023270.html。

[3] 《人民日报》评论员：《不断开辟中国特色社会主义发展新境界——五论学习贯彻习近平总书记"7·26"重要讲话精神》，《人民日报》，2017 年 8 月 4 日第 1 版。

的自我革命被视为新时期我们党对于跳出治乱兴衰历史周期率所找到的第二个答案。国家监察体制改革正是全面从严治党、实现党内监督与人民监督有机结合的需要,是我们党勇于自我革命的勇气和魄力在国家制度建设层面的体现。而2018年《中华人民共和国监察法》制定后引起《中华人民共和国刑事诉讼法》的修改,检察机关反贪反渎部门转隶引起相应的立案侦查管辖权限的变化,以及职务犯罪案件审查起诉环节涉及的监检衔接问题,在刑事诉讼法学教材上都有相应体现。那么在这些知识的教学上,只要拓展到对修法背景的介绍,让学生了解监察体制改革及反腐败的必要性,就有助于学生理解中国共产党的伟大,"不在于不犯错误,而是从不讳疾忌医,敢于直面问题,具有自我修复的能力"①,有助于更深入地理解我们党的性质、宗旨和优良传统,有助于理解百年大党永葆青春活力的"秘诀",从而坚定青年大学生跟党走的信心信念。另外,从2012年设立违法所得没收程序到2018年构建缺席审判程序,这样一个制度发展历程正是对党的二十大报告中"深化反腐败国际合作,一体构建追逃防逃追赃机制"的体现。

一言以蔽之,党的十八大、十九大、二十大以来出台的各种决议、决定和政策常常都涵盖有甚至是针对有司法体制改革(刑事诉讼程序)的内容,那么在教学中增加对司法体制改革(刑事诉讼程序)前沿动态的介绍和解读,自然而然地就是对中央会议有关精神的学习和领悟,那么党的政法观点和政治主张也就润物细无声地现身于专业知识中。那么客观效果必然是,学生对这些前沿知识掌握得越好,其思想上与党中央保持的一致性就越高,这种隐性教育完全实现了专业教育与思政教育的无缝衔接。

余论

进一步强化育人意识,找准育人角度,提升育人能力,就意味着,教师开展课程思政教育,不仅要会巧妙地给学生言说,也要能自觉地进行主体践行。我们通常谈及课程思政教学时,思考重心多半置于将专业知识和思政元素相结合的技术性手段上,正如笔者在上述三个方面上的思考一样,但这样往往就忽略了一个重要的前提,即再好的技术手段也需要人来实施——课程思政教学离不开教师这个"人的因素"。人的因素是第一位的,否则谨防"歪嘴和尚念错

---

① 王岐山:《全面从严治党 承载起党在新时代的使命(学习贯彻党的十八届六中全会精神)》,《人民日报》,2016年11月8日第3版。

经"。一个称职的法学教师尤其是刑事诉讼法的授课教师，其上课时的一言一行都应当渗透着对法治的忠诚信仰、对公正司法的坚定追求和对程序正义的执着守护。正所谓"身教重于言传"，教师的自身修养、人格力量和不经意之间的言行举止会在潜移默化中对学生的思想观念形成榜样的力量。这实际上就是立德树人这一教育根本任务对教师的要求。所谓身正为范，法学教师在教学中应当以一个社会主义法律工作者的严格素养要求自己，给学生树立一个高尚的法律人的形象，进而成为学生内心自觉或不自觉积极效仿的理想目标，这样一种"教学相长"无疑是课程思政教育教学追求的理想图景。

课程思政视野下的法学本科刑法学教育改革：基于"大班授课，小班研讨"的实践

彭 华*

摘 要：面向"双一流"建设战略和法学本科教育的培养目标，深入贯彻"三全育人"指导思想，课程思政视野下的法学本科刑法学教育改革追求"内涵式"发展，以质量为根本导向，也有非常明确的育德总目标与具体目标，能够精准施策。同时，设计与践行"大班授课，小班研讨"教育改革实践，在教育改革层面将思想政治教育元素完美融入法学专业建设与具象化的刑法学课程建设，借"断案"思维训练锻炼学生的"法官能力"。"断案"思维训练以系统的法律思维体系以及符合法律逻辑的、缜密的法律思维方法为培养中心点，通过革新案例教学、实施定罪量刑实验来达成既定教学目标，成效显著。

关键词：课程思政；法学本科；刑法学教育改革；大班授课，小班研讨；定罪量刑实验

一、课程思政视野下的法学本科刑法学教育改革思路

一般来说，在开设法学专业的普通高等院校中，法学本科主干课程"刑法学"为学年课（含"刑法总论"与"刑法分论"），分设在两个学期完成授课。立足党中央、国务院关于"双一流"建设的重大战略布局，从深刻反思我国法学本科教育状况入手，即获得对我国法学本科教育现有积弊的清醒认识。正如

---

* 彭华，女，四川师范大学法学院讲师，研究方向为刑法。本文系四川师范大学2022年度"课程思政示范课程"——"刑法总论"（20220042XSZ）成果。

中国一流大学法学院（清华大学法学院）教授何美欢所言："我国法学教育中，知识传授的基础性不足，覆盖面不广。要说技能训练，则'全方位缺席'。"① 这一见解广受学界认同，也受到官方认可。2011 年，教育部、中央政法委员会专门出台《关于实施卓越法律人才教育培养计划的若干意见》②，一针见血地指出："我国高等法学教育还不能完全适应社会主义法治国家建设的需要，社会主义法治理念教育还不够深入，培养模式相对单一，学生实践能力不强，应用型、复合型法律职业人才培养不足。"因此，我国高等法学教育改革发展最核心、最紧迫的任务就落脚于"提高法律人才培养质量"。我国法学本科教育随即确定了一个"靶向"，即培养复合型、应用型卓越法治人才。之后，习近平总书记在全国高校思想政治工作会议上强调，坚持以"立德树人"为中心环节，思想政治工作要贯穿教育教学全过程，实现全程育人、全方位育人。③ 这无疑为法学本科教育克服"社会主义法治理念教育不够深入"的积习指明了改革方向。面向"双一流"建设战略和法学本科教育的培养目标，同时深入贯彻"三全育人"指导思想，法学本科刑法学教育改革的总体思路得以科学厘定：课程思政视野下的法学本科刑法学将思想教育与价值引领贯穿始终，坚定地走中国特色社会主义法治道路。宏观上，丰富刑法学内涵、创新教学方法、优化教学设计、改进课堂管理，多方并举，全力践行"大班授课，小班研讨"的教育改革实践。微观上，依照"两性一度"④ 的课程建设理念，推行"断案"思维训练，解决好知识应用层面的技能训练问题，构建高效的应用型法律人才的微观培养范式。

那么，课程思政视野下的法学本科刑法学教育改革追求"内涵式"发展，以质量为根本导向。教育改革的具体思路体现在：第一，力行课程思政"教育"而非单纯的"教学"。根本革除"教师讲、学生听"，学生稳坐"乘客席"，被动接受知识的"经院模式"。⑤ "刑法学"课程立足教育改革，赋予教师充足

---

① 何美欢：《理想的专业法学教育》，《清华法学（第九辑）》，清华大学出版社，2006 年，第 113 页。
② 教育部、中央政法委员会：《关于实施卓越法律人才教育培养计划的若干意见》，2011 年。
③ 张烁、鞠鹏：《习近平在全国高校思想政治工作会议上强调　把思想政治工作贯穿教育教学全过程　开创我国高等教育事业发展新局面》，《人民日报》，2016 年 12 月 9 日第 1 版。
④ "两性一度"为"高阶性、创新性、挑战度"的简称。"提升高阶性、突出创新性、增加挑战度"为"一流课程"建设新理念。"双一流"建设要求构建以质量为导向的课程建设新机制，追求"内涵式"发展。从本质上讲，这与法学本科教育的"靶向"，即培养复合型、应用型卓越法治人才是十分契合的。
⑤ 马民革：《法学人才培养与刑法教学方法》，《国际关系学院学报》，2006 年第 4 期，第 8 页。

的时间、充分的空间去掌握学生的学习状况、思想动态，追求"思政育人"实效。第二，组建成熟的刑法学"课程思政"教学团队，由主讲教师挑大梁。教学团队由领衔教授、主讲教师、研究生助教组建而成，搭成富有"传帮带"效应的梯队。主讲教师是课程思政的绝对主力，在确保自身"先受育"后，肩负着刑法学课程思政元素的挖掘、课程思政策略和方法的研发、课程思政的具体落实等重任。第三，行颠覆性教育改革，践行"大班授课，小班研讨"的教改实践。其中，"大班"主攻教学，依教学周按教学计划正常完成"刑法学"的基本教学任务；"小班"专攻研讨，倡导研究型学习。两者有机结合，共同致力于把若干思想政治教育元素完美融入刑法学。第四，课程思政视野下的刑法学教育改革有一大亮点，那就是"断案"思维训练，借此高阶化思维训练培养学生的"法官能力"。①"断案"思维的形成与训练具体通过革新案例教学，策划与实施"定罪量刑实验"来完成。

二、法学本科刑法学课程思政的目标与策略

法学本科刑法学课程思政有非常明确的育德总目标，即社会主义刑事法治理念教育到位，为培养德法兼修的社会主义卓越法治人才奠基。这一总目标可解构为数个具体目标来加以一一落实。这些具体目标包括：①理解与教授中国刑法学独具特色的"四要件"犯罪论体系，将"四要件"犯罪论体系与习近平新时代中国特色社会主义思想体系紧密结合，成功论证"四要件"犯罪论体系的科学性，从而坚定"理论自信"。②掌握中国刑法学有关犯罪本质的概念，明确知悉我国刑法所确立的各项规范，形成用法、守法信念。③深刻认知我国刑法乃"社会主义类型刑法"的性质，激励学生勇于同犯罪行为作斗争，规范自身言行，自觉守法。④系统介绍我国宽严相济、内容合理、方法人道的各项刑罚制度，汲取中华法律文化精华，证成我国本土文化的先进性，以坚定"文化自信"。⑤把推广先进的教学理念贯通于教学过程，不断研究和实践创新教育及教学方法，时时将社会主义核心价值观等正确思想、价值观有机融入教学活动和教学实践，继而坚定"制度自信"。⑥立足国际视野，与国际学术界接

---

① 北京大学法学院教授葛云松在《法学教育的理想》(《中外法学》，2014年第2期，第285~318页)一文中指出，法学教育以法律职业为导向，旨在为学生将来的职业生涯打下坚实基础，法学本科教育中的专业教育部分应面向法律实务。法律实务中最重要的职业之一是法官，法学本科教育的主要目标就是培养学生的"法官能力"。对此，笔者深以为然，并积极探索法学本科刑法学教学如何培养学生的"法官能力"。

轨、沟通，比肩国内外刑法学发展前沿，展示我国社会主义刑法的优越性，坚定"道路自信"。⑦紧密结合社会经济发展需要，关注国计民生，紧扣现实，促使学生认清社会现实，理性对待、正确处理司法实务中涌现的具体问题，掌握定罪量刑的基本技能，培养社会主义刑事法治建设的专才。⑧新颖的教学方法和先进的教学手段并用，课程思政视野下的法学本科刑法学重视实践教学、倡导研究性教学，教学相长。兼采复合形式、多种手段的信息化教学，深入浅出、理论联系实际地既"育人"又"育才"。此外，本科刑法学教学需要明晰并抓握以下三个层面的具体教学目标：①知识传授层面。在高度抽象的基础上，将刑法学基本概念、基本原理、基本知识具体化，提纲挈领，简明扼要，力求基本概念明确化、基本原理科学化、基本知识系统化。②能力培养层面。注重理论与实践有机结合，深入开展实践教学，在"案例教学法"的适用上有所突破和创新，加强法律思维能力训练，教会学生"找法"和"用法"。③专业素养层面。在理论性的基础上突出教学方式的可操作性，在系统性的基础上突出教学重点与难点，适应和满足法学本科刑法学教学与国家统一司法考试的基本需要。

　　确定前述各项目标后，法学本科刑法学教育改革由此领会精神，受到科学导向的指引，能够精准施策。体现在：其一，紧扣刑法学"课程思政"元素的"自体性"及其意蕴深刻、潜移默化的特点，对思想政治教育内容的展开根本无须摒弃授课内容单独进行，而是在授课全程中顺势而为、自然融入。因为对刑法学丰富的思想政治元素的挖掘与传递正是社会主义法治理念教育的"重头戏"之一。它事关学生政治立场、价值观的塑造，还有将这些思想政治元素内化于心、外化于行的直接功效。其二，刑法学教学会全面展现中国刑法学研究对象的完整性和研究内容的丰富性。因为中国刑法基本理论具有稳定性和连续性，同时随时吸纳刑事立法、司法和理论研究的最新成果。这就十分利于培养社会主义法治人才的全局观和大局意识，同时立足国际视野推动中国刑法学进步与发展。其三，刑法学教授中国刑法学体系与话语体系，坚持刑法理论的"本土化"选择，此乃中国特色社会主义刑法学的最佳体现，更是我国制度优势与文化自信的具体表现。其四，刑法学对犯罪本质特征与一切犯罪的共性特征、具体犯罪的个性特征的分析和讲解，浸润着对学生"公平""正义"等法治品格的塑造。其五，刑法学授课核心内容之一是正确定性、准确定量的教习。定罪量刑方法与技巧的传授为学生日后适用刑法，自觉维护国家安全、社会稳定，保护个人合法权益打下坚实基础。这正是把专业能力培养与职业精神树立有机融合起来,把真善美的种子播撒到每名法律人心中[①]的积极作为。其六,除必备的知识体系外,刑法学的理论逻辑、重要学说也在教授之列,以此建立学生的刑事法治信仰。其七,个罪讲授为刑法学教学的重要内容,其间会将个罪讲授与理想信念启迪、价值观塑造密切关联起来,引导学生规范自身言行。其八,"断案"思维的形成与训练在培养学生"法官能力"方面发力,切实推进将思想政治教育的正确理念用于实践,以期产生富于卓越价值的效果。

三、课程思政视野下的法学本科刑法学教改实践

基于以上法学本科刑法学课程思政策略的实施,足以实现让刑法学授课深化学生的思想认识、稳步提升学生的价值观念,让思政引领与知识传递有机化合的目标。为此,在"双一流"建设时代环境下,贴合法学专业自身特征、现实条件,设计与践行了"大班授课,小班研讨"的教育改革实践。

(一)"大班授课,小班研讨"教育改革实践的实施概况

1. 不同以往的教学规划

按教学计划,"刑法学"教学(含"刑法总论"与"刑法分论")原定每学期每周设置4学时,依16个教学周,共计64学时完成每学期授课。实行"大班授课,小班研讨"后,将两个教学行政班合为一个"教学大班"。每个教学大班仍执行原定的每周4学时,16个教学周,共计64学时的教学计划。可见,学生课堂听讲的学时是得到足额保证的。实行大班授课后,表面上看教师个人的课堂授课课时精简了,但实际上会将教师精简下来的这部分授课课时平移到"小班研讨"环节,以开展各种课外活动、全方位指导学生的方式进行补齐。效果明显的是,教师有更多时间近距离了解学生的思想状况、学情动态和内在需要,因材施教,以创设出平等和谐的教育氛围,激发教学双方的"心理共振"。与此同时,学生研习"刑法学"的时间增多,效果加倍,收获质与量的双赢。此外,"小班研讨"的前提是先将大班学生按照"自愿与统筹兼顾相结合"的原则划分为数个人数适中的学习小组,学习小组的适当组合即组建为"小班"。从某种意义上说,"小班"的组建破除了固有行政班的限制,依托这个额外的"小班"平台,提倡研究性学习,更好地启发学生心智。

[①] 王健:《回望2019:法学教育值得记忆的十件大事》,《甘肃政法学院学报》,2020年第2期,第148页。

2. 教学团队建设

授课前精心组建由教授领衔、教师主讲、研究生助教辅助的教学团队。团队成员分工明确，又相互协作。领衔教授的牵头与指导、主讲教师的担纲与推进、研究生助教的倾力辅助都是必备元素，缺一不可。就具体分工而言，教授负责课程讲座、教师职业发展指导以及刑法学课程思政中教师的"先受育"；主讲教师负责课程思政的点滴落实、课堂授课、小班研讨等；研究生助教辅助小班研讨、批阅课后作业等。总之，尽显刑法学课程思政教学团队之"协同作战"特色。

3. "大班授课"与"小班研讨"的具体实施

"大班授课"方面，每一个教学大班每学期的"第一堂课"皆由领衔教授亲授，主讲刑法学学科知识、脉络体系、研究方法等，高屋建瓴，为学生广开视野。"大班授课"期间，则由主讲教师担纲教学，研究生助教全程随堂听课，观摩学习，并负责考勤、维持教学秩序等。"小班研讨"方面，则规划丰富内容、采用多样化形式，富于创新特色。具体为：一是教学团队围绕刑法学热点问题，由领衔教授牵头，利用本专业学科资源，每学期组织一次高水准"多师同台"的刑法学学术讲座。二是每学期依教学进度，专门针对刑法学重点、难点问题组织数次小班化的"刑法学主题研讨"，搞好研讨式教学。研讨时，主讲教师主持，邀请本学科领域的专家、优秀研究人才担任嘉宾互动讨论，研究生助教辅助。采取学生发言，教师、嘉宾点评，与学生互动交流的方式，切中教与学中亟待解决的"困惑点"，类似于采用"苏格拉底教学法"。三是课外辅导常态化。在传统授课形式下，教师随堂授课后与学生交流、为学生答疑的时间有限，答疑效果大打折扣。"小班研讨"实质上启动了"第二课堂"。每学期初会敲定一个固定的课外时间与地点，每两周开设一次小班化课外辅导。授课教师、研究生助教各司其职，辅导时间、地点恒定，采取学习小组单方面轮换的方式，安排思维训练、实战演练、答疑解惑等，确保学生人人受惠。四是定期布置课后作业。课后作业的完成与讲评是对学习效果的检验与巩固，每学期布置充足的课后作业，加强专业知识的应用训练。张文显教授指出，法学院校不重视写作能力培养是我国法学教育不能完全适应法治中国建设需要的一个最重要的原因。法科学生写作能力欠缺，尤其对技术性写作以外的思想性和逻辑性关注不足。① 为此，作业布置全部采用主观题型，以便训练和检测学生作业完成中对"法言法语"的表达和应用能力。学生所完成的作业待主讲教师、研究生助教批阅后，由教师在"小班研讨"时间讲评，充分起到即时检验、强化巩固知识掌握的作用。"小班研讨"利用好了小班教学这一特定时间与空间，把启发式、探究式、讨论式等授课方式在刑法学"课程思政"中用活、用透，积极引导学生主动去思考，去探究热点、难点问题。五是指定课外阅读书目，指导学生完成读书笔记。课外阅读是丰富知识，提升学习深度，提高学生综合素质的重要手段，特别是学有余力的学生对课外阅读是很渴求的。故每学期主讲教师为学生指定课外阅读书目，书目一般为与刑法学密切相关的经典教材或者经典著作。建议学生有效利用课余时间和假期深入阅读，同时完成读书笔记。

4."断案"思维训练

长期以来，因借鉴大陆法系"经院主义"法学教育传统，以讲授为主的单纯知识性传授在刑法学课堂上居主导地位。这种契合大陆法系法典化的法律传统的经院模式在法律知识、原理传授系统化方面一直有优势，但却造成法律职业技能培养在法学教育中严重缺位②，尚不能满足我国新时代中国特色社会主义法治实践的人才急需。为此，法学本科"刑法学"课程基于"大班授课，小班研讨"的教育改革实践，以面授为主形式，"课后研讨"与"课外辅导"并行，高效融合"讨论式、案例式、研究式"教学法。在正确的课程思政理念的引领下重实务教学，开展"断案"思维的教学演练，创新"刑法学"课程教学，锻炼学生的法官能力。此"断案"思维训练以系统的法律思维体系以及符合法律逻辑的、缜密的法律思维方法为培养"中心点"，通过革新案例教学和定罪量刑实验来达成训练目标。当然，"大班授课""小班研讨"在进行"断案"思维训练时各有偏向与侧重。

"大班授课"在"断案"思维训练时侧重理论联系实际，强化课堂授课中的案例教学。因为刑法学教育改革的要领之一是狠抓刑法适用的教学，必将刑法解释技能训练贯穿始终，详尽传授刑法面向司法实务进行适用的思维过程与技巧。行之有效的教学就是在刑法学学科理论体系框架内，以讲授法为先，为学生奠定扎实的理论基础，完成必要的学科知识储备，再把生动案例与鲜活的

---

① 张文显教授在 2019 年 8 月 16 日举行的"全国法科学生写作大赛"启动仪式暨"新时代法科学生写作能力培养高峰论坛"上所做的主旨报告。

② 侯永宽：《试论中国的法律技能教育》，华中科技大学，2011 年，第 1 页。

法治实践经验带入课堂教学，强调对刑法实施过程中实践动态的关注与了解。法学本科刑法学课堂位于卓越法治人才培养的第一线，"大班授课"加大了案例教学比重，提升了案例教学效果。具体做法是：一方面，在案例遴选上下功夫，坚持"权威＋热点"的案例遴选原则。案例教学以最高人民法院公布的指导性案例为主，辅之以社会普遍关注的热点案例，兼顾案例的示范性、典型性与复杂性。[1] 另一方面，案例教学跳出"就案例论案例"的思维局限，完整展现对一个案例进行分析的全貌和所有思维过程。教师还要善于从案例不同侧面的细节入手，延展案例分析所涉及的刑法理论知识、刑法规定以及刑法理论与刑法规定的实践应用。再者，案例教学以学生为主导，创设"讨论＋辩论"的课堂情境。教师耐心倾听学生的见解，特别关注持不同意见者所发出的课堂"杂音"，以准确捕获学生应用刑法解决问题的不足之处，甚至发现学生刑法知识的空白点，及时查漏补缺，并给予思维启迪。

"小班研讨"在"断案"思维训练时侧重定罪量刑实验。与之匹配，"小班研讨"时单独设置一个"定罪量刑实验"环节。定罪量刑实验重在学生参与，主要训练"断案"思维所对应的两大基本能力：一是找法能力；二是用法能力。系统性、体系化的定罪量刑实验先为学生预设法官职业角色，再给学生自主断案机会，训练他们的法官能力。定罪量刑实验的设置与法学本科刑法学教学进程同步。"小班研讨"在"刑法总论"教学部分主要解决刑事案件定罪准确的问题，设置4学时的定罪实验；在"刑法分论"教学部分将刑事案件定罪准确、量刑适当问题置于同等地位，设置8学时的定罪量刑实验。实验素材源自真实的刑事司法实践，除教师依据实验目的与训练需要稍做加工外，尽量保持案件原貌。实验前，教师详细拟定每项训练指标的具体内容与评价标准，给出实验目标明确、内容设置合理、评价反馈科学及时等一系列指标性要求。执行实验时，学生以学习小组为基本单位，教师点面结合地引导学生自主实验解决实务问题并总结出一般性结论。实验结束后，立即进行实验反馈与总结。在此期间，要求每位学生都以法官职业角色积极参与其中，建构自己的刑法学学科知识体系，形成与训练学生的法律思维方法和推理方法。

（二）"大班授课，小班研讨"教育改革实践的实施成效

众所周知，刑法学是一门政策性、理论性、实践性极强的学科，且自带丰

---

[1] 林东：《卓越法治人才培养背景下案例教学的应用探索》，《教育理论与实践》，2020年第15期，第49页。

富的思想政治元素。基于此特点,"大班授课,小班研讨"的教育改革实践成为于教育改革层面将思政教育元素完美融入法学专业建设与刑法学课程建设的又一创新力作。它以全新的教改实践形式,将法学本科刑法学课程思政落到实处,旨在培养专业能力与职业素质兼备、德法兼修的卓越法治人才。就目前的实施反馈来看,成效是显著的,教与学双方共赢。具体来说,"大班授课,小班研讨"教育改革实践的直接成效在于深化了刑法学课程思政,既坚定了学生的政治立场,又对塑造学生正确的世界观、价值观大有裨益;显性成效在于刑法学课堂教授科学的中国刑法学体系、极具中国特色的刑事法话语体系,为卓越法治人才培养奠基;具体成效则尽显于高水准多师同台的刑法学学术讲座、刑法学主题研讨、常态化的课外辅导中,完全促成了教学与研讨相长。"断案"思维训练又令课程内容展现高度仿真性,注重法律思维能力的养成,极大强化了刑法学课程教学方式的立体互动性,保证授课效果的同时提高师生互动效果。可见,该教育改革实践在正确的教学理念指引下、科学的教学理论支撑下,为进一步深化"双一流"背景下的法学本科刑法学教育改革提供了必要的、成功的经验借鉴,极具推广价值。

(三)"大班授课,小班研讨"教育改革实践的持续改进

在取得前述成效的基础上,为推进课程思政建设,增进卓越法治人才的培养效益,法学本科刑法学"大班授课,小班研讨"教育改革实践还有进一步改进与提升的空间。可在以下方面进一步发力:第一,进一步明确"刑法总论"课程的课程思政目标,使其与毕业要求形成更加稳定的支撑关系。这样不仅更符合法学专业本科教学实际,也更有利于培养卓越法治人才。第二,创新教学的组织设计模式。比如,现有的讨论式教学可与"小班研讨"有机结合,进一步明确讨论主题,增强讨论主题的学科前沿性与高阶性,让更多同学参与其中并获益。第三,教学中宜注重讲练结合,以练促学。设定任务化、相对标准化的学习目标,不断增进学生的学习成效。第四,为更好地实现课程思政教学目标,在教学中,给学生提供更为丰富的课前和课后阅读资料,要求学生做到:将刑法理论、刑法规定与司法实务密切结合,掌握刑法的适用方法;将中国特色社会主义理论的核心要义与刑法理论有机结合,以正确导向、科学理论适用于中国的法治实践。第五,进一步优化课程考核方式,尤其是过程化考核应更加科学、合理和公平。过程化考核可设计多种形式,侧重不同方面对学生需掌握的知识点的考察与训练。第六,教学中进一步加强课程思政的融入,如制度自信、文化自信、法治信仰、创新精神等。此外,进一步创新和优化课程思政

自然融入的教学手段,实现"春风化雨,润物无声"的效果。总而言之,正因课程思政视野下的法学本科刑法学教育改革注重法律逻辑训练与法律思维能力培养,极大强化了刑法学课程教学方式的立体互动性,对法科生实践能力的培养和提高大有裨益。故而,课程思政视野下的法学本科刑法学教改构建了应用型刑法学教学模式与培养体系,全力为德法兼修的卓越法治人才培养奠基。

德法兼修目标下"民法学"教学建设之探索

王燕莉[*]

摘　要：立德树人，德法兼修是法学人才培养的目标。为此"民法学"教学建设必须与课程思政内容紧密有机融合。首先应当直面存在的问题，并坚持以课程思政为引领，以法律职业品格塑造为重点，将思政内容融入各个知识点，以学生为本体，探索"民法学"教学建设。可以通过以下几个方面进行建设：教学内容以思政教育和职业品格塑造为目标进行统筹兼顾，融入具体知识点的讲解，以培养学生的法律思维和实践能力。

关键词：德法兼修；课程思政；"民法学"课程教学

对法学教育的准确定位，直接影响着中国法学人才培养的目标和路径。习近平总书记在中国政法大学考察时指出："全面推进依法治国是一项长期而重大的历史任务。要坚持中国特色社会主义法治道路，坚持以马克思主义法学思想和中国特色社会主义法治理论为指导，立德树人、德法兼修，培养大批高素质法治人才。"[①] 如何培养德法兼修的优秀法律人才是中国法学教育的核心问题，也是学校实现全方位育人总体目标之根本路径。而法学专业的课堂教学建设又是法学专业素质教育的关键环节，应当积极进行课程教学建设。

"民法学"课程是法律专业本科生的专业课，属法律专业核心课程，是一门十分重要的法律专业基础课。与《中华人民共和国民法典》（以下简称《民法典》）的重要地位相适应，"民法学"课程教学在法科生本科教育计划和任务

---

[*] 王燕莉，四川师范大学法学院副教授。本文系四川省高等教育教改项目"新时代法学专业之课程思政体系构建探索"的阶段性成果。

[①] 王晔、李学仁：《习近平在中国政法大学考察时强调　立德树人德法兼修抓好法治人才培养　励志勤学刻苦磨炼促进青年成长进步》，《人民日报》，2017年5月4日第1版。

中居于基础性、关键性地位。本专业课程的主要教学内容围绕《民法典》的相关规定而展开。其教学目的是通过理论解析、概念辨析、案例分析等方式,深化学生对中国特色社会主义法治理念的认识,培养学生运用民法知识、分析和解决问题的能力。因而如何建设"民法学"课程教学,以实现在德法兼修目标下教学与育人的契合是亟待解决的重大问题。

一、"民法学"课程教学现状

虽然当前在"民法学"教学中已经将习近平法治思想融入教学大纲和教案的设计,并穿插于课程教学讲授中。比如在"民法总论"课程实施大纲中,专门设计了思想政治教育内容及思想政治教育的方法和手段。学生通过本课程教学,可以了解马克思主义的民事基础理论,充分体会"民法典是社会的百科大全""自由只能是在法律框架下的自由""民法是人民权利的宣言书"。同时通过将知识与实践结合,培养学生人文关怀的情结,增强学生用法律手段保障人民权益的使命感,并且最终锻炼学生通过司法手段理性合法地切实维权。

但这一方面在课堂教学中落实不够,另一方面没有充分挖掘职业品格塑造与课堂教学的结合口。具体体现在以下方面:

第一,将课程思政简单理解为"专业课程"+"思政课程"。过去,中国的高等教育法学专业思想政治教育完全依赖于专业的思政教材来完成,如《马克思主义基本原则概要》《毛泽东思想、邓小平理论和"三个代表"重大思想概论》等。而课程思政则是强调将社会主义法学价值渗透进法学专业课程,通过课程教育本位的回归,促使"法律知识传授"与"法价值引领"无缝对接,最终实现培养德法兼修的社会主义法律人才的目标[①]。这与"思政课程"是两种根本不同的教育理念。

第二,课程思政内容比较泛化,没有与法律职业品格塑造对接。职业品格是法律人的灵魂,是课程思政内容在法律领域的外化和具化,因而应当是法治人才培养中的核心问题。但是长期以来我国法学教育中的课程思政内容缺乏针对性和具体化,加之本身存在"重专业知识与技能传授,轻职业品格培养"的倾向,更重要的是职业品格塑造缺乏将"言传转化为身教"的通道,最终导致职业品格的塑造任务难以达成。事实上,职业品格培养应当始于法科生接触专业的初期(即大学本科阶段),并通过终身的职业实践来完成。

---

① 沃耘:《高校法学"课程思政"教育教学改革路径与对策》,《天津日报》,2019 年 3 月 4 日。

第三，存在将德育内容生硬楔入"民法学"专业课程的倾向。法律与法学所具有的强烈价值取向使得法学专业课程天然蕴含着丰富的思政元素。而在法学专业中的思政内容的开展，显然并非单纯的"课程"加"思政"，也不是在专业课堂内安排几节课来教授思政内容。因此二者不应当是机械地结合，而应当是有机统一。传统思政课的德育教育，如果没有与专业知识相结合，就无法留住知识，也就无法真正让学生将知识内化于心，从而养成高雅的品德情操。

第四，"民法学"传统教学模式对思政因素的弱化。"民法学"传统教学模式以"概念、范畴、原则、规范"为基本元素和学习对象，更多强调对现行法律条文本身的学习和理解、运用，而不过多关注诸如背景、环境等法条以外的因素。而课程思政，本质是一种基本立场和方法，而非具体的学科知识点的细节。[①] 所以，我国社会主义法治理念和民法基本知识点之间的衔接还不够。一般地，在课堂教学中，对民法的立法目的、基本原则的解读可以较为明显地体现社会主义法治思想。但是在民法基础理论和具体规则的解读中贯穿社会主义法治思想则比较少。由于教师对社会主义法治思想的理解不够深入，对马克思主义经典著作的学习不够细致，对中华法系与西方法系的关联点缺乏充分认知，容易将基础知识进行孤立的、点片的教学。

二、"民法学"课程教学建设原则

第一，坚持以课程思政为引领。坚持以课程思政为引领是"民法学"课程教学建设的基本原则。习近平总书记在全省高校思想政治工作座谈会上重申："要用好课堂教学这个主渠道，思想政治理论课要坚持在改进中加强，提升思想政治教育亲和力和针对性，满足学生成长发展需求和期待，其他各门课都要守好一段渠、种好责任田，使各科课堂与思想政治理论课同向同行，形成协同效应。"[②] 所以，结合法学专业的教育实际，帮助学生树立正确的社会主义法学价值观和历史观，就成了当代我国法学教学的主要内容。而在法学专业中的课程思政教学上，其重点便是要在法律专业课程和专业教学中，有意识地凸显正确的社会主义法学价值观和历史观，并使之有机地渗透到学科的基础知识和学术理论体系之中，以培养具备中国特色社会主义道路自信、理论自信、制度

---

① 李磊：《法学类课程开展课程思政的进路研究》，http://kns.cnki.net/kcms/detail/51.1637.Z.20190723.1308.026.html。

② 习近平：《习近平谈治国理政（第二卷）》，外文出版社，2017年，第378页。

自信、文化自信的社会主义法律人。

第二，坚持以法律职业品格塑造为重点。作为未来的法学从业者，学生既要有非常精深的学科专业知识和社会实践技能，又要有极强的法律职业道德和社会责任感。这就要求教师从源头出发，在教学过程的各个环节注重学生的思想教育，将正确的职业观念与高远的理想不断渗透到他们的日常生活中，潜移默化地促使他们形成正确的世界观、人生观、价值观，将正确的职业素养深深地物化于他们的日常工作中，从而培养出合格的法律从业人员。[1]

第三，坚持将思政内容融入各个知识点。这是课程思政与民法学教学有机结合的根本路径。法学专业的主要任务，是培养有道德的法律职业者。在目前情况下，法学专业的课堂无疑是达成这一任务的主战场。在课堂教学中加入思政因素，使课程思政教育工作与本科教学活动紧密结合，对于提高学生的思想道德修养无疑有事半功倍的效果。而法律人的思想道德情操也在相当程度上直接影响着司法机关的可信度与合法性，所以学校应该在法学教学中广泛、整体、多元化地进行思政素质教育，发掘法律专业知识与思政素质教育之间的内涵关系，引领学生在掌握专业知识的时候，树立正确合理的生活方式、思想和价值观念，进一步强化学生的社会责任感和担当感，为他们今后在司法机关实际工作秉持公平正义观念打下扎实的思想基础。

第四，贯彻以学习者为本体的理念，这也是教育法学课程思政模式的根本要求。"以学习者为中心"的教学理论是一种先进的教育理念，是人本主义的重要组成部分。学习者的主动性只有被唤起、被培养出来，才能充分发挥其能动性、主动性和创造力。也就是说，唯有让学习者活动起来，课堂教学才能活动起来，法学课程思政的工作才更高效。这需要学生自我责任感不断增强，教师的教育理念不断提升，教学手段更加丰富，教学内容与时俱进。

三、"民法学"课程建设的措施

为实现培育高层次法学人才的目标，根据目前中国法学专业课程教学所面临的情况，我们提出，必须在坚持以上理念的情况下，在如下层面加以完善。

第一，教学内容统筹兼顾思政教育和职业品格塑造。树立学生的社会主义法治价值观应该成为学校法学专业课程教学的总体目标。通过对学生价值观、

---

[1] 王建茹：《从课程思政视角谈法学生职业素质教育》，《法制与社会》，2020年第8期，第190页。

道德的重塑，培育他们对法律的自信、对职业的认可。从本质上看，《民法典》以民事权利为本位，是人民生活的百科全书。人民权利至上就是法律信仰，以保护民众权利为己任就是职业追求。同时，《民法典》的制定也体现了民主社会主义的中国特色，彰显了21世纪民法学者在法学理论上的中国创新。因而在以法律规范的解读和法学理论的探讨为基本任务的"民法学"课堂教学中，应当贯彻社会主义核心价值观，重点讲述中国改革开放以来中国民法的发展，从法律规定出发，运用科学的法律分析方法，一方面，在正确的历史观与价值观指导下继续秉承开放的、向西方法治发达国家学习的态度；另一方面，要与中华法系的文化、制度精华以及当代中国的法治创新协同共力。民法学教师应从立德树人根本任务出发，自身践行并引领学生把握民法体系中蕴含的思想价值和精神内涵，积极探索民法课程思政建设的方法和路径。结合具体的规范、权利义务让学生彻底理解法学上平等、自由、诚信等内涵，以及以人民为中心这个最基本的理念。

这需要教师重视和紧跟社会发展趋势，根据网络时代、高科技时代、大数据社会的特征，开展探索与教育，也需要教师关注法治的本土优势，引领学生正确认识、理解中国国情与中国文化。比如民法中对乡规民约、民间借贷、送礼等现象的回应反映出对中国文明习俗的扬弃；最后要求教师在民法学教学中，紧密地结合具体的难点问题指导学生做好对"热问题"的"冷思考"。

第二，在对具体知识点的讲解中，以依法治国发展战略为站位，教师不仅要梳理中国民事法律制度的历史发展规律和西方传统文化，更要着眼于对时代性与民族性问题的分析，以引导学生正确地看待当前依法治国进度中所遇到的各种问题和难点，从而切实树立起社会主义法治观念。

在每一部分知识点中都可以抽丝剥茧出课程思政的相关内容，并一以贯之于整个课程的教学中。在学习民法的立法目的时，可以将其与"民事权利的宣言书和保障书"的理念和我国在人权保障中的成绩相结合进行分析。又如，讲授到民法的基本原则时，可以展开讲解如何正确理解平等观念、民主观念、权利观念、法治观念、自由观念。再如，讲解法人制度部分时，既要理解西方传统的法人制度，又要理解《民法典》对其进行重构的现实意义。让学生明白，舍弃传统民法社团法人与财团法人的分类方法，将法人分为营利法人与非营利法人，创设非法人组织的原因；理解设置特别法人制度，将机关法人、农村集体经济组织法人、城镇农村的合作经济组织、基层群众性组织法人纳入具有公法人性质的特别法人范围等制度创新的目的和国情。又如，在财产制度的学习中，要引导学生深刻领悟《民法典》对社会主义公有财产制度的确认与保护是中国特色社会主义法律体系最重要的制度特色之一。

第三,提高学生的法律思维能力是法学专业课堂教学的根本。民法学思维模式是指运用民法学理论进行学术研究或者按照民法学的逻辑观察、分析和解决民事实践问题的方法。简而言之,民法学思维模式即民法方法论。① 了解民法学的法理思考方式,是学习民法学的重要基础。民法学固然以条文为重点考察问题,但潜藏在其后面的法理思维才是学习的关键。而对法理的梳理就是法律思维方法的体现。加之,法律条文正处于一种动态的变化过程中,学生只有掌握并运用法律思维方法,才能具备举一反三、以不变应万变的能力,实现对法律知识的高度理解。

可以采用如下教学方式培养学生的法律思维能力:第一种,以点带面的教授方式。在讲解某一个知识点时,不仅讲授其历史发展脉络与制度沿革,还可以详细讲述统一体系下紧密相关的另一个知识点。第二种,纵横对比的教授方式。将中外类似制度的各个剖面一一对应展示,找出相似与不同之处,并分析原因,博采众长,为我所用。对比形式可以用表格、框架图等。第三种,探索案例教授方式。民事争议时有发生,这决定了民事法学实践性很强,与司法实践有着不可分割的渊源。教学过程中,在全面、系统、准确地阐述民法总论基本原理的同时,要配合古今中外的案例,特别是我国的案例。这样,在忠实"民法总论"理论的基础上,又做到了通俗易懂。通过剖析法律关系的层次与本质,启发学生对制度未来发展的趋势和走向的思考,激发学生对于该制度在实践中所存在的问题的研究兴趣,以辩证地运用法律规则处理现实多变的问题。

第四,提高学生的社会实践能力,是民法学专业课程教学的重要环节。法律理论本来就是诊断和处理纷争的标准,同时又是处理纷争的主要手段,所以法学专业课程中当然也包含各种实践能力的培养,即只有在把握法条内容、对法条做出价值判断的基石上,才可以准确地应用法律理论分析、解答实务中的具体问题。所以,法学专业课程需要更加深入地总结案件,剖析法律关系的层次与本质,以达成辩证地应用法律规则处理现实中多变的法律问题的目的。

为此,可以通过将课堂教学与各种实习实践相结合的方式,如到法院旁听、提供社区法律咨询、参加法律诊所服务、参加法律援助、参与纠纷调解等,让学生在真实的社会生活中理解社会主义核心价值观和民法的基本原则及内容,学习和处理各种社会关系。因此,法学专业"课程思政"变革,也要破

---

① 杨善长:《民法学思维模式与教学方法探析》,《渤海大学学报》,2012年第1期,第123页。

除院校与地方司法实务部门之间的壁垒，要构建"教学思政"变革的互动体系，各部门配合，加强交流，打造合作平台，共同努力引导学生重塑法治职业文化精神。

"劳动与社会保障法"课程思政教学探索与反思

刘 洲[*]

摘 要："劳动与社会保障法"是高等学校法学本科专业的一门核心课程，在该课程中推行思政教学对于引导学生坚持马克思主义劳动法制思想、正确认识中国劳动与社会保障法治建设现状、全面掌握中国劳动与社会保障法律制度和解决中国劳动与社会保障现实法律问题具有重要意义。本文结合自身教学经历，对该课程中推行思政教学的实践进行了回顾，总结了教学过程中的经验，并就如何完善该课程的思政教学进行了探讨。

关键词：思政教育；课程思政；思政理论课；专业课程

一、问题的提出

高等教育是国之大计，大学承担着为国家培养德才兼备的高素质人才的重任。我国历来重视大学生思想政治工作。早在 2004 年，中共中央、国务院就印发了《关于进一步加强和改进大学生思想政治教育的意见》；2017 年，中共中央、国务院又印发了《关于加强和改进新形势下高校思想政治工作的意见》，对新形势下高校思想政治工作作出了新的部署。此外，教育部、各相关部委和省教育厅局先后发布了众多强化高校思政工作的文件，各高校也在本单位内部大力开展思政教育。具体就法学教育研究领域而言，2023 年，中共中央办公厅、国务院办公厅印发了《关于加强新时代法学教育和法学理论研究的意见》

---

[*] 刘洲，四川师范大学法学院副教授，法学博士，经济法教研室主任。

则明确提出:"……深入推进法学专业课程思政建设,将思想政治教育有机融入课程设置、课堂教学、教材建设、师资队伍建设、理论研究等人才培养各环节,教育引导广大师生做社会主义法治的忠实崇尚者、自觉遵守者、坚定捍卫者。"该文件为新时代法学教育和法学理论研究过程中如何推进课程思政建设提供了基本指南。

从目前的情况来看,我国高校的思政教育改革呈现出思政理论课教育与专业思政教育双轨并行的格局,多年下来已经取得了不少成绩。但总体来看,近年来我国高校推行的思政教育改革成效主要体现在思政理论课方面,而在以专业课程教学为载体的课程思政教育改革方面的成效则相对而言不如前者明显。究其原因,这或许和当前我国高校的思想政治教育依然将思政理论课教学作为工作重心有关。详言之,思政理论课教学在我国高校已经推行多年,课程体系、框架乃至内容基本上全国统一,并且,我国高校一直有专设机构(如马克思主义学院)和专门师资(如思政理论课教师)负责教学工作,思政理论课教学经验和教学研究成果非常丰富,这些因素使得思政理论课教育改革既便于推行,也容易见效。① 反观专业思政教育,由于绝大多数任课教师均从事各自专业领域的教学与研究,原本没有太多思政教育的经验;同时,由于自身教学科研任务较为繁重,再抽出时间精力来探索在专业课教学中融入思政内容确实面临现实困难;加之当前的高校及学院通常并未针对专业课程思政教学建立相应的配套保障机制,因而,专业课教师开展思政教学所面临的现实困难远比思政理论课教师大,其推行专业思政教学的动力也明显不足。正因为如此,尽管不少高校也在大力推动专业课教师进行课程思政教学改革,但往往只有少数教师积极参与并取得显著成效。多数教师尽管在教学中融入了思政元素,但由于缺乏方法论层面的指引和配套机制的保障,专业课程思政教学改革的成效还不够明显,尚存在很大的提升空间。

有鉴于此,本文将结合笔者近年来在"劳动与社会保障法"课程中探索推行思政教育的经历和体会,以点窥面,探求在专业课程教学中推进和完善思政教学的对策。

二、"劳动与社会保障法"课程思政教学的探索实践

在我校法学院,"劳动与社会保障法"多年来都被定位为法学本科专业的

---

① 特别是在 2020 年中共中央宣传部和教育部印发的《新时代学校思想政治理论课改革创新实施方案》出台后,各大高校在思政理论课方面的改革更显得动力十足。

必修课程。在 2021 年之前，该课程被列为专业核心课程，总学时为 64 学时（4 学分）；在新修订的《2022 年本科人才培养方案》中，该课程被纳入自主发展教育课程，依然属于必修课，但总学时调整为 48 学时（3 学分）。由于该课程的受众覆盖了全体法科生，因此在该课程教学中融入课程思政元素本身即意味着专业课程思政教学改革的进步。具体而言，我们在实践中主要从以下方面来推行思政教学。

（一）加强动员，提高任课教师对在课程中推行思政教育重要性的认识

专业课教师均负责相应专业领域的教学科研，对在各自教学的专业课中推行思政教育重要性的认识并不一致，相关教学经验和方法的积累也不相同。为充分调动专业课教师开展课程思政的积极性，减少教师推行改革的畏难情绪，统一教师对开展专业课程思政教育的认识，经济法教研室于 2019 年 11 月 7 日举行了以"课程思政建设与法学专业教学"为主题的示范教研活动。参加本次教研活动的人员包括经济法教研室全体教师、学校教学督导、学院领导、学院教学督导、各教研室主任及学校教务处的代表。

在本次教研活动中，教研室主任首先就教研室总体课程开设情况、专业课教学情况进行了汇报，然后由教研室其他教师结合自己的教学经历，分别就课程思政的含义与价值、课程思政与法学专业教学的关系、怎样在法学专业课教学中推行课程思政等问题展开了热烈讨论。在教研活动中，学校教学督导、法学院党委书记、院长以及其他教研室主任、骨干教师和法学院党委副书记均发表了自己的意见。本次教研活动举行得非常成功，教研室各位教师对思政教育在法学专业教学中的意义有了更为深刻的认识，对于传统思政课程与法学专业课程在思政建设中的定位和作用有了更为清晰的定位，对于如何在法学专业教学中贯彻思政教育有了更为明确的思路。经过本次充分研讨，教研室各位教师达成了充分的共识，即专业思政对于培养社会主义现代化法治人才至关重要，各位教师应当积极探索如何在专业课程教学中有效融入思政教育的元素。此次教研活动为后续在"劳动与社会保障法"课程中积极推行思政教育奠定了观念基础。

（二）调配师资，确保任课教师的政治素养和专业水平

考虑到"劳动与社会保障法"是本教研室承担的两门专业必修课程之

一①，在该课程推进思政教育非常重要，在安排本课程的教师时比较重视任课教师的专业水平和政治素养。

具体做法包括：一是明确教研室主任作为"劳动与社会保障法"课程负责人并具体负责教学工作，同时牵头推进"劳动与社会保障法"课程中教学大纲编写、教学过程实施、课程思政推行、教学质量评估等工作。二是在配备课程师资时，强调任课教师的专业水平与政治素养兼备的总体考量，综合考虑任课教师的政治素养、专业背景、学历情况、教学水平、实践经验。三是注重教学反馈，不仅在教学过程中将学生的反馈意见及时与相应任课教师进行沟通，而且每年度都根据实际情况对任课教师进行动态调整。

（三）统一规划，任课教师事先统一思政教育的重点、内容和方式

"劳动与社会保障法"课程不仅覆盖了全体法科生，而且一直由多名教师同时授课。为避免各位教师在推行思政教学过程中单兵作战，教研室非常注重该门课程开展思政教育的统一规划，以实现同一门课程思政教学的一体化。

（1）以《劳动和社会保障法课程实施大纲》为基础，统一规划该门课程思政教学的指导思想、重点章节、基本内容和教学方式。

目前我校要求在专业核心课程中统一编写课程实施大纲，近年来还要求在课程实施大纲中凸显课程思政元素。以此为契机，我们在每一年组织任课教师统一编写或修改《劳动与社会保障法课程实施大纲》时，都重点要求对课程思政内容进行事先讨论、统一规划、一体实施。因此，每一年最新的课程实施大纲编写完成之时，各位任课教师已经就本次"劳动和社会保障法"课程如何开展思政教学形成了基本方案。

在《劳动和社会保障法课程实施大纲》中，任课教师就"劳动与社会保障法"课程思政教学的多个方面达成了共识：其一，在基本立场方面，不同国家（地区）的劳动与社会保障法治建设既具有一定的共性，同时也具有鲜明的个性，因此劳动与社会保障法教学必须立足于中国国情，在充分尊重中国现实的基础上，坚持马克思主义劳动法制思想，引导学生正确认识中国劳动与社会保障法制建设的现状，充分学习中国劳动与社会保障法律制度，解决中国劳动与社会保障的现实法律问题。其二，在教学思路方面，本课程教学应当遵循思政教育与专业教学相结合的思路，着力提升本课程思政教育的效果。课程教学过程既包括传统课堂的讲授，也包括课外的交流和指导。其三，在教学内容和方

---

① 另一门课程是"经济法"。

式方面，本课程严格贯彻"课程思政"要求，以习近平新时代中国特色社会主义思想、社会主义核心价值观为引领，在教学设计中彰显习近平法治思想对劳动与社会保障法学的引导作用，突出中国劳动与社会保障法治建设所取得的成就，引导学生正确认识当前劳动与社会保障法治实践中存在的问题，同时，广泛采用启发式、讨论式、翻转课堂等新型教学方式，教学方法灵活，有效结合现代信息技术，提升课堂教学效果。

（2）合理设置课程思政教学内容，在"劳动与社会保障法"课程中实现思政元素的全覆盖，具体安排见表1。

表1 课程思政教学安排

教学章节	课程思政元素	教学方式	教学目的
教学单元1：劳动法的历史沿革	工人运动对于劳动法治发展的影响	课堂讨论	引导学生认识到，现代劳动法虽然产生于资本主义时期，但这绝不意味着劳动法是资本家良心发现的产物，而在很大程度上是工人抗争的结果
教学单元2：劳动法基础理论	资本主义制度下的劳动与社会主义制度下的劳动的区别（私营企业与国有企业）	课堂讲授	引导学生认识到，资本主义制度下的劳动具有剥削性，社会主义制度下的劳动出于劳动者自身的需要，尽管我国允许私营企业、外商投资企业的存在，但是其受到我国法律法规的严格约束，和资本主义制度下的劳动还是不同的
教学单元3：劳动合同制度	为什么我国《劳动合同法》要规定对高收入劳动者经济补偿的限制	课堂讨论	引导学生认识到，中国作为社会主义国家非常强调公平，这一点也在《劳动合同法》中体现出来
教学单元4：集体合同制度	集体合同制度对于劳动者权益保障的意义	课堂讲授	引导学生认识到，集体合同制度有助于改变劳动者与用人单位之间力量对比的失衡状态，从而有助于维护劳动者权益。中国作为社会主义国家应当大力推行集体合同制度

续表

教学章节	课程思政元素	教学方式	教学目的
教学单元5：工会制度	西方资本主义工会制度与中国社会主义工会制度的区别	课堂讨论	引导学生认识到，中国工会以维护广大职工群众的合法权益为基本目标，具有与西方资本主义国家工会不同的三个基本特征：一是中国工会自觉接受工人阶级先锋队组织——中国共产党——的领导，并与执政党的政府密切合作；二是中国法律保护中国工会的统一性——中华全国总工会的组织体系；三是中国工会在社会主义制度条件下不主张阶级对抗，主要运用协商对话和民主监督等合法途径解决劳动关系矛盾，维护劳动者合法权益，力求劳资双赢，共促经济发展和社会和谐
教学单元6：用人单位规章制度	关于两段公司处罚员工视频引发的思考	课堂讨论	引导学生认识到，基于劳动者对用人单位的人身隶属性，用人单位有权对劳动者进行用工管理、有权监督劳动者工作；而劳动者必须服从单位的安排，遵守单位的劳动纪律和规章制度，但是，用人单位规章制度不能违反法律和社会主义道德
教学单元7：工作时间和休息休假制度	八小时工作制的由来	课堂阅读	引导学生认识到，八小时工作制发源于西方资本主义国家，但是八小时工作制并不是资本家良心发现的产物，从根本上讲，这是工人阶级不断斗争的结果
教学单元8：工资制度	关于最低工资制度的争议	课堂讨论	引导学生认识到，最低工资制度有其存在的价值以及合理性，最低工资制度是国家维护劳动者权益的底线，决不能妄谈取消；但也应当承认，我国最低工资制度确实存在着些许问题，正是这些问题引发了废除这一制度的争议
教学单元9：劳务派遣与非全日制用工	关于劳务派遣制度的是与非的讨论	课堂讨论	引导学生认识到，作为起源于20世纪资本主义国家、改革开放之后引入中国的劳务派遣制度虽然有其存在的价值以及合理性，但是也容易出现制度适用范围泛化、劳动者权益被侵害等一系列问题，必须加强对劳务派遣制度适用的监管，适时完善相关立法

续表

教学章节	课程思政元素	教学方式	教学目的
教学单元10：劳动争议的处理	劳动争议处理制度中向劳动者倾斜的内容	课堂讲授	引导学生认识到，从价值取向来讲，劳动立法对于劳动者有所倾斜和侧重，这在劳动争议处理制度中也同样得以体现。我国现行劳动争议处理立法中不少内容都对此有所规定（例如仲裁和诉讼中的举证责任、部分仲裁案件施行一裁终局等）
教学单元11：社会保障概述	马克思著作中的社会保障思想	课堂阅读	引导学生领略马克思对社会保障思想的经典阐述
教学单元12：社会保险制度	为什么中国新冠病毒感染者治疗费用全部由国家承担	课堂讨论	引导学生从中国医疗保障（医疗保险）制度中体会到社会主义制度的优越性
教学单元13：社会救助制度	中国宣布为全民免费提供新冠病毒疫苗	课堂阅读	引导学生从医疗救助（医疗保障）制度中体会到中国社会主义制度的优越性
教学单元14：社会福利和社会优抚制度	在当今中国，我们应当怎样尊敬英雄模范，维护其合法权益	课堂讨论	引导学生认识到英雄模范对于社会的重要引领作用，同时也学会用法律手段保护和维护英雄模范的合法权益

（四）与时俱进，适时调整课程中的思政教学素材和教学方式

考虑到课程思政教学应当是生动鲜活的而非僵化守旧的，同时当前我国劳动与社会保障法治建设实践也不断取得新的成绩，并且现实中也不断出现新的热点话题和典型事例（案例），我们主张，"劳动与社会保障法"课程中的思政教学素材也应当根据实际情况予以适时调整。同时，我们也认识到，教学方式也不应当是千篇一律的，相同的课程思政素材，完全可以采用多种教学方式融入课程。

对此，我们主要通过两个途径调整思政教学素材和教学方式：一是在每学年对《劳动与社会保障法课程实施大纲》进行修订时，结合上一学年的教学反馈情况和当前的社会现实，对相关章节的思政教育素材和教学方式进行动态调整，以使得专业课程中的思政教学元素保持与时俱进，尽可能地符合中国社会发展与学生学习的实际情况。二是由于教学是一项充分体现教师主体性和创造性的活动，不应当也不可能将思政教学的全部内容都预先规定和限制下来，因此，我们注重激发任课教师推行思政教学的积极性和主动性，充分尊重任课教

师开展思政教学的自主权，支持任课教师在不违背《劳动与社会保障法实施大纲》课程思政总体要求的前提下，根据自己教学的实践体会和现场感受，结合当前劳动与社会保障法治建设的热点问题，对思政教学的素材、教学方式等进行微调。①

三、"劳动与社会保障法"课程思政教学实践的经验总结

笔者此前一直是法学专业课教师，尽管长期从事法学教学科研和法律实践，并且也长期在"劳动与社会保障法"课程中引入思政教育元素，但是这些思政教学都是自发进行的，事后也并未进行系统的总结；同时，并未系统接受过思政教学专门培训，对于如何在法学专业课程中推行思政教学，笔者在推行"劳动与社会保障法"课程思政教学实践探索②之初也比较茫然。不过，经过三年的实践探索，笔者逐渐就该课程如何开展思政教育形成了一些教学体会和经验。

（一）课程思政应当在统一规划基础上进行，避免各自为政

不同于思政理论课教师，专业课教师大多在推行课程思政方面比较缺乏经验，如果完全任由其自发进行，思政教学的效果往往并不理想。特别值得注意的是，有些专业课程往往存在多名教师同时授课的情形，在缺乏统一规划的前提下，不同任课教师在各自班级开展的课程思政很容易在教学安排、教育素材、教学方式、教学进度等方面存在较大的差异，进而影响思政教学的效果。如果能够梳理统一规划的思政教学理念，让每一门专业课的思政教学都在任课教师集体讨论的基础上得以推行，那么不同班级的任课教师在开展思政教学时便能遵循相同的教学工作指引，这显然有助于保证课程思政教学推行的一致性。

---

① 例如，在讲授社会保险制度中的养老保险制度改革时，可以结合2023年法国政府推出退休制度改革导致全国主要城市出现持续性的罢工抗议活动与我国拟推行的渐进式延迟退休方案展开对比分析和讨论。

② 此处所说的"劳动与社会保障法"课程思政教学实践，是指在法学院的安排下，由教研室名义组织并以《劳动与社会保障法课程实施大纲》为基本指引而统一开展的课程思政教学。在此前的劳动与社会保障法教学中，任课教师也会在相关教学内容中开展思政教学，但这些课程思政教学均由教师自发进行，缺乏统一安排。

（二）课程思政应当以专业教学为基础，避免喧宾夺主

尽管思政理论课教育与专业思政教育同属当前高校思政教育的重要内容，但是我们必须意识到，专业课程思政教学毕竟不同于思政理论课教学，后者的主要任务就是对学生进行思政教育，但前者的任务则是落实专业教学的基本目标——培养具有专业知识和技能的高级专门人才。① 从这个意义上讲，专业课程思政教学只是专业教学的重要组成部分但并非全部，同时专业课程思政教育的目标本身也需要通过高质量的专业教学得以实现。因此，推行课程思政教育应当以专业教学为基础，任课教师应当充分挖掘专业教学内容中适宜与思政教育相结合的元素，并在相应章节中合理地安排教学，而不能为了思政而思政，否则可能不仅难以实现思政教育的目标，而且会干扰正常的专业教学。

（三）课程思政应当注重启发和引导，避免粗暴灌输

我们必须意识到，高校课程思政的对象大多数是已经成年的青年学生，因此在推行课程时，应当充分考虑到当前大学生的实际，以确保课程思政教学的针对性。就思政教学而言，我们应当看到，当前的大学生具有两个方面的心智特点：一方面，这些学生大多数已年满十八周岁，从法律上属于成年人，其对于很多事物已形成了自己的看法、态度和判断，其内心对于简单化的灌输教育有着本能的反感和抗拒；另一方面，这些学生由于年纪尚轻，社会阅历欠缺，其世界观、人生观、价值观并不成熟，我们有必要也有能力通过专业课程思政教学引导其形成正确的思想观念。因此，课程思政应当注重教学的启发和引导，尽量采用课堂讨论、视频观看、文献阅读、分组研究等能够有效调动学生学习兴趣和主动性的教学方式，减少教师单方面讲授的教学，避免粗暴灌输，否则有可能产生负面效果。

（四）课程思政应当尊重教师教学自主权，避免千篇一律

法学专业课程思政教师具有双重角色：一是作为专业领域的教学研究和法律实践人员，其对于相关专业领域往往有着长期的跟踪和专门的研究，因而其对于在哪些专业内容中引入思政教育内容有最为准确和深刻的认识，其也最有发言权；二是作为专业课程思政教学的具体组织者和实施者，其对于课程思政

---

① 我国《高等教育法》第五条规定："高等教育的任务是培养具有社会责任感、创新精神和实践能力的高级专门人才，发展科学技术文化，促进社会主义现代化建设。"

教学实践推行情况的感知往往也最为真实和全面。因此，高等学校开展课程思政教育应当充分尊重教师教学的自主权，积极发挥教师教学工作的主动性，支持教师根据自身教学的实际情况，合理安排或适度调整思政教学的内容、素材和方式，以求获得课程思政教学的最优效果。特别需要指出的是，尽管学校和学院有权力对课程思政教育提出明确要求，并且课程思政的推行也有必要在学校或者学院的统一规划下推行，但是我们认为，这里所说的明确要求和统一规划应当是方向性和框架性的，不宜深入课程思政教学的细节，否则有可能导致课程思政教学内容和教学方式的千人一面。总之，不同教师上同一门课程，其具体如何开展思政教学，完全可以也应当存在不同的思路；即便是同一个教师，如果在教学过程中灵光闪现，也完全可以对既有的思政教学内容或方式进行灵活调整。

（五）课程思政应当结合专业课程的特点推行，避免死板僵化

需要特别指出的是，本文关于课程思政的论述是以"劳动与社会保障法"课程为适用场景的，因此其结论或经验也主要适用于该门课程或该类课程，并不一定完全适应其他课程。之所以强调这一点是因为，大学不同专业的课程体系千差万别，适用于此专业的课程思政教学经验未必适用于彼专业；即便是同一个专业，其内部不同课程的特点也存在很大差异，适合于某些课程的做法未必适合于其他课程。因此，课程思政应当结合不同专业课程的特点推行，不能要求所有专业课程都以同一个方式来推行课程思政。

以法学专业为例，对于法理学、宪法、刑法、民法、经济法、劳动与社会保障法等理论性较强或者理论与事务性并重类的课程，在推行思政教学时具有比较明显的共性，往往在各个章节都可以设置相应的课程思政元素。但是如民事司法实务模拟、民事非诉讼实务模拟、刑事司法实务模拟等实践教学课程，其教学目的主要是要求学生熟悉法律实务流程，掌握法律职业技能，这些课程实际上很难事先将课程思政元素融入课程教学的相应章节，而是需要任课教师通过实践教学，弘扬社会主义法治精神，健全法律职业伦理和职业操守教育机制，进而培育学生崇尚法治、捍卫公正、恪守良知的职业品格。正因为如此，对于这一类实践性课程，应当允许任课教师在开展思政教学时采用相对灵活的教学方式。

四、结语

如前所述,在当前高校推行的思政教育中,尽管思政理论课和专业课程都被纳入落实思政教育的课程范围,但是和前者相比,课程思政教育获得的重视程度明显不够。无论在政府的政策引导支持还是学校的配套机制保障方面,专业课程思政教育都面临更多的困难。除了通过申请教育改革项目等有限方式获得支持外,教师推行课程思政,主要还是源自学校的强制性要求和教师们开展思政教育的自觉,相关的激励机制还比较欠缺,这可能成为课程思政教学改革持续有效推行的阻碍因素。在此,笔者呼吁有关政府部门和学校在支持课程思政教育方面采取更积极的态度,投入更多的资源,从宏观政策、配套机制、经费保障等方面,多措并举,有效激发专业课教师推行课程思政教学的积极性,不断改善课程思政教学效果,切实发挥好专业课程的育人作用,全面提高人才培养质量。

"国际私法"课程思政的教学设计

孟昭华[*]

摘　要："国际私法"课程思政是一个完整的体系构成。从课程教学目标上来说，它以习近平法治思想为指引，结合我国相关法律文本及法考案例，树立学生的中华文化自信。其课程思政的特色与创新体现于文化自信的重塑、法律职业资格考试真题的格训、本土文化的深植、教学方式的灵活多样、考核的过程化。在具体教学设计上，其以章节为模块，将思政元素渗透于一章一目的细小知识点，并选取该课程的中心任务——解决"法律冲突"这一内容进行微观展示。

关键词：课程思政教学目标；特色与创新；教学设计；微观展示

"国际私法"课程思政教学设计，应该是一种教育理念，更多的是注重教学内容的思政引导性、知识性与趣味性的结合，通过灵活的形式、有趣的问题和幽默的表达传递知识，在解决问题的过程中，潜移默化地培养学生的思想政治素质和专业课程能力。这就要求教师在教学中提炼"国际私法"这门课程中蕴含的文化基因和价值范式，将专业知识点转化为社会主义核心价值观具象的教学载体，在知识学习中"润物细无声"地融入理想信念层面的精神指引。为此，既需要明确该课程思政的教学目标，从宏观上给予方向指引；又要体现出特色与创新，并落实到具体的教学实践中。

一、"国际私法"课程思政的教学目标

教学目标是讲好一门课程的前提条件，是提升课堂教学质量、增进课堂收

---

[*] 孟昭华，法学博士，四川师范大学法学院副教授。

益的关键指南,是教师完成授课任务的主要方向,可明确教学内容、重点难点、学习层次水平,助攻选择教学策略,挖掘教学深度,拓展教学广度。有了教学目标,教学活动就有了灵魂,它像基本原则一样贯穿并指导制约教学活动的每一个环节。结合思政领域,可以将"国际私法"的教学目标细化为以下四个方面。

(一) 以习近平法治思想为指引

以习近平法治思想引导学生的发展,开辟马克思主义中国化时代化新境界。坚持统筹推进国内法治和涉外法治,采用马克思主义哲学中联系与发展的观点,注重思维逻辑,授课时以国内民法典、民事诉讼法等具体知识为切入点,串联大学一年级与二年级知识,使学生对于国内与国际两个层面的法律体系理解更加透彻。国际私法是一个难以驾驭的领域,多少学者倾注于斯,却使得这一领域更加纷繁复杂。这个古老学科的著述汗牛充栋,单边主义、多边主义和实体法的古老原则是这个神秘学科的基本构成要素。古典时代的希腊、罗马,中世纪的欧洲,近现代的美国,传统国际领域的智慧就像指引忒修斯走出克里特迷宫的绳索,娓娓道来这一学科的繁复。尤其国际私法在解决法律冲突问题时是很注重个案分析的,让学生理解普遍原则与具象个案间的关系,更有利于其法律逻辑思维的养成。

(二) 以我国法律文本为基础

以本土化文本分析,完善以宪法为核心的中国特色社会主义法律体系。党的二十大报告提出:"加强重点领域、新兴领域、涉外领域立法,统筹推进国内法治和涉外法治,以良法促进发展、保障善治。推进科学立法、民主立法、依法立法,统筹立改废释纂,增强立法系统性、整体性、协同性、时效性。"[①]国际私法由于实践层面牵涉世界各国民商事法律的不同,理论层面学派林立,学生需要在纷繁复杂的法律适用中理解我国现行民商事法律适用法的合理性。过多的法规、对立的理论,往往让学生对国际私法的印象恰如学者所描述的"迷沼"。为此,笔者会引导学生简单了解数十位外国代表学者的各理论,将重心放在我国 2010 年出台的《中华人民共和国涉外民事关系法律适用法》(以下简称《适用法》)上,结合最高人民法院颁布的《最高人民法院关于适用〈中

[①] 习近平:《高举中国特色社会主义伟大旗帜 为全面建设社会主义现代化国家而团结奋斗——在中国共产党第二十次全国代表大会上的报告》,人民出版社,2022 年,第 41 页。

华人民共和国涉外民事关系法律适用法〉若干问题的解释（一）》（以下简称《司法解释（一）》），辅以《中华人民共和国民法典》《中华人民共和国民事诉讼法》（尤其是"涉外民事诉讼程序的特别规定"）等内容，聚焦法条分析，并辅以海量案例（凡是所授法条皆有案例），以达到本土化的教学效果。

（三）以我国法律职业资格考试题目为示例

以我国法律职业资格考试（以下简称"法考"）题目为示例，响应坚持全面依法治国号召。党的二十大报告提出："加快建设法治社会。法治社会是构筑法治国家的基础。弘扬社会主义法治精神，传承中华优秀传统法律文化，引导全体人民做社会主义法治的忠实崇尚者、自觉遵守者、坚定捍卫者。"[①] 教师在教学中处于辅助的地位，起到调动学生的学习积极性和学习兴趣，激活学生思维的作用。学生在教学中处于主导的地位，在教师的调动下能够充分发挥个人聪明才智和潜能，并在学习的过程中提高综合素质，提升思维能力。所以，"国际私法"课堂并不应该以刻板的教材说明理论上的复杂内容，而是应该以学生司空见惯的日常生活进行讲解。授课并不必然依赖于教材，而需要深入了解教材中确立的逻辑体系后，谙熟我国《适用法》，给出自己的独特解读。同时，教师应该在课堂上以大家生活中常见的例子来说明复杂的国际私法问题，使缥缈的国际层面的法律生活化。要做到灵活讲授、举重若轻，课程中任何一个知识点应该以脱口而出为目标，保证语言的通俗、例证的诙谐，建立活泼灵动的教学风格，做到复杂国际私法授课生活化。授课中还可以广泛借鉴古今中外的案例，特别是我国的小案例，引入我国法考真题。在知识点讲解完毕后，参照国家法律职业资格考试的真题设计小案例，务求学生积极思考。这样，在忠实国际私法学理论的基础上，又做到了通俗易懂，贴近我国法律实践。

（四）以中华历史文明为灵魂

以中华民族上下五千年的历史为灵魂，提升民族自豪感，传承中华优秀传统文化。党的二十大报告提出："推进文化自信自强，铸就社会主义文化新辉煌……全面建设社会主义现代化国家，必须坚持中国特色社会主义文化发展道路，增强文化自信，围绕举旗帜、聚民心、育新人、兴文化、展形象建设社会主义文化强国，发展面向现代化、面向世界、面向未来的，民族的科学的大众

[①] 习近平：《高举中国特色社会主义伟大旗帜　为全面建设社会主义现代化国家而团结奋斗——在中国共产党第二十次全国代表大会上的报告》，人民出版社，2022年，第42页。

的社会主义文化，激发全民族文化创新创造活力，增强实现中华民族伟大复兴的精神力量。"[1] 党的十八大以来，习近平总书记在多个场合谈到中国传统文化，表达了自己对传统文化、传统思想价值体系的认同与尊崇。"国际私法"授课中，无论讲述国际私法的历史，还是具体到各个章节，都可以回顾我国上下五千年的辉煌文明，从战国慎到的"逐兔论"、汉代张骞出使西域、鉴真东渡，到明代郑和下西洋，直至新中国成立后。尤其是对唐代初期《永徽律》中的著名涉外法律条款进行评析，可以增强学生民族自信。传统上，国际私法教学是以欧陆学说为主，在美国占据世界经济霸主地位后，美国的国际私法学说发展即与欧陆分庭抗礼，大致界分为欧陆的"规则"、美国的"方法"两种路径，价值取向上也相应分为程序正义为主与实体正义为主两个问题。鉴于当今国际私法的发展趋势尚未明朗，课堂授课时也大多采取拥护者众的学说，但也不应该忽视曾经出现过的及现在尚存的少数派声音。因此，告诉学生这个世界的多元性比强调答案的唯一性更符合师者"传道、授业、解惑"的理念。同时，课堂中引入本国文化元素，能激发学生对于历史悠久的中华文明的热爱，使其充满民族自豪感，以更积极主动的心态好好学习，在未来爱岗敬业，发展好自己，自立自强，也就为国家的强大贡献了力量。

二、"国际私法"课程思政的特色与创新

（一）教学目标重塑——文化自信

在中央全面依法治国工作会议上，习近平总书记强调："要坚持统筹推进国内法治和涉外法治。"[2] 党的十八大以来，习近平总书记围绕涉外法治和国际法治发表了一系列重要论述。"国际私法"即国家立法管辖权在涉外领域的体现。此课程一方面，摒弃了狭隘本国主义思想，体现我国"负责任大国"的国际担当形象；另一方面，也防止了损害贬低我国法律体系，盲目追随西方。在比较中让学生理解我国特有的社会主义法治理念，体会到以本国国情为基础，延续历史文化传统的法律优越性，增强民族自豪感。

为达上述目的，授课采取以下对比手段。

---

[1] 习近平：《高举中国特色社会主义伟大旗帜　为全面建设社会主义现代化国家而团结奋斗——在中国共产党第二十次全国代表大会上的报告》，人民出版社，2022年，第42~43页。

[2] 习近平：《坚持走中国特色社会主义法治道路　更好推进中国特色社会主义法治体系建设》，《求是》，2022年第4期，第9页。

1. 纵向历史比对法

课堂教学回顾我国上下五千年的辉煌文明，以战国时代的"定分止争"解读涉外物权；以汉唐时代的对外交往，尤其是《永徽律》中的"诸化外人同类自相犯者，各依本俗法；异类相犯者，以法律论"来阐释涉外冲突的解决；以新中国成立后优秀动画《渔童》等分析涉外法律冲突产生的原因，特别是司法权独立的重要性。这些优秀历史文化遗产，毫无疑问可以增强文化自信、民族自信。

2. 横向地域比较法

同一时期，我国与邻近各国的立法对比可以体现出我国涉外立法的开放性与包容性，而《适用法》又体现出了我国立法的科学性与时代性。在教学中可以将《最高人民法院关于贯彻执行〈中华人民共和国民法通则〉若干问题的意见》中的第一百七十八条与《司法解释（一）》的第一条进行对比，可以发现在立法语言上的细化与精致；而与同时期各国成文立法进行比较，如蒙古国、荷兰、瑞士等国家，可以发现我国在文本上的进步优势。

（二）课程体系特色——法考导向

跳出传统法学类课程讲授"按部就班"的窠臼，以问题驱动思路，对标我国法考，注重我国本土社会主义特色法律构建，设计课程体系，一章节一问题，将教材内容简化为十讲，帮助学生迅速掌握基本框架，且能理解具体内容。在讲解每一个知识点后，提供对应的法考真实题目，并根据既有法考题目进行题干变化，甚至请学生根据考查的知识点来设计题目。如果能够设计出相对完美的题目，也就说明对于这个知识点的掌握已经到位了。具体可以细化为以下三种做法。

1. 法考真题示例

这部分基于法考的变化而以2018年为界分为两个时段。法考从2018年由"司法考试"改革为"法律职业资格考试"后，司法部官方宣布不再公布法考真题和答案。对于考生备考来说，这是不利条件。然而，考虑到不公布题目是出于建设题库的考量，那根据法考"重者恒重"规律可以推知已考过的题目含金量。同时，考虑到2010年12月我国《适用法》的出台，对于此前《民法通则》第八章"涉外民事关系的法律适用"几乎是革命性的颠覆，从而导致2010年及以前的司法考试题目的参照性极大削弱。授课中就要对前述两个问题格外注意。比如对于2010年前的题目，可以参照，但不去考虑当时的标准答案。同样，对于 2018 年及以后的题目，可以参考，但不能尽信。

2. 法考模拟题示例

这部分一方面借助法考辅导机构，另一方面借助网络资源。这一部分题目需要注意答案是否准确，需要仔细甄别。本质上，并不建议学生使用这种题目。

3. 法考自创题目

这是更高一级的要求。这一部分需要在教师指导和同学监督下施行。毕竟在设置题目时，命题人心中是有一个正确答案的，在设置题干时就会容易陷入自我陷阱，以结果求原因，需要指导与监督，增强多维度辨析能力。简言之，这是需要师生共同参与的题目导向模式。

（三）教学内容特色——扎根本土

传统授课特别注重欧陆与美国的"规则"与"方法"之争，习惯于阐述国际私法的欧美史，并强调萨维尼等国外学者学说，并在其后的分论讲解中不断予以延伸。国际私法的课程思政就应当注重我国本土国际私法的发展，具体而言，可以考虑以下三种方法：第一，以中国特色社会主义法治理念注入国际私法学习；第二，以我国法考案例为切入点，既以本土实践为中心，又能增强学生解决实际问题的能力；第三，以我国传统文化渗入日常授课。

（四）教学方法特色——灵活多样

除传统课堂教学外，国际私法教学还应该积极利用现在的教学手段。比如，可以运用慕课技术将国际私法的重要内容通过短视频精要呈现，适应碎片化学习的时代需求。在具体课程中，通过视频间窗口弹题、章节在线测试、见面课直播或录像、期末在线测试、课程论坛、在线问答等方式，灵活教学。

（五）考核评价特色——过程考核

在思政教学改革中，课程对学生的考核采用复合考核方式，不仅关注学习的结果，还要考核学习的过程和参与度。最终的课程成绩由线上成绩（平时成绩、章测试成绩、见面课成绩、期末考试成绩四部分）与线下期末成绩构成。其中最能体现出思政特色的是见面课成绩，因为见面课要求学生对我国特色的国际私法体系构成进行分析，对比传统欧陆与英美国际私法，突显我国新近立法的先进性与科学性。

三、"国际私法"课程思政的章节教学设计

（一）总体的课程教学要求

总体的课程教学要求包括三个方面：第一，学生自学的要求。在这方面，与传统教学一样，要求学生认真预习教材，掌握基本知识点，善于提出问题；完成课后思考工作，理解多元文明冲突下的中华文明之美；拓展学习网络课程。第二，课外阅读的要求。国际私法课程涉及各国文化的比较，建议学生在教师所列书目中择一而读，并习惯撰写读书笔记，或是记录摘抄精彩片段，建立自己的知识储备数据库。第三，学生参与的要求。授课教师命题后，倡导学生以五人左右为一团队主动申请参与，围绕"国际私法学说史"或是"冲突正义对比实体正义"等国际私法热点问题展开课堂讨论，给出支持与反对的理由，树立文化自信，并在课堂上即兴辩论。

（二）具体的课程章节设计

在教学的具体章节设计上，授课教师可以根据基础知识与拓展知识进行设计。此处，仅为一些可以提供的章节点示例。

国际私法概述部分。这一部分主要是以国际私法调整对象、中心任务、范围来说明国际私法的定义。其中法律冲突当中的中华民族文化自豪感、习近平总书记在亚洲文明对话大会开幕式中提到的文明多元与共同发展都是课程思政元素与资源。可以在授课中，以生活案例引导式介入，采用纵向历史比对法、横向地域比较法说明中华文化的源远流长与历久弥新。

国际私法历史部分。这一部分主要包括国际私法的学说史、国际私法的立法史。在此，必须详细说明我国大唐《永徽律》之"化外人"条款，这是历史上最早的成文国家立法，激发学生对于古代法律要素与文本的研究兴趣。

国际私法上外国人的法律地位部分。这一部分主要介绍了国民待遇、最惠国待遇、平等待遇、对等互惠、歧视待遇等概念。讲解中国历朝历代对于外国人待遇的相关规定，重点请学生分析相关待遇与我国当时的社会经济发展间的关系，理解法律作为上层建筑需要经济基础的支撑。

涉外物权部分。这一部分涉及物权法律冲突的表现与解决。这里可以提到战国时期我国法家对于物权的精妙解释，提升学生对于我国古代法家经典典籍的兴趣，尤其是法家代表人物慎到的"逐兔论"。

涉外债权部分。这一部分涉及债权法律冲突的表现与解决。重点解释对于"弱者利益保护"的法条设计,我国《适用法》之第四十二条、四十五条设计体现出了我国传统的中庸思想,制度设计不走极端,防止矫枉过正,是民族大智慧。

涉外婚姻家庭部分。这一部分涉及婚姻家庭领域法律冲突的表现与解决。在思政方面,它展示了我国对于婚姻家庭领域男女平等、婚姻自由等精神的坚持,展示我国当代婚姻立法法律冲突选择的意思自治渗入,体现我国当代立法的科学性与先进性。

涉外继承部分。这一部分展示涉外继承领域法律冲突的表现与解决。其中我国对于继承领域立法中无人继承财产的处理,体现了我国当代继承领域冲突立法的科学性与先进性。

涉外国际民事诉讼部分。这一部分主要涉及管辖权及司法合作。讲解我国对于《选择法院协议公约》的态度,尤其是我国在一国四法域情形下与港、澳、台地区的司法合作,使学生明晰区际私法与国际私法的区别,让学生理解一国四法域并不影响我国的主权。

涉外商事仲裁部分。这一部分涉及商事仲裁中的法律冲突问题,应当考虑引入我国对于《新加坡调解公约》(全称《联合国关于调解所产生的国际和解协议公约》)的内容。并对公约谈判过程进行分析,体现我国对于国际合作的支持与尊重。

四、"国际私法"课程思政设计的微观展示

仅以本科这门课程教学开篇中的内容,即国际私法的中心任务——解决法律冲突为切入点,阐释"法律冲突"这一知识点。

"法律冲突"是国际私法这门课程需要解决的中心任务,国际私法的实质就是解决法律冲突。学生应重点掌握法律冲突的定义、产生原因以及它的不可消灭性,理解国际私法的目的就是在法律冲突永远存在的情形下挑选出具体调整当事人权利义务的实体法规则。在教学的重点与难点上,需要解释清楚法律冲突的定义、法律冲突产生的原因,尤其是法律冲突产生原因当中的国家主权因素。课堂讲授中尤其要以 2021 年 6 月 10 日通过的《中华人民共和国反外国制裁法》说明主权因素。

（一）教学内容的引入

这是一节承接上一节"国际私法的调整对象"的课，是在上一节已经以涉外婚姻（12岁的西班牙小姑娘要和我国22岁男青年结婚）、打麻将等生活中司空见惯的法律关系（婚姻关系）、社会生活事实（打麻将）引入涉外民事法律关系这一概念后开始的。这一阶段同时复习上一节课留下的作业。

（二）分析法律冲突的定义

法律冲突是指两个或两个以上的不同法律同时调整一个相同的法律关系而在这些法律之间产生矛盾的社会现象。这一定义需要解释"两个或两个以上不同法律"——将其解释为各种规则，便于大家回想生活中的情景；需要解释"一个相同的法律关系"——诸如结婚、打麻将等。这样做的目的是让学生对于这门"国际"或"涉外"频现的课程减少距离感，以自己身边的小事情来类比遥不可及的国际法律。

（三）分析法律冲突产生的原因

这也是这一节课的重点内容。对原因逐一进行如下分析：

第一，大量的涉外民事关系的产生。这一部分主要以中国的历史发展来说明。从汉唐时代直至清末，以张骞出使西域、鉴真东渡、郑和下西洋，明代利玛窦、清代的南怀仁与汤若望来华说明涉外民事关系早已经存在，但政治、经济、科技发展等因素导致其在民商事交往中并未占据需要法律普遍调整的一席之地。国际私法的蓬勃兴旺发展需要一个强大的社会基础——大规模涉外交往，所以，早些年间的国际私法发展相对沉寂。但是，这里有一个特别值得自豪的文化自信的展现问题，即大唐时期《永徽律》中的条文，是世界历史上被发现最早的现代意义上的国际私法国家立法规范。

第二，各国民事法律规定不同。这一部分鉴于在上一节的西班牙小姑娘结婚案例中已经有说明，这里不再赘述。但是这一部分会关涉下一个知识点：法律冲突能消灭吗。所以，课堂上要提醒学生注意。

第三，各国司法权独立。这一知识点着重强调国家司法自主，以半殖民地半封建社会时期的"领事裁判权"为例说明国家主权在国际私法中的重要性。讲解时以1959年上海美术制片厂的动画《渔童》为例，顺便展示我国当年制作精良的动画画面，如《天书》《九色鹿》《大闹天宫》等，尤其是我国1960年的水墨动画《小蝌蚪找妈妈》。它取材于画家齐白石创作的鱼虾等形象。作为中国首部水墨动画,《小蝌蚪找妈妈》这部作品即便在今日看来依旧是如此的惊艳,其时长虽然只有15分钟,却将中国传统的水墨画技艺与电影融于一体,将形态各异的水中生物们描绘得栩栩如生,将纯真童趣的欢乐化作了光影的艺术,以此形成了电影本身极为出色的美学表达,极其容易激发学生对我们国家传统文化与技艺的赞叹与热爱。

第四,各国为了发展正常的对外民事交往,需要在一定条件下进行礼让,允许他国法律在国内发挥效力。

分析原因后,强调这四个原因的内在逻辑关系。民事关系——社会基础,法律相异——法律基础,主权——对内自主、对外独立,礼让——更好发展对外民商事关系的需要。

（四）设问引发学生的探讨热情

承接上一部分的第二个环节,即各国的民事法律规定不同,向学生发问:法律冲突会消灭吗。在此主要强调法律的相异性是不可能消失的。为了便于学生理解文明的多样性,播放小视频进行说明:法律会因为国情、历史传统、风俗文化而相异,但法律文明之间可以对话与沟通。并以习近平总记在"亚洲文明对话大会"开幕式上的发言进行总结:"广袤富饶的平原,碧波荡漾的水乡,辽阔壮美的草原,浩瀚无垠的沙漠,奔腾不息的江海,巍峨挺拔的山脉……为世界提供了丰富的文明选择……文明因多样而交流,因交流而互鉴,因互鉴而发展。我们要加强世界上不同国家、不同民族、不同文化的交流互鉴,夯实共建亚洲命运共同体、人类命运共同体的人文基础……我愿提出4点主张。第一,坚持相互尊重、平等相待……第二,坚持美人之美、美美与共……第三,坚持开放包容、互学互鉴……第四,坚持与时俱进、创新发展……"[①] 习近平总记这一段话展现了真正的文化自信与民族自豪,因为真正的强大,不会畏惧其他文化。

---

① 习近平:《深化文明交流互鉴 共建亚洲命运共同体——在亚洲文明对话大会开幕式上的主旨演讲》,《人民日报》,2019年5月16日第2版。

四川师范大学"行政法"与"行政诉讼法"课程思政建设模式构建研究

宇 龙[*]

摘 要：课程思政是实现高校立德树人的重要抓手，在"三全育人"教育格局形成过程中，实现课程思政需要完善和创新模式。"行政法"与"行政诉讼法"课程教学过程中需要秉持"二元并举"目标和"三个结合"指导思想，在确保教与学都发挥实效的基础上建立更高质量的教学模块和评价系统，建设出有特色、有效果的课程思政建设模式。

关键词：课程思政；优化教学；完善评价

四川师范大学法学专业秉承"三全育人"理念，坚持专业课程与思政教育协同推进，深入拓展理论与实践优质结合的教学方法，成功打造一系列思政示范课程。

一、"二元并举"与"三个结合"

（一）"二元并举"

第一，四川师范大学法学院"行政法"与"行政诉讼法"课程思政以帮助学生形成正确价值意识，树立坚定的理想信念，塑造在法律实践中的高尚职业精神与职业道德为目标；通过授课保证学生熟记、理解、掌握行政法与行政诉讼法核心专业知识，提升学生对法律职业和行业的认知；引导学生将课堂讲授

---

[*] 宇龙，博士，四川师范大学副教授。

的思政理论与实践相结合，培养学生的工作能力、创新能力、沟通能力、抗压能力以及发现问题并解决问题的能力等。

第二，培养教师。教师的课程思政开拓能力是学生在课堂中获取高质量专业知识的同时，获取指导专业学习和专业实践的适合的思政理论的重要基础。因此建设高水平师资团队是四川师范大学法学院"行政法"与"行政诉讼法"思政示范课程的重要目标。

（二）"三个结合"

1. 将习近平法治思想核心要义与"行政法"与"行政诉讼法"课程教学、科研实践相结合

（1）应坚持正确的政治方向。

一是坚持马克思主义法学的指导地位。行政法与行政诉讼法教学应当始终坚持马克思主义法学尤其是习近平法治思想的指导地位。二是坚持以人民为中心的基本立场。从人民的立场、群众的视角、常识的内容出发，注重通过多种渠道、多种方式展开课程思政。三是坚持中国特色社会主义法治道路，立足中国大地培养法治人才，将行政法与行政诉讼法讲授的重心放在我国法律制度的构建和完善上，构建起中国特色社会主义法学的学科体系、学术体系、话语体系。

（2）课堂教学应服务中国特色社会主义法治建设的人才培养。

一是坚持面向国家治理体系和治理能力现代化的需求有序推动法学教育体系和法学理论体系的发展。从分析我国法治环境的优势和劣势、思考我国法治建设的方向和前景出发，培养服务于中国特色社会主义现代化建设的法治人才。二是坚持面向中国特色社会主义法治体系开展法学课程教学，将中国特色法治内容、法律规范作为法学教育的核心内容之一。三是坚持多学科协同推进。行政法与行政诉讼法专业的课程教学应当坚持整体部署、协同推进的思维，在学院党委领导统一下，与纪检监察法、教育法等学科室密切协作，修订完善教学大纲，统筹安排课堂教学与实践教学。

（3）落实当代中国法律人才培养的重点任务。

一是坚持以我国现行宪法为核心，开展行政法与行政诉讼法专业的课程建设。在学习、传播宪法精神的过程中深刻认识宪法，理解其他部门法。二是从全面推进科学立法、严格执法、公正司法、全民守法的角度，培养各环节法治人才。面向不同环节的不同要求，有针对性地细化法律人才教育需求在教学与科研的切入点。三是坚持统筹推进国内法治和涉外法治，有意识地整合资源，

为涉外法治人才培养探索新途径。

2. 将马克思主义法学理论、法律价值观与"行政法"和"行政诉讼法"课程教学、科研实践相结合

在当代中国的政治术语体系中，马克思主义法学被奉为中国特色社会主义法治理论的重要依据，具有中国特色社会主义法学的指导思想的地位。

自马克思主义诞生之日起，法律作为上层建筑的重要组成部分就是这一理论的重要研究对象。在马克思主义的哲学、政治经济学和科学社会主义三大理论中均充满了丰富的法学思想。这些法学思想与法律价值观以历史唯物主义为基础，科学分析了法律这种人类社会的上层建筑的本质与发生规律，其理论逻辑与分析结论都有着巨大的历史穿透力与理论深度。开展法学课程思政建设，就是要引导学生运用马克思主义法学基本理论思考、分析当代中国的法律问题，理解各部门法的基本知识与基本理论，在法学领域树立马克思主义的基本立场。

3. 传承中华优秀法律文化，构筑中国式法治现代化，"行政法""行政诉讼法"课程教学与科研实践相结合

中华法系传统蕴含的精华法律制度与法律文化是我国法律软实力的重要组成部分。在中华民族伟大复兴的历史进程中，无论如何也少不了法律领域的制度自信与文化自信。因此，树立正确的历史观，挖掘中华法系的优秀经验，总结当代中国法治建设的制度创新成果，能够为行政法与行政诉讼法教育与科研开辟一条新路径。

（1）挖掘中华法律文明。

习近平总书记在中国人民大学考察时强调："加快构建中国特色哲学社会科学，归根结底是建构中国自主的知识体系。"[①] 法学教师和研究人员应坚持从我国国情和实际出发，加强对我国法治的原创性概念、判断、范畴、理论的研究，建构中国自主法学知识体系，不能做西方理论的"搬运工"，而要做中国学术的创造者、世界学术的贡献者。

具体的教学和科研中，加强中华法律文明研究有助于学生客观地看待当下的现实问题，有助于学生将"四个自信"内化于心。习近平总书记强调："我们有我们的历史文化，有我们的体制机制，有我们的国情，我们的国家治理有

---

① 《习近平在中国人民大学考察时强调　坚持党的领导传承红色基因扎根中国大地　走出一条建设中国特色世界一流大学新路》，《人民日报》，2022年4月26日第1版。

其他国家不可比拟的特殊性和复杂性，也有我们自己长期积累的经验和优势，在法学学科体系建设上要有底气、有自信。"①

（2）建立"中国法学话语体系"需要加强法学基础理论研究。

习近平总书记强调："要加强对中国特色社会主义国家制度和法律制度的理论研究，总结70年来我国制度建设的成功经验，构筑中国制度建设理论的学术体系、理论体系、话语体系，为坚定制度自信提供理论支撑。"②

具体的教学和科研中，加强中华法律文明研究有助于学生从历史的角度看待当下的现实问题，有助于学生形成健康的"国家观"。教学实践给我们的启示是：宪法基础理论中最重要的是教会学生理解"国家观"，引导学生形成大局意识，突破小我去看待历史发展和世界局势。

二、建立课程实施指导原则

（一）坚持知识传授和价值引领相统一

树立知识传授和价值引领并重的教育理念，以专业发展为出发点实现知识传授和价值引领协同发展，以人才培养为根本点促进知识传授与价值引领同频共振，将价值引领寓于知识传授、能力培养之中，引导学生树立正确的世界观、人生观、价值观，有效实现专业教育与思想政治教育的有机融合。

1. 客观评价全人类共同的法治经验与遗产

对于当代中国的法学教育而言，这就要求我们必须正确对待西方法治发达国家的先进制度与经验，处理好法律领域继承、借鉴与创新的关系。在中国共产党所领导的当代中国法治建设进程中，需要继承优秀的观念与思想并为我所用，使之与中华法系的文化、制度精华以及当代中国的法治创新协同共力、相得益彰，最终成为中国特色社会主义法学体系与法律制度的有机组成部分。

2. 坚决反对和抵制西方"侵略性"的错误观点

坚定不移走中国特色社会主义法治道路，坚持党的领导、人民当家作主、依法治国有机统一，引导广大法学院校师生和法学理论工作者在原则问题和大

---

① 王晔、李学仁：《习近平在中国政法大学考察时强调　立德树人德法兼修抓好法治人才培养　励志勤学刻苦磨炼促进青年成长进步》，《人民日报》，2017年5月4日第1版。
② 《习近平在中央政治局第十七次集体学习时强调　继续沿着党和人民开辟的正确道路前进　不断推进国家治理体系和治理能力现代化》，《人民日报》，2019年9月25日第1版。

是大非面前旗帜鲜明、立场坚定，坚决反对和抵制西方"宪政""三权鼎立""司法独立"等错误观点。全面贯彻党的教育方针，坚持为党育人、为国育才，着力培养社会主义法治事业的建设者和接班人。

3. 把思想政治工作贯穿法学教育教学全过程

教育引导广大法学教师和理论工作者提高政治敏锐性和政治鉴别力，严守政治纪律和政治规矩，把政治标准和政治要求贯穿法学教育和法学理论研究工作始终。

（二）坚持显性教育和隐性教育相统一

坚持党的创新理论领导与行政法学教学与科研，探究专业知识教育与价值教育的融合点，创新教育教学方式，达到学生喜闻乐见和讲解深入浅出的效果。

显性教育和隐性教育的统一可以有效地提高学生的学习效果和法律素养。例如，有研究表明，通过案例教学、角色扮演等显性教育方式，可以提高学生的法律应用能力和案件处理能力；而通过职业道德教育、社会实践等隐性教育方式，可以培养学生的法律信仰和职业操守。

1. 加强隐性教育

在法学教育中，应加强对隐性教育的重视和实施，注重实践性和应用性。传统显性教育的理论性较强，教学过程中更多是通过充分挖掘党的创新理论来引领学生理解立国之本和国之章程的历史使命；同时，在法学理论研究中，学生通过深入学习把握党领导法治建设的百年光辉历程和历史经验，努力做先进思想的倡导者、学术研究的开拓者、社会风尚的引领者、党执政的坚定支持者。

相比，行政法与行政诉讼法学实践性较强，在课程教学与科研中要注重实践性和应用性，通过案例分析、法律实务等形式，培养学生的法律思维和实践能力，形塑其法律职业伦理。例如，可以增加职业道德教育、法律社会实践等活动，使学生更好地体验法律职业和了解社会需求。

2. 探索融合方式

在教学实践中，应积极探索显性教育和隐性教育的融合方式，坚持以学生为中心，关注学生的需求和关注点，激发学生的学习兴趣和积极性，引导学生主动参与课堂讨论和实践活动。

3. 制定合理的教育计划

遵循教育教学规律，根据学生的实际情况和认知特点，合理安排教学内容和方法，确保教学效果的有效性。例如，可以通过案例教学和角色扮演等方式进行知识传授，同时通过职业道德教育和实践活动等方式培养学生的职业操守和社会责任感。在教学大纲的安排中，应根据学生的特点和需求制定合理的教育计划。着重提升行政法教学实效，探索与政府等公权力机关之间建立实务专家的实物教学机制，积极回应强化法学实践教学，深化协同育人，推动法学院校与法治工作部门在人才培养方案制定、课程建设、教材建设、学生实习实训等环节的深度衔接。建立法治工作部门、法律服务机构等接收法科生实习实训工作制度。

（三）坚持统筹协调和分类指导相统一

1. 加强制度探索和建设

行政法学教研室将围绕《关于加强新时代法学教育和法学理论研究的意见》关于法学教育体系建设部署的 77 项任务，确定全面的行政法学课程建设方案，明确具体教育目标、内容、方式和方法，以确保统筹协调和分类指导相统一。

2. 优化课程教学设计

针对行政法与行政诉讼法课程的特点，优化课程设计，既要保证法学专业知识的系统性和完整性，又要关注学生的思想道德素质和法治精神的培养。其中，对于教学大纲设计应加强与习近平法治思想课程组的有效沟通和研讨，促进课程教学充分释放实效；对于行政法与行政诉讼法课程设计应当突出与行政机关实务部门的沟通与协同，打破行政法与行政诉讼法理论教学与理论研究与依法治国、依法行政实践需求之间的壁垒，改变公法教学研究发展劣势。

3. 加强实践教学

实践教学是课程建设的重要组成部分，应加强实践教学与理论教学的有机衔接，除了传统的实践教学模式，如"案例教学""模拟法庭""法律援助"等形式外，关注基层自治组织在法治建设与发展中的实际需求，引导学生参与基层事务服务，站在"人民"和"行政相对人"角度来感受法治的价值和法治的力量，进而培养学生的法律应用能力、职业素养、伦理道德和社会责任感。

三、优化重点教学模块设计

四川师范大学法学院行政法与行政诉讼法课程思政构建了"四维三域"的课程教学模块。

（一）"四维"模块融合多主体合力，增强课程思政强度

教师、思政、学生和社会资源多主体共同作用课程思政建设，凝聚合力，开拓创新。

1. 教师

教师对内提高自身思政理论水平，增强思政与专业理论的结合点，对外增强交流，拓宽视野。四川师范大学法学院教师积极参与全国高校课程思政内涵建设与教师课程思政教学能力提升研修班等各类课程思政培训，探索构建专业教师参与线上线下思政能力培养传统课程。深入挖掘课程思政与专业课程中的融合点，提升自身发现、提炼思政元素的意识和能力。在着力提高教师思政能力的过程中，突出对教师自身实践课程思政的能力。一方面，行政法与行政诉讼法课程授课教师基于社会实践，指导学生参与全国大学生"互联网＋"创新创业大赛，带领学生前往街道办、公安机关、省厅等部门调研访谈，在此过程中帮助学生和自身开阔视野、增长见闻，感悟行政机关在执法过程中如何坚持依法行政。另一方面，课程教师积极申报、参加学校课程思政示范课程项目等，依托项目探索行政法与行政诉讼法课程思政建设路径，在实践中探索教学经验，增强课程思政意识和能力。

2. 思政

2017年12月，中共教育部党组颁布的《高校思想政治工作质量提升工程实施纲要》提出，要"梳理各门专业课程所蕴含的思想政治教育元素"，四川师范大学法学院行政法与行政诉讼法课程教师深入挖掘专业必修课中包含的思政元素，根据行政法与行政诉讼法对学生公法学习的课程定位，结合马工程教材内容，根据72个课时，结合大一新生的法学思维及素养的情况等，灵活多变、有的放矢地量身定制相关教育改革方案。第一步是解构专业课知识点，将行政法与行政诉讼法知识架构中的具体内容进行挖掘，思考和证明知识点相关联的思政元素。第二步是重组教学内容，结合社会热点、重要政策和案例，通过线上平台进行分享和讨论，不定时地推送社会热点执法事件，和学生进行课

堂外的研讨，带领学生观摩国内高点击率的行政诉讼庭审，将思政元素有机融入所关联的知识点，让学生对思政入法产生化学效应。

3. 学生和社会资源

学生是课程思政高质量发展的基础，他们的存在为课程思政发挥效果提供重要外化可能。学生在课程思政过程中，通过多渠道多平台，实现线上线下的情感共鸣，将内化后的思想外化为自己的具体行为。例如，四川师范大学法学院行政法与行政诉讼法课程的大一学生主持大学生"互联网＋"创新创业项目红色公益赛道，以构建新时代养老社区为主体，将法治与公益融合。学生在查阅整理资料、发掘红色基因的过程中感悟先辈不畏牺牲、勇担使命的爱国情怀和民族担当。

社会资源在课程思政建设中发挥重要的推动作用。课程思政教学活动需要整合校内外的资源，包括其他高校、企业、各级各类行政机关、社会大众等，进行资源共享。

（二）构建三个领域课堂

行政法与行政诉讼法课程思政建设，需要做到三个课堂、三个领域的联动，实现课程思政"三全育人"与"全课堂育人"理念创新协同发展。

1. 深耕第一课堂，实现多元化与学院派的融合

第一课堂具有有两个固定的特点，即在固定时间和空间下，通过班级授课形式，师生根据教学大纲安排和教材内容设计，开展课堂教学与互动。第一课堂是专业知识讲授和课程思政理论讲授的"主战场"，教师在第一课堂通过讲授行政法专业知识点，将思政元素巧妙地放置在知识节点中，将专业知识和思政元素相统一。另外，结合案例教学，让学生在观摩庭审和分析行政机关执法的法律文件和相关案件过程中思考讨论。如在讲授行政诉讼举证责任部分，让学生观摩行政诉讼典型案例庭审过程中，讲授立法对行政机关举证责任的制定目的在于确保行政机关依法行政，充分体现为民服务，培养学生爱国主义精神。此外，第一课堂为师生提供了良好的互动讨论学习空间，充分激发学生求知欲望。

2. 打造第二课堂，创造多元化课程形态

第二课堂作为丰富第一课堂的教学活动，突出空间和资源的高度整合。在教学实践中，四川师范大学法学院行政法与行政诉讼法课程思政教学主要采用专题讲座、场景化教学、体验式教学相结合的模式。

四川师范大学法学院定期邀请国内外专家学者开展学术讲座，开拓学生学术视野，提升学生的思政水平。学校与多家律所、基层法院建立合作关系，建立实践教学基地，定期带学生参与实践讨论和案例分析等。在场景化教学中，主要通过模拟法庭、模拟行政诉讼案件审理，让学生以第一视角观察和感悟，接触到更为丰富、灵活和多样的思政元素。另外，指导学生参加学科竞赛，通过体验式教学充分发挥学生的主观能动性，教师密切与学生联系，在言传身教中将创新意识、学术精神、理想信念、职业道德等传递给学生。

3. 开拓第三课堂，充分运用"互联网+"打造混合式教学

四川师范大学行政法与行政诉讼法课程教师建设"行政法与行政诉讼法"微课，就思政元素密集的知识点以经典案例分析的方式，打破时空的桎梏，为学生提供自由的在线学习途径。在讲授过程中贯彻社会主义核心价值观，最大限度地满足学生学习需要，通过线上专业课专题讨论课程，确保学生完整掌握知识构架。增加学生学习的渠道，做到教与学的高效与方便。社交媒体也是思政教育教学过程中的重要辅助，雨课堂和法学院微信公众号，提供线上的指导和重要热点问题的推送，组织学生参与社会事件的法治思维讨论，培养学生家国情怀、法治精神、创新精神和责任担当之使命感。此外，在实验式教学方面，四川师范大学法学专业以培养四川省模拟法庭大赛选手为目标，在学院法学实验室开展教学任务，借助模拟庭审等激发课程活力。学生在完成模拟法庭活动过程中接触前沿思想，提升法治能力，强化法学领域前沿认知。该模拟法庭活动增加课程趣味性的同时，激发学生与时俱进的时代精神，强化学生对中国特色社会主义法治的自信和认同。综上所述，教学项目四维同驱、多元参与、三域并行，既符合法学专业特色，又挖掘知识体系中蕴含的思政元素，让学生将专业知识内化于心，外化于行。

四、创新教学评价系统

评价系统的重点是评价体系，评价体系作为新文科建设中四大体系之一，在课程思政建设中发挥着至关重要的作用，四川师范大学行政法与行政诉讼法课程思政评价体系重在反馈与完善，确保教学与反馈的无缝衔接，确保逻辑闭环的运行，确保课程思政建设路径向正确的方向运行。

（一）评价环节

四川师范大学法学院行政法与行政诉讼法课程思政构建了涵盖评价主体、

评价内容、评价形式、评价阶段的评价系统。这几个评价环节着重通过以下内容予以展示。

1. 构建评价主体

评价主体的理论主要是针对课程思政的实际效果的反馈评价，由于课程思政的评价比较抽象、评价周期较长等特点，因此评价主体的选择应该不限于教师评价，还要延伸到学生评价、同行评价、教学督导评价，构成完整的评价团队。

2. 完善评价内容

虽然传统的教学评价内容体系已经发展得较为全面，但课程思政教学评价内容制度却并不清晰。行政法与行政诉讼法课程教师根据教学实践经验，归纳出一些可供参考和示范的内容。

（1）教学目标。

教学目标主要是价值目标和课程目标。其中价值目标主要是着力于课程思政的指导思想，实现法治与思政元素的高质量融合，从而实现整体育人；课程目标则更重视具体课程思政的落地，结合行政法和行政诉讼法每个部分的具体内容设置不同的教学目标。

（2）教学内容。

对于教学内容的设置需要关注以下两点：第一，关注专业知识点与思政元素的配置比，避免出现思政教学与专业教学"一张皮"。第二，要确保课程思政教学过程中能够充分运用当下热点问题和时政内容，将思政与专业知识相关联，进而激发学生自信心和思考欲望。

（3）教学方法。

体会翻转课堂的思路，用启发式和设问式教学激发学生的思考。互联网线上教学方法是一种有效的辅助，但是仍然需要灵活适当地运用丰富的教学手段，因材施教。

（4）课堂表现。

课堂表现主要是评价主体对教师、学生以及课堂教学过程的一个完整评价。主要评价的内容包括教师与学生的教与学的态度、教学整体氛围。

（5）教学成效。

教学成效需要从平时作业和课堂讨论中予以评价。

3. 优化评价形式

四川师范大学行政法与行政诉讼法课程的评价主要聚焦多渠道、多维度评价，主要通过核查教学大纲、核查教案、同行交叉听课、教学督导和专业带头人听课、发放教学效果问卷、期末组织师生恳谈会、考核考试情况、考查平时作业情况等方式，综合运用定性与定量相结合的方式，进行多维度全过程评价。

4. 确定评价阶段

四川师范大学行政法和行政诉讼法专业课程思政评价贯穿整个教学过程。

（1）课前：以优化教学大纲为目标进行评价，以教研室评价、学院整体评价、校级督导评价的模式开展。

（2）课中：首先是教师评价，其主要针对引导讨论、总结汇报发言、课堂测试、线上庭审评价、学习小组交叉评阅案例分析等内容进行评价。其次是教学督导评价，督导主要负责查课听课，对上文提到的教学内容进行综合评价。

（3）课后：首先是学生评价，学生通过学期课程评价问卷、学院组织的教学访谈等对教学内容进行评价。评价中的一个亮点是毕业生对学院活动的积极参与，针对毕业生返校后座谈了解其对课程思政实效的长期反馈。其次是主讲教师评价，教师主要通过传统的课后作业以及期末考试来对学生专业知识和思政元素的掌握和理解情况进行评价。

（二）善用评价信息，以评促教

四川师范大学行政法与行政诉讼法课程思政建设着力于落实与教学环环相扣的科学评价方案，及时传达评价反馈的信息。这些反馈信息是由校级平台直接反馈到教师手中，已经对评价信息进行了初步处理，教师就其中有益的建议进行更正，包括教学观念、内容、方法等，并进行反复、不定期检查，实现评价结果效用最大化。

四川师范大学法学院行政法与行政诉讼法课程思政建设模式中的教学部分和评价部分是缺一不可的，有效的教学与行之有效的评价才能确保行政法与行政诉讼法课程思政建设目标的顺利实现。

课程思政融入法学专业的困境与突破

郭彦君[*]

摘　要：高校法学教育必须以习近平新时代中国特色社会主义思想为指导，同时深入学习贯彻习近平总书记关于教育的重要论述，特别是考察学校时的重要讲话精神，持续狠抓法学教育、优化创新教育改革、完善课程结构。高校法学专业是国家法治人才培养的重要摇篮，国家教育的不断发展和高校教育改革的持续推进，给课程思政融入法学专业提出了新的问题和挑战，主要表现为：主观意识欠缺，理论的协同难以真正实现；思政元素匮乏，法学教学中欠缺思政元素的介入；体系建构滞后，法学专业中课程思政的体系尚未建立与呈现。这三个方面的问题具有明显的长期性和普遍性，要解决这些问题并非一朝一夕能达成的，需要从锻造意识根基、扩添思政元素、构建完整体系三个方面来协同进行，以期实现真正的德育目标和法治目标，为在法治道路上奋力推进社会主义现代化国家建设贡献充分的人才。

关键词：法学；思政；法治

一、课程思政融入法学专业的必要性

2022年，习近平总书记在中国人民大学考察时，明确提出："思想政治理论课能否在立德树人中发挥应有作用，关键看重视不重视、适应不适应、做得好不好。"[①] 党的二十大报告也指出："教育、科技、人才是全面建设社会主义

---

[*] 郭彦君，法学博士，四川师范大学法学院讲师。
[①] 《切实发挥思想政治理论课立德树人作用——论学习贯彻习近平总书记在中国人民大学考察时的重要讲话精神》，《中国教育报》，2022年4月28日第1版。

现代化国家的基础性、战略性支撑。"① 而把教育办好、实施人才强国战略对法学人才提出了更加直接的要旨，要求对他们的界定标准不再仅限于精通专业知识方面，其思政内容也被纳入考察范围，而这则必然离不开高校教育中课程思政的融入。

课程思政是高校教育教学过程中的一个新重点、新方向，指在各类课程中都将思想政治理论进行渗透，使专业课程与其同向同行、高度融合，构建新型育人格局，把"立德树人"作为教育的根本任务。② 其是在构建与强化未成年人思政教育的基础之上继续探索的新阶段，力求摆脱"思政课"学"思政知识"的桎梏，把思政内容全面融入整个教育系统和流程中去。随着高校重要性的不断凸显，高校教育改革的不断深入，法学作为一门新时代理论与实践兼具的重点学科，其课程思政的功能性和价值性已然不可忽略。

（一）课程思政融入法学专业为国家法治建设提供坚实的基础

中国在前进与发展的路上离不开依法治国。党的二十大报告指出："全面依法治国是国家治理的一场深刻革命，关系党执政兴国，关系人民幸福安康，关系党和国家长治久安。必须更好发挥法治固根本、稳预期、利长远的保障作用，在法治轨道上全面建设社会主义现代化国家。"③ 而法治建设过程中，单纯地依靠法学理论与实践知识显然不够，课程思政发挥着不可小觑的作用。课程思政对法学专业的浸润，能直接并快速地改变法治环境。"社会主义法治国家"不是一个空泛的定义，它需要实实在在的有力支撑。不论是法治理论的研究、法治实践的钻研还是法治文化的铸造，都为我们呈现了崭新而关键的问卷。国家的法治建设，需要以中国特色社会主义法律体系为导向，落实准确立法、正确执法、真确司法，这每一步不仅对法律的完备和权威、法律的有效实施提出了更高的要求，而且对国家的社会土壤和法治队伍提出了更高的要求。而国家的社会土壤和法治队伍无法机械地与法律进行互动，需要真正具有思政知识的衔接者来夯实土地和耕种。课程思政无疑是法治构建的关键因素和坚固支柱，将课程思政真正融入法学体系，是全面推进依法治国的重要途径和理想

---

① 习近平：《高举中国特色社会主义伟大旗帜　为全面建设社会主义现代化国家而团结奋斗——在中国共产党第二十次全国代表大会上的报告》，人民出版社，2022年，第33页。
② 陈楚庭：《法学专业"课程思政"教学改革探析》，《学校党建与思想教育》，2020年第8期，第52页。
③ 习近平：《高举中国特色社会主义伟大旗帜　为全面建设社会主义现代化国家而团结奋斗——在中国共产党第二十次全国代表大会上的报告》，人民出版社，2022年，第40页。

状态。

(二) 课程思政融入法学专业为法治人才培养输送充足的养料

教育的根本目的是树人，是把受教育者尽量塑造成为符合国家和社会总体要求的人。思政教育是多维度多方面的，它不仅仅是讲授一些特定的思政内容，还承担培养学生的思维方式、创新意识、社会责任感和国家荣誉感的重任。思政教育能帮助各个专业的大学生更加及时、全面地认识国家的政策和法律法规，树立正确的世界观、人生观和价值观，提升自身整体能力，为国家建设与社会发展做出贡献。当代中国是自强不息、勇毅前行的中国，是以教育为国之重器的中国，是渴盼人才济济的中国。国家要想在赛道上不断领跑，背后必然需要数不胜数的人才队伍作为支撑。国家对杰出的法治人才培养必然也要提出相应的要求，即进行专业教育的同时，重视他们的思想道德塑造，以中国特色社会主义法治理论武装学生的头脑，把社会主义核心价值观渗透到教学的方方面面。[①] 因此，高校作为国家法治人才的基地和摇篮，必须切实提高国家法治队伍的水平，强化法治人才培养的质量，推动法治建设养料的输送。法学专业的学生，也应当在学好专业知识的同时，谨记思政课程的内涵和价值，使自己成为一个全面的、进步的、有用的法律人。

(三) 课程思政融入法学专业符合时代的要求

当今时代，国际社会和国内社会皆发生显著变化。新形势下的全球格局充满不确定性，中国虽位于发展中国家序列，但发展势头却波涛滚滚、扶摇直上。在习近平新时代的旗帜下，法治国家不再仅仅是一句口号，法学专业也不再仅仅是一个独立的学科，而是国家核心竞争力的重要体现。社会的进步、国家的发展、人民的生活必须跟上时代的步伐，与之保持同步。党的十八大以来，我国始终坚持开放、协商、合作、共赢的理念，聚势协同国内法治和涉外法治，主动在国际投资和贸易中彰显中国身份，在国际斗争中做到不惹事、不畏惧、讲证据、靠法律，力求最大限度地维护国家及人民利益。党的十九届六中全会决议也明确强调："全面依法治国是中国特色社会主义的本质要求和重要保障，是国家治理的一场深刻革命。"[②] 这是历史的经验，亦是时代的呼声。

[①] 雷裕春：《法学本科专业课程思政教育体系构建研究》，《广西财经学院学报》，2021年第3期，第85~93页。

[②] 《中共中央关于党的百年奋斗重大成就和历史经验的决议》，《人民日报》，2021年11月17日第1版。

在此背景下，迫切需要树立新思维、谋划新对策，搭建课程思政与法学专业的融合机制。在高校法学教学过程中，往往侧重于法的理解与运用，即依法执政、依法行政、公正司法、公民守法等方面，思政教学作为法学专业的公共必修科目往往受到忽视，而高等院校之学生，应为国之栋梁，肩负重任，更应心系人类命运共同体、国际治理以及国家的稳定发展。这一切都跟思政教学无法分割。① 做好课程思政，能够快速地造就社会主义法治行列的后继队伍，顺应时代潮流，促使国家有序发展，维护国家的安定和谐。②

二、课程思政融入法学专业的困境

（一）主观意识欠缺，理论的协同难以真正实现

传统的大学课程依然是以专业知识为主，专业课程教师在进行教学时鲜少具有课程思政意识。法学课程门类较多、理论知识庞杂、专业程度较高，教师在讲授过程中更加注重法学体系的建立，法学逻辑的完善，法学理论的灌输，法学条文的解读，往往把学生对专业知识的融会贯通放在首位，未能深切领悟思政理论融入课程的重要性和必要性，也未能对课程思政进行真正的思考和结合。③ 其中一个不容忽视的重要原因是缺乏关注，意识上存在疏漏及忽视。在高校课程中通常在固定学期开设了思想政治的公共必修课，大多数法学专业教师则认为思政教育应当且已经由专门的思政教师负责，因而对该部分内容避而不谈，认为只要讲好了专业课程的相关知识即可培养出合格且优秀的法治人才。学生亦持此观点。他们认为，首先，自己并非思政专业的学生，无须对该内容掌握得如此深入全面，学好法学专业才是重中之重；其次，即使相关思政知识为必修科目且有了解的必要，在学校开设的公共课程中，对于他们了解这些思政内容也已然足够。因此，不少学生轻视思政内容，对思政科目的学习存在敷衍、被动、松懈等态度，甚至把其当成可有可无的配角科目，此种谬误看法在高校教学中广泛存在。此外，甚至还有部分教师存在这样一些偏颇看法：

---

① 傅晶晶、李庆：《课程思政浸润法学专业课程教育的思考》，《教育现代化》，2020 年第 10 期，第 69 页

② 赵一强、张云：《法学本科课程思政的伦理意义及其教学实现》，《高教学刊》，2021 年第 3 期，第 188~192 页。

③ 赵呐：《大学法学开展课程思政教育的思路研究》，《教育现代化》，2019 年第 9 期，第 207~208 页。

能够进入高等院校学习的学生已经具备足够的思想政治理论知识，无须再额外增加思政教学内容。殊不知，高等院校才是对学生世界观、人生观、价值观塑造的重要阶段，仅仅学好专业知识显然是不够的，必须谨记"先做人，后做事，做人德为先"。法学教师思政意识的欠缺，使得课程思政的开展失去了最原始、最基本的实施条件和动机。

（二）思政元素匮乏，法学教学中欠缺思政元素的介入

想要达到课程思政和法学专业的高度融合，必须深层次地探索和收集可利用的、与法学专业相关的思政元素，让法学教师在课堂上能够做到"有素材可讲，有内容可教"，这是法学专业进行课程思政的先决条件。而在实际的教学活动中，无论是在教材的使用还是在课程内容的讲授过程中，思政元素都并不多见。高校法学本科教材大部分虽已使用"马工程"系列教材，且该教材编写已较为成熟，也与思政内容进行了较好的结合，但部分课程依然未能呈现在该系列中[①]，进而导致这些课程在教学时没有完整的范式参考。更重要的是，该教材在使用过程中，教师和学生并不会完全地遵照教材设置来进行推进教学，大多数情况下依然将思政元素抛之脑后，只筛选其中的专业内容来程式化讲解和学习。在教学过程中，无论是理论讲授、案例教学，抑或是实务分析，大多数法学教师只接受过法学的专业培养，属于法学专业科班出生，没有接受过思想政治专业的特殊栽培和研修，并不善于灵活地运用思政元素来丰富自己的课堂教学。当然，这也与他们未能提前充分备课、欠缺专业知识有很大的关系。诚然，要具体实施课程思政并迅速产生实效并非易事。在实践中，法学教师即使已经收集了足够的思政元素，但怎样在具体的课堂教学中实施与调和、如何具体操作落到实处、怎么让法学专业学生真正掌握思政知识等问题，依然常常使他们一筹莫展、步履维艰。

（三）体系建构滞后，法学专业中课程思政的体系尚未建立与呈现

课程思政的核心是在其与专业课程高度融合的基础上，实现立德树人的教育效果。但此种融合并非一味粗泛地将二者内容简单地结合在一起，它需要有具体且完整的体系进行支撑。目前在绝大多数法学专业教学中，均未形成二者完备的融合体系，进而导致法学教学与思政内容难以真正融会贯通，教师在教

---

① 彭小霞：《课程思政融于法学专业课程教学之路径探索》，《石家庄学院学报》，2022年第2期，第120页。

学时具有明显的僵化性、单一性和滞后性。课程思政与法学专业的融合体系未能有效建立，其原因可以归结于课程思政发展落后，实施僵化机械，缺乏具体指引，未配套相关制度，欠缺统一规范等。[①] 最直接的后果就是法科生虽然熟悉基本概念、学科制度、法律条文、法学理论等专业知识，却对国家的历史、文化的发展、文明的演进、道德的榜样知之甚少。这样的教学手段所教育出来的学生是单向发展的，是固化的，甚至是不符合社会主义现代化要求的；同时，这样的教学手段所教育出来的学生是缺乏自我价值感和国家使命感的。法学和思政虽有部分相通之处，但介于其本身存在于不同的系统之中，二者有技能和德育的实质差异，要构建一个二者的融合体系，难度可想而知。[②] 直接将思政内容和法学课程叠加在一起，教学内容必然会产生分裂，无法使课程成效得以更好体现，只有把二者进行有机统一，建立完整的体系，才能使教学效果达到最优。目前在初具雏形的课程思政体系中，还是存在保障机制不完善、师资力量不成熟、教学方案不科学、考核机制不足等诸多现实问题，这也自然引发了课程思政与法学专业的融合困境。

三、课程思政融入法学专业的突破

（一）锻造意识根基，加强法学专业与思政课程的深层次融合

马克思辩证唯物主义的观点表明，意识对实践具有明显的推动作用。教育实施的根本在于教师，高校学生的"三观"、道德思想也最容易受到教师的感染和教化。在教学过程中，学生作为受众主体，最直接的接触者即教师，教师的言行理念能够立即对学生产生不同程度的影响。因此，课程思政要想有力实施，首先要培养的是教师的思政意识，使之具有能动性、革新性。而要改变教师的固有理念，增强这方面的思政培训必不可少。[③] 这类培训包括马克思主义的法学理论、中国特色社会主义法治理念、习近平法治思想、习近平关于高校思想政治教育的重要讲话、中央和教育部关于课程思政建设的系列文件精神、

---

① 孟庆瑜、黄博涵：《高等院校法学专业课程思政建设的思考》，《河北经贸大学学报》，2022年第9期，第3页。

② 朱继胜、谭洁、朱振明：《论法学课程思政特点、难点与实施路径》，《高教论坛》，2021年第9期，第56~57页。

③ 马怀德：《法学类专业课程思政建设与实践》，《中国高等教育》，2022年第6期，第8页。

法律职业道德等。① 经过一系列专门的思政培训，不仅可大幅度提升教师的思想素养和政治水平，还能从根本上强化他们进行思政教学的动机和信念。同时，学校也承担着加强思政宣传的任务，有必要让专业教师深入了解课程思政的价值、功能及实施，对他们进行耳濡目染的带动和影响。在学校中设置相应的优秀示范课程，组织专业课教师了解和学习，让他们找到正确的方向和典范，进一步优化自己的课程设置和教学内容；同时，继续狠抓教师德育学习，强调并督促师德师风建设，提高教师队伍的整体素养。教师在教学过程中，也应当积极地对学生的思想道德内容进行正确引导，严禁出现盲目西方崇拜、不良言论影响、价值观偏离等现象，正确地向学生输送法治理念和法治思想，让他们在学好专业课的同时树立坚定的民族自豪感和自我认同感。总之，只有教师对思政内容热情饱满，对课程思政的实施具有积极的主观能动意识，才能更好地启发学生主动学习的热忱。因此，从源头解决课程思政重视度不够、能动性差的问题，树立教师的使命感和责任感，才能进一步使高校学生具有大国担当、道德荣辱和正确的"三观"，真正培养出法学知识与思想道德兼具的优秀法律人才。

（二）扩添思政元素，增进思政元素在法学教学中的渗透

"巧妇难为无米之炊"，仅有深刻且积极的课程思政意识和主观能动性，对于完成一项好的教学和人才培养来说显然不够，还需要丰富的思政素材。对于教师来说，首先应当专注于钻研教材。教材是教学的指导样本，是教育方案的知识介质，也是思政元素的关键源泉。因此，对教材的合理选择和使用直接关系到课程思政顺利有效地实现。《习近平新时代中国特色社会主义思想进课程教材指南》要求把习近平新时代中国特色社会主义思想全面融入课程教材，对各个科目、各个章节、各个教育环节都做到覆盖和贯通。② 马克思主义理论研究和建设工程是 2004 年启动的一个以思政为背景的专业课教材，它涉及了法学、经济学、哲学、管理学、历史学、教育学等多个专业科目，对专业课程教育教学与思政内容融合提供了很好的导向作用。因此，在教材的选择上，必须严格把关，对"马工程"系列教材应选尽选；对"马工程"系列暂未涉及的教材尽快完成编写、审核和出版，提高高校教材课程思政的整体水平。除了好的

---

① 雷裕春：《法学本科专业课程思政教育体系构建研究》，《广西财经学院学报》，2021 年第 3 期，第 85~93 页。

② 国家教材委：《习近平新时代中国特色社会主义思想进课程教材指南》，第 1 页。

教材，人才培养方案和教学实施大纲中也需要融入丰富的思政元素。高校乃国家教育之重地，承担着社会、民族发展之责任，有必要确保培养目标符合中国特色社会主义理念，符合国家和时代的要求，符合立德树人、德法兼修的基本纲领，符合让学生树立正确世界观、人生观、价值观的要求。人才培养方案和教学实施大纲直接关系到学科课程的教学内容和教学效果，因此，在草拟和制定这些文件时应当大量加入思政元素来实现后期的指导教学。另外，课程思政的实施给专业教师的前期准备工作无疑提出了更高更难的要求。备课是教师在开展教学活动之前十分重要的一环，教师必须花精力、花时间做好这一步。在备课的过程中，教师应加强对思政知识的学习和探究，寻找更多的与专业相匹配、连接度高的思政元素加以熟悉和备用，丰富课堂教学的思政内容，实现专业知识和思政理论的齐头并进，让学生既掌握专业知识，又提高自身的思政修养。法学科目具有明显的专业性、实践性和综合性，这给法学教师在课堂中进行思政内容的讲授带来了超出常态的难度。收集充足且相关的思政元素有助于法学教师在课程思政教学的过程中有的放矢、统筹兼顾。

（三）构建完整体系，对法学教学进行有力切实的指导和管控

加强对学生的思想道德教育在早些年开始不断被提起，近几年来国内高等教育面临重大变革，其再一次被推到了风口浪尖。虽然贯彻实施课程思政和法学专业的融合是多方面的、纷繁复杂的、细枝末节的，但是显然，构建完善的融合体制，能更好地从宏观及微观角度保障其推行和操作，能长效保证教育的价值功能。该体系是一个统一的系统，包括优化教学管理、设置考核方式、配置评价机制[1]等多个版块。教师、学院以及学校三方主体一起配合拟定该体系中的各项内容，并共同推进上述内容的执行。在教学管理方面，以德法兼修作为总体思路[2]，注重教学细节，扎根于多元丰富的讲授模式，摒弃单纯的专业知识灌输式教育，关注思想道德理论在专业课中的融入程度、二者的连贯性以及学生对课程思政的接受和理解程度；紧扣时代热点，铭记历史使命，生动把握教学内容，以使学生学习思政内容、理解思政内容、热衷思政内容。在考核方式方面，对教师的课程思政教学内容和学生的学习成效进行双向考核。建立专门的课程思政工作小组，全面负责课程思政实施中安排的各种任务以及出现

---

[1] 原新利：《法学专业课教学创新与课程思政融合模式的展开路径》，《石家庄学院学报》，2023年第1期，第133页。

[2] 徐英军、孔小霞：《论法学类专业开展课程思政的总体设计与实施要点》，《中国大学教学》，2022年第7期，第70页。

的各种问题，把制度的设置维护与执行操作有机结合起来。设置切实可行的考核标准，推动课程思政的有序进行，实行全方位全环节监督，使其落到实处。把考核结果与教师的评优评奖、新晋鼓励、职称进阶等联系在一起，以考核促进教学，以考核带动教学，以考核优化教学。在评价机制方面，设置专门的课程思政评价体系，采取同行评价和师生互评的方式，同时进行形成性评价（教学过程中的期中评价）与终结性评价（教学结束后的期末评价）[①]，根据评价结果进行反思与调整，合理配置资源，进一步完善整合课程思政融入法学专业的教育教学，切实为学生提供正确的价值指引。

四、结语

思政教学和法学专业教学虽然分属于不同的科目与系统，但二者并不是大相径庭且独立存在的，而应当是同声相应、协同发力的。对于培养高校优秀法学专业的大学生这个育人目标来说，二者同等重要且必须相互配合。大力推动课程思政与法学专业的融合不仅符合中国特色社会主义法治建设的要求，也符合新时代国家教育发展及法治人才培养的号召。无论是学校、教师还是学生都应当积极参与到课程思政与法学专业的融合中来，脱离单一的"专业式教学"，实现立德树人、德法兼修的基本任务。目前，我国高校课程思政的开展及其与法学专业的融合已基本度过萌芽阶段，正逐步发展并呈现较好态势。虽然在这个过程中还是存在很多困难需要我们不断地去探索和突破，但可以乐观地推测，只要以学生的发展为根本核心，结合相应的教学动机、教学方法、教学内容、教学体系，课程思政和法学专业的融合将逐渐清晰明朗，取得长足的进步。

---

① 王岳喜：《论高校课程思政评价体系的构建》，《思想理论教育》，2020年第10期，第26页。

课程思政视野下的知识产权法教学改革探究

左梓钰*

摘　要：知识产权法课程思政教学是知识经济时代下社会主义法治人才培养的必然之道。然而，相关教学面临思政教学理念不足、思政教学模式单一和思政教学内容薄弱等问题。知识产权法课程思政教学改革应从相关问题出发，明确思政教学的目的，多元化教学方式，深挖思政内涵，并结合其他领域知识，构建跨学科式课程思政教学框架。

关键词：知识产权法；课程思政；教学改革；知识产权强国

习近平总书记 2016 年 12 月在全国高校思想政治工作会议上就提高学生思想政治素质提出明确要求，强调高校人才培养"要坚持把立德树人作为中心环节，把思想政治工作贯穿教育教学全过程，实现全程育人、全方位育人，努力开创我国高等教育事业发展新局面。"[①] 教育部《高等学校课程思政建设指导纲要》指出，"全面推进课程思政建设是落实立德树人根本任务的战略举措"，在法学类专业课程教学中应"坚持以马克思主义为指导，加快构建中国特色哲学社会科学学科体系、学术体系、话语体系"[②]。知识产权法课程思政教学，即在专业教学中融入中国特色社会主义法治理论，将专业教育与思政教育有机结合。中国特色社会主义法治理论"以马克思主义法学观为思想渊源，以中华

---

* 左梓钰，中国人民大学法学博士，四川师范大学法学院讲师，四川师范大学互联网法治研究中心副主任、研究员，四川省经济法律研究会知产专委会秘书长。在 SSCI、AHCI、CSSCI 来源期刊发表中英文论文多篇。本文系四川师范大学"知识产权法思政教学与实践"课程思政示范项目（20230036XSZ）成果。

① 张烁、鞠鹏：《习近平在全国高校思想政治工作会议上强调　把思想政治工作贯穿教育教学全过程　开创我国高等教育事业发展新局面》，《人民日报》，2016 年 12 月 9 日第 1 版。

② 教育部：《高等学校课程思政建设指导纲要》，http://www.moe.gov.cn/srcsite/A08/s7056/202006/t20200603_462437.html?eqid=cd33669e000498b80000000464264c2b。

法系与中华法律文化以及其他人类法治文明之精华为历史基础",是全面推进依法治国的指导思想。① 知识产权法作为我国法学专业基础课程之一,其课程思政建设和发展是知识经济时代下社会主义法治人才培养的题中之义,是践行创新驱动发展战略的必然要求。

一、我国知识产权法课程思政教学建设的必要性

(一)支持全面创新的知识产权法治建设

党的二十大报告指出,"加强知识产权法治保障,形成支持全面创新的基础制度"②。《知识产权强国建设纲要(2021—2035年)》指出,知识产权强国战略是激发全社会创新活力,建设世界水平的知识产权强国的必由之路。③ 刘春田教授将发现创造和知识产权称为跨世纪的"伟大觉醒"。④ 知识产权法是致力于创造及其传播成果之保护的法律,知识产权法课程思政教学有利于加深学生对知识产权法鼓励创新之宗旨的理解,有利于让学生认识到知识产权制度对中国式现代化的重要性,从而为知识产权法治保障奠定扎实的人才基础。

《与贸易相关的知识产权协定》明确指出知识产权是私权,我国自改革开放后,方恢复市场经济并重建私权。刘春田教授指出:"在中国,没有私权的复兴,就没有经济的发展,就没有民族复兴。"⑤ 知识产权法作为保护创新之法,是形成支持全面创新的基础制度的核心,因而坚持市场经济制度,就是支持知识产权制度,就是推进国家的全面创新。知识产权法课程思政教学通过让学生理解知识产权法的宗旨,理解国家战略需求与知识产权制度之间的关系,从而使学生意识到知识产权法基础学习与研究的重要性,并助力培养知识产权专业人才。

---

① 何勤华、周小凡:《"中国特色社会主义法治理论"考》,《中国社会科学》,2022年第12期,第70页。
② 习近平:《高举中国特色社会主义伟大旗帜 为全面建设社会主义现代化国家而团结奋斗——在中国共产党第二十次全国代表大会上的报告》,人民出版社,2022年,第35页。
③ 中共中央、国务院:《知识产权强国建设纲要(2021—2035年)》,https://www.gov.cn/zhengce/2021-09/22/content_5638714.htm。
④ 刘春田:《跨越世纪的伟大觉醒——发现创造和知识产权》,《知识产权》,2019年第8期,第3页。
⑤ 刘春田:《知识产权法治的经济与法律基础——纪念中国知识产权四十年》,《苏州大学学报(法学版)》,2019年第1期,第69页。

（二）助力立德树人的法治人才培养

党的二十大报告指出："教育、科技、人才是全面建设社会主义现代化国家的基础性、战略性支撑……育人的根本在于立德。"[①] 知识产权法课程思政教学有利于加强学生对知识产权法治的信念，树立健康的世界观、人生观和价值观，形成严谨的事实和法学评价思维和逻辑分析体系，从而培养德法兼修和全面发展的法治人才。

创造，是个性的过程化实践及其智慧成果，是人之为人的特性[②]，尊重并保护个性的智慧成果，就是在保护人权。知识产权法对市场主体均施加不得剽窃、不得混淆的诚信义务。作品的独创性要求创作是独立完成的，作品的引用应遵循学术规范；专利的新颖性要求发明创造非现有技术或设计；商标注册要求不得侵犯他人在先的合法权利，商标权人及其权利继受人应保证商品和服务质量，维护商标与其商品和服务之间的联系等。同时，知识产权法对创造主体也施加了不得滥用权利，不得违反法律法规、公序良俗、社会公德、自然规律、公共利益等而进行创造的义务。对内容违法的作品，虽然作者仍享有著作权，但其权利行使受法律限制；对违反法律、社会公德或者妨害公共利益的发明创造，违反法律、行政法规的规定获取或者利用遗传资源并依赖该遗传资源完成的发明创造，不授予专利权；对商标注册规定了不予注册的消极条件。著作权法和专利法规定了权利限制的条件，对商标权有正当使用商标符号的限制。

知识产权法鼓励创造，在知识产权扩张进行中也呈现知识产权的强保护态势，但知识产权的取得和行使也受到法律限制，从中可见知识产权法对创造者和使用者的思想和行为的导向作用。知识产权法思政教学通过相关具体的法律规范，结合社会主义核心价值观，向学生传达知识产权法在立德树人方面的要求，实现法治教育与德治教育的有机结合。

（三）推进文化强国战略的实施

党的二十大报告指出："全面建设社会主义现代化国家，必须坚持中国特

[①] 习近平：《高举中国特色社会主义伟大旗帜　为全面建设社会主义现代化国家而团结奋斗——在中国共产党第二十次全国代表大会上的报告》，人民出版社，2022年，第33~34页。

[②] 刘春田：《跨越世纪的伟大觉醒——发现创造和知识产权》，《知识产权》，2019年第8期，第12~13页。

色社会主义文化发展道路……"① 要不断提升国家文化软实力,提高国民文化创新活力。《知识产权强国建设纲要(2021—2035年)》提出要塑造"尊重知识、崇尚创新、诚信守法、公平竞争的知识产权文化"② 理念和环境。知识产权法课程思政教学有利于学生认识到文化创新与知识产权制度的产生和发展之间、与社会进步和国家繁荣之间的相互作用,有利于增进学生对我国传统文化知识的了解和保护。

知识是公共产品③,或"集体消费品"④。公共产品的特质是"非竞争性"和"非排他性"⑤,因而也被称为"非消耗物"。知识产权法之所以规定有关权利的限制,是因为智力成果不应被绝对垄断,而应在传播的过程中继续增值和改进。知识产权法在赋予权利人激励的同时,也不得妨碍公众的表达自由与文化参与权。⑥ 比如有一种创作手法是戏仿,即"一种结合了多种不同表达方式的讽刺性的模仿表达,这种表达因内在不同表达方式间的矛盾、差异而产生出了滑稽的效果"⑦。戏仿作品通常引起侵害著作权人署名权、保护作品完整权等人身权和复制、改编权等财产权的质疑。但戏仿就是通过不同表达的"互文性"使其创作具有滑稽讽刺的效果,不会产生实质替代原作的效应,而且戏仿作品无须指明原作品的来源,否则就达不成戏仿创作依靠读者或观众的自主联系而产生各自评价的应有之义。⑧ 如果保护作品完整权固守主观判断的作者意思标准,那么这一类的创作将在法律层面被否定,从而打击创作的多元性,并妨碍了公众的表达自由与文化参与权。"思想市场"⑨ 理论指出,思想也只有在思想市场的检验中才能明辨其价值。知识产权的意义在于促进民主文化的建

---

① 习近平:《高举中国特色社会主义伟大旗帜 为全面建设社会主义现代化国家而团结奋斗——在中国共产党第二十次全国代表大会上的报告》,人民出版社,2022年,第42~43页。

② 中共中央、国务院:《知识产权强国建设纲要(2021—2035年)》,https://www.gov.cn/zhengce/2021−09/22/content_5638714.htm.

③ Lea Shaver: The Right to Science and Culture, Wisconsin Law Review, 2010 (1): 157.

④ Paul Samuelson: The Pure Theory of Public Expenditure, The Review of Economics and Statistics, 1954 (4): 387−389.

⑤ Joseph E. Stiglitz: Knowledge as a Global Public Good, Global Public Goods: International Cooperation in the 21st Century, 2010: 308−309.

⑥ 《世界人权宣言》(1948)第二十七条:"(一)人人有权自由参加社会的文化生活,享受艺术,并分享科学进步及其产生的福利。(二)人人对由于他所创作的任何科学、文学或艺术作品而产生的精神的和物质的利益,有享受保护的权利。"

⑦ 左梓钰:《论将戏仿纳入著作权法合理使用制度的正当性》,中国政法大学,2019年,第7页。

⑧ Ziyu Zuo: On the Legal Interpretation of Parody in the New Copyright Law of China, Queen Mary Journal of Intellectual Property, 2023 (2): 187−197.

⑨ Abrams v. United States, 250 U. S. 616 (1919).

设，因此应该缩减专有权利保护的范围，扩大公有领域的知识。[1]

此外还应注意，在基因资源和传统文化资源的保护和利用上，发达国家和地区对欠发达国家和地区的本土资源进行商业性利用后再转售给后者，导致后者需以更高的成本回购以其文化和资源为基础而开发出的产品，这对于经济、科技和教育等水平较低的国家和地区而言是不公平的，而以《与贸易相关的知识产权协定》为代表的国际公约更是加剧了这种不平等。所以有学者认为关于公有领域的呼声忽视了人利用资源能力的不平等性和分配正义，故主张在公有领域建设一种"有限的公有财产权"[2]。有学者指出，通过产权机制保护非物质文化遗产容易引发"反公地灾难（悲剧）"[3]，即过多的产权反而导致资源利用的不足。郭禾教授在考察非物质文化遗产的保护问题上指出，非物质文化遗产的性质决定了它不适宜私权保护模式，为避免培养吃祖宗饭的懒汉，国家应"以公权力给予适当的干预以保证其正常的传承"，并扶助、弘扬和发展非物质文化遗产。[4]

知识产权法的课程思政教学通过结合人类命运共同体理论，一方面使学生树立创新文化的保护意识，另一方面帮助学生理解文化发展与分配正义之间的关系，从而推进文化自强自信。

二、我国知识产权法课程思政教学面临的问题

（一）知识产权法课程思政教学理念不足

知识产权法课程思政教学理念的不足主要在于对思政与知识产权法关系的理解不足。刘春田教授指出："知识产权制度是现代性的标志，知识产权制度的输入源于中国对现代性的渴求。"[5] 学者余俊指出："知识产权在中国的发生

---

[1] William Fisher：Theories of Intellectual Property，https://cyber.harvard.edu/people/tfisher/iptheory.pdf.

[2] Anupam Chander、Madhavi Sunder：The Romance of the Public Domain，California Law Review，2004（92）：1354-1357.

[3] 杨明：《非物质文化遗产保护的现实处境与对策研究》，《法律科学（西北政法大学学报）》，2015年第5期，第142页。

[4] 郭禾：《对非物质文化遗产私权保护模式的质疑》，《中国人民大学学报》，2011年第2期，第32页。

[5] 刘春田：《知识产权制度与中国的现代性》，《中小企业管理与科技》，2012年第7期，第32页。

与发展，是中国现代性建构的表达与实践。"① 中国在近代史上因西方的坚船利炮而被迫卷入世界现代化进程，大量的现代性思想也随之涌入我国。清末变法就是我国受现代性思想影响的一种体现，知识产权制度也在此刻被建立，虽其实施多有波折。尽管中国进入现代的时间落后西方数百年，但在改革开放后，中国不断发展市场经济，在短短几十年内与西方共同步入知识经济时代。人类文明始终依靠其智慧结晶来推动，可以预见，随着社会和科技的发展，世界对知识产权的重视只会有增无减，知识产权制度会成为决定世界格局变化和发展的根本要素。习近平总书记指出："中国式现代化是强国建设、民族复兴的康庄大道。"② 中国式现代化需要知识产权法治的中国化，需要知识产权话语的中国化，从而为全面建成社会主义现代化强国打下坚实的制度和法理基础。

（二）知识产权法课程思政教学模式单一

知识产权法课程思政教学模式的单一主要在于没有打开思政联系知识产权法教学的思路。首先是怎么理解思政教学的问题，是不是单纯地将知识产权法的具体规范与思政点联系起来即可。其次，知识产权法中的概念抽象性较强，其基础理论的学习较难，因而教学通常以教师的讲授和展示为主。可即使教师讲得到位，学生在不断被灌输相关抽象概念和理论的过程中容易感到枯燥，且在专业理论学习尚难的情况下，更不易理解思政与知识产权法之间的关系。最后，知识产权的对象涉及多学科领域，且其发展变化会直接影响知识产权制度和相关法律解释，那么纯粹的法学知识是否足以帮助学生认识和理解知识产权的对象及其保护，思政在其中如何发挥作用，如何通过思政建立对知识产权制度的全方位解析，是知识产权法课程思政教学应研究的问题。

三、我国知识产权法课程思政教学改革的路径

（一）明确知识产权法课程思政教学目标

明确课程思政教学目标是构建课程思政体系的基础，也是践行课程思政理念的首要标志。结合知识产权法专业内容，其课程思政教学目标应从创新保护

---

① 余俊：《知识产权与中国现代性的起源》，《知识产权》，2019年第8期，第62页。
② 习近平：《中国式现代化是强国建设、民族复兴的康庄大道》，《求是》，2023年第16期，第4页。

意识、国际视野、行业动态和个人发展这四方面予以建构。

知识产权法作为鼓励和保护创造之法，能塑造学生尊重知识、崇尚创新的价值观，增强学生对知识产权制度的理解和认可。知识产权的国际化进程加快，关于知识产权的国际公约、条约和协定在不断增多和完善，凸显知识产权推动世界发展的核心地位。我国对涉外知识产权人才的需求也日益强烈，因而在培养知识产权法学人才的教学过程中要重视融入国际视野。习近平总书记指出："坚持统筹推进国内法治和涉外法治，加强涉外领域立法，推动我国法域外适用的法律体系建设。"① "中国的发展离不开世界，世界的繁荣也需要中国"②。《知识产权强国建设纲要（2021—2035年）》明确指出要"加强知识产权国际化人才培养"③。中国是参与知识产权全球治理体系改革与建设的中坚力量，因此中国将继续扩大知识产权领域的对外开放，积极推进知识产权对外谈判，推动知识产权国际规则和标准的完善，不断提升知识产权仲裁的国际化水平，积极维护和发展知识产权国际合作体系。

知识产权法教学应以知识产权法理论为导向，以面向法律实践、解决知识产权现实问题为目的，因此知识产权法课程思政目标要结合行业动态。目前关于知识产权人才培养的诸多批评都指向"实务训练不足"或"与法实践脱节"，故迫切需要强化案例教学、增加实习基地和实习时长。④ 在数字化时代，知识产权已融入各行各业，相关纠纷层出不穷，诸如网络文学剽窃乱象、游戏"换皮"、游戏和体育赛事直播的未经许可转播、未经许可制作和传播数字藏品NFT（Non-Fungible Token，非同质化代币）、人工智能生成内容的性质争议、驰名商标的混淆和保护等问题。在创造大爆发的当代，处处皆涉知识产权，因此培养面向实践的知识产权法治人才是知识产权课程思政教学的核心任务之一。知识产权法教学还要考虑学生的自我发展。除了通过知识产权法的宗旨和具体规范践行立德树人的理念和标准外，还要观察学生的法学发展倾向。有的学生偏向研究型，有的学生偏向实践型。针对不同发展倾向的学生，应给予相应的具体指导。

---

① 《习近平在中共中央政治局第三十五次集体学习时强调 坚定不移走中国特色社会主义法治道路 更好推进中国特色社会主义法治体系建设》，《人民日报》，2021年12月8日第1版。

② 习近平：《中国的发展离不开世界，世界的繁荣也需要中国》，https://www.gov.cn/xinwen/2020-11/10/content_5560310.htm。

③ 中共中央、国务院：《知识产权强国建设纲要（2021—2035年）》，https://www.gov.cn/zhengce/2021-09/22/content_5638714.htm。

④ 李西娟、郝家宝：《基于法学人才培养的课程思政教学改革与创新——以〈知识产权法〉为例》，《石家庄学院学报》，2023年第2期，第27～28页。

(二) 多元化知识产权法课程思政教学模式

知识产权法课程思政教学应以"大思政课"理念为指导,多元化其教学方式。教育部等十部门《全面推进"大思政课"建设的工作方案》指出要"强化问题意识、突出实践导向……推动思政小课堂与社会大课堂相结合"①。在教学中,除了讲授和展示法外,教师还应综合运用案例教学法、实践教学法、情景教学法等方式。

正因为知识产权法中的概念和原理十分抽象,所以需要借助具体案例说明相关概念和原理的应用。有的概念和原理看似简单,但在实践中的争议却很大。比如,作品是形式成果,但却有将香水气味认定为作品的案例。如何解释作品的形式性,是已固定还是可固定?怎么理解摄影作品与视听作品之间的关系?录像制品的截图能构成摄影作品吗?只要有一点点选择和安排就能认定具有独创性吗?电影作品改编原作的边界在哪里,只要不符合原作者意思就属于对原作的歪曲、篡改吗?等比例制作的模型作品就是对原作的复制吗?实用艺术品和外观设计的区别何在,一定要将二者区别规定吗?地理标志、民间文学艺术是私权的对象吗,怎么保护它们更合理?商业秘密是权利的对象吗,一定要建设专门的商业秘密法吗?单纯地看前述问题所涉及的基本概念,学生容易囿于这些概念容易被理解的表象。只有将具体案例和实践纠纷呈现在他们面前,他们才发觉自己最初认识的浅薄。要培养符合国家需求的知识产权专业人才,就要让学生认识到深入钻研知识产权基本理论的重要性。

在实践教学和情景教学方面,教师可以通过引入模拟法庭、小剧场、专题辩论和庭审直播的方式让学生切实感受知识产权法理论与实践的结合,培养学生的大国责任和担当。教学中应注重发挥学生的主体性作用,积极运用课堂辩论、情景展示、小组研学、课题研讨等方式组织课堂实践。知识产权的对象涉及多学科、多行业领域。教师可鼓励学生积极参加"互联网+""挑战杯"等创新创业大赛,通过创作作品、进行发明创造、撰写商业企划书等方式切身感受创造的魅力。在此过程中,鼓励学生进行作品著作权登记、商标注册、申请发明创造专利等实践,把所学知识用到实处。

(三) 跨学科式构建知识产权法课程思政教学内容

知识产权法课程思政教学内容应融合多学科知识,建立跨学科的人才培养

---

① 教育部等十部门:《全面推进"大思政课"建设的工作方案》,https://www.gov.cn/zhengce/zhengceku/2022-08/24/content_5706623.htm。

教学机制。关于知识产权人才培养的另一方面的批评指向"复合型人才培养的不足",复合型师资和学生都比较匮乏,因此有建议"压缩知识产权本科专业招生并应当增加知识产权专业硕士研究生的招生数量"①,也有建议设置"知识产权双学士学位"②。这些观点多倾向于招收有理工科背景的学生,主要因为对技术的理解和审核着实需要真正懂相关知识的人。比如字体和字库的作品性问题,究竟是美术作品还是计算机软件。如果是计算机软件,如何说明它们的本质是代码?又如专利法保护的技术和设计方案,如何认定这些技术和设计方案具有创造性和非显而易见性。而对于计算机软件之外的作品和商标,似乎就不需要法学专业之外的知识了。因为商标的显著性并不全基于其标志的创造性,商标形式确乎符号的选择罢了。即使承认商标和商标权的认定无须额外知识的支撑,但著作权对象的认定同样需要法学之外的知识。作品本为审美的对象,当法学以财产特征构建作品时,依旧需以作品的美学性为依托。即使是作品类型的划分及其定义,也是以美学分类和美学概念为基础的。如果作品认定无须法学之外知识的支撑,何来关于作品"思想/表达"二分法和独创性标准的持续论争?如果不存在美学性判断,何来作品的领域限定?如果不对作品的审美进步性予以判断,何来作品的发展?如果没有对作品主体性和创造性的承认,何来作者的著作人身权,何来关于人工智能主体性的争议?如果不清楚不同类型作品的特性,怎能识别对于相关作品的高级剽窃?如果不清楚不同类型作品的艺术性,何来对基于技术手段而产生的作品的承认?所以专业而全面的知识产权人才培养,不能局限于法学知识,也不能囿于理工科背景学生的招收。知识产权的对象是任何学科的智力成果,徒法学知识不足以自行。知识产权复合型人才的培养和招收范围应当扩大到各类学科背景的学生。

习近平总书记指出要"加强中国特色法学学科体系、学术体系、话语体系建设"③。中共中央办公厅、国务院办公厅《关于加强新时代法学教育和法学理论研究的意见》指出要"推进法学和经济学、社会学、政治学、心理学、统计学、管理学、人类学、网络工程以及自然科学等学科交叉融合发展,培养高

---

① 孙山、王晓烁:《新文科建设与高校知识产权人才培养之反思》,《石家庄学院学报》,2022年第4期,第67页。
② 陈虎:《知识产权复合型人才培养模式探索——以商标法教学改革实践为中心》,《老字号品牌营销》,2023年第20期,第185页。
③ 《习近平在中共中央政治局第三十五次集体学习时强调 坚定不移走中国特色社会主义法治道路 更好推进中国特色社会主义法治体系建设》,《人民日报》,2021年12月8日第1版。

质量复合型法治人才"[1]。由于每个人不可能学习所有学科知识，因此教学中可以通过课堂翻转、其他领域专家解析等方式充分发挥复合型知识背景教师和学生的优势，构建跨学科知识产权课程思政教学体系。

四、结语

知识产权法课程思政的教学建设是支持全面创新的知识产权法治建设的应有之义，是以立德树人为中心的法治人才培养的关键举措，是推进知识产权强国和文化强国战略的必由之路。我国知识产权法课程思政教学既要深化理念，又要明确目标；既要深挖内容，又要多元模式；既要立足本土，又要着眼长远。

---

[1] 中共中央办公厅、国务院办公厅：《关于加强新时代法学教育和法学理论研究的意见》，https://www.gov.cn/gongbao/content/2023/content_5745286.htm。

第三编

新文科视域下法学课程教学方法的改革与创新

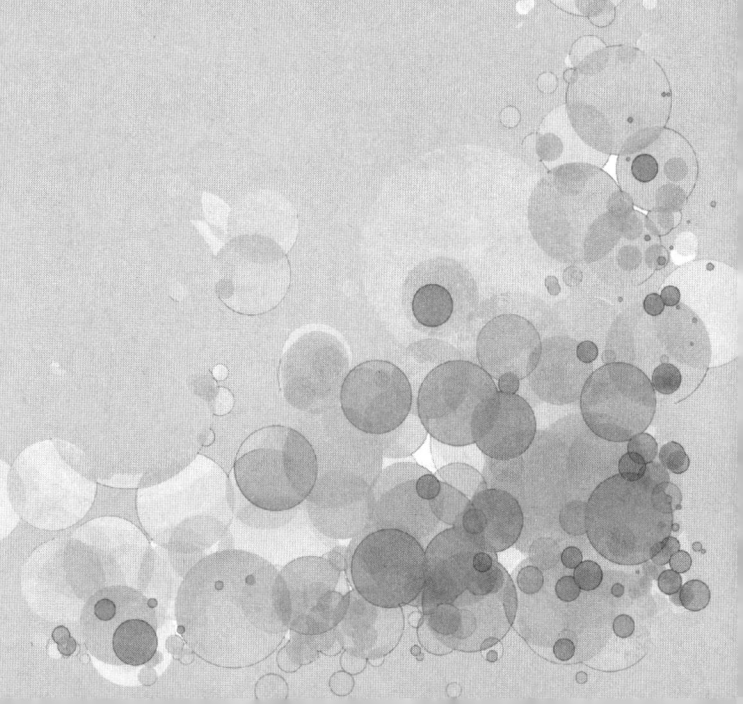

闭环模式下法律英语"二元三阶"教学路径探索

赵 旭[*]

摘 要：法律英语是一门交叉学科课程，也是法学专业素养课。在全面依法治国的过程中，高素质国际化法治人才是中国式现代发展的重要人才储备力量。课程改革旨在培养学生的"法律+英语"的综合应用能力，建成一支法学功底扎实、具有国际视野、通晓国际法律规则、善于处理涉外法律事务的涉外法治人才服务队伍。法律英语课程教学采取闭环教学模式，结合"二元三阶"教学方法，实现科学可控标准化教学，正面引导学生参与课堂，科学破解学生的学习困境，重塑学生的自信心，激发学生参与课堂教学的动力，整体提升学生的法治思维和法学素养。

关键词：闭环模式；法律英语；二元三阶；法治思维；法学素养

法律英语课是一门交叉学科课程，又是法学专业素养课。课程教学秉持立德树人、德法兼修、明法笃行的理念，坚持将法律专业能力与法律职业精神塑造相结合。闭环模式下法律英语课程改革旨在培养学生"法律+英语"的综合应用能力，建成一支法学功底扎实、具有国际视野、通晓国际法律规则、善于处理涉外法律事务的涉外法治人才服务队伍。

法科生在完成基础课程学习后，即将进入高年级上半期的学习，面临毕业进入法律职场或继续攻读研究生的挑战，均需要专业外语。为此，法科生对法律英语的学习抱有强烈的愿望和较高期待。闭环模式下法律英语课程教学改革尝试结合管理学的方法组织教学，以学生小组为学习单位，运用POPPPS模

---

[*] 赵旭，四川师范大学法学院副教授，硕士研究生导师，从事法律史、法律英语研究。

块、IRAC 法学分析法，探究多维教学情景，引领学生以英语语言为载体，发挥法学思维优势，尝试运用法学专业技能来解决法学领域的各项争议；同时运用 MOT 方法，结合课程思政元素，让学生浸润在全新的英语教学环境之中，感受法律职业技能的魅力。

一、涉外法治人才培养的基础和定位

（一）人类命运共同体的理念追求

当今全球治理的众多问题亦是人类社会所面临的共同问题，诸如国际反恐、禁毒、核污染、气候变化、网络安全、公共卫生等。截至 2020 年 1 月，中国同 180 个国家建立了外交关系，同 112 个国家和国际组织建立了伙伴关系，参加了 100 多个政府间国际组织，签署了 500 多个多边条约，构建起全方位、多层次、立体化的外交布局。[①] 习近平总书记在 2016 年 9 月中共中央政治局第三十五次集体学习时指出："参与全球治理需要一大批熟悉党和国家方针政策、了解我国国情、具有全球视野、熟练运用外语、通晓国际规则、精通国际谈判的专业人才。要加强全球治理人才队伍建设，突破人才瓶颈，做好人才储备，为我国参与全球治理提供有力人才支撑。"[②] 2020 年，党的十九届五中全会通过的《中共中央关于制定国民经济和社会发展第十四个五年规划和二〇三五年远景目标的建议》专门提出："积极营造良好外部环境。高举和平、发展、合作、共赢旗帜，坚持独立自主的和平外交政策，推进各领域各层级对外交往，推动构建新型国际关系和人类命运共同体。"[③] 基于人类命运共同体理念的追求，中国积极参与全球治理体系改革和建设，践行共商共建共享的全球治理观，坚持真正的多边主义。为此，增加涉外法治人才的储备是我国积极参与国际治理的重要举措。

（二）统筹推进国内法治和涉外法治的实际需求

2014 年，在中共中央全面依法治国工作会议上，习近平指出，要坚持统

---

① 《2020 年 1 月 8 日外交部发言人耿爽主持例行记者会》，https://www.fmprc.gov.cn/web/wjdt_674879/fyrbt_674889/202001/t20200108_7815653.shtml。
② 习近平：《论坚持推动构建人类命运共同体》，中央文献出版社，2018 年，第 385 页。
③ 《中共中央关于制定国民经济和社会发展第十四个五年规划和二〇三五年远景目标的建议》，人民出版社，2020 年，第 43 页。

筹推进国内法治和涉外法治，加快涉外法治工作战略布局，协调推进国内治理和国际治理，更好维护国家主权、安全、发展利益。[①] 党的十八届四中全会通过的《中共中央关于全面推进依法治国若干重大问题的决定》明确提出："强化涉外法律服务，维护我国公民、法人在海外及外国公民、法人在我国的正当权益，依法维护海外侨胞权益。"统筹兼顾国内法治和涉外法治指明了国际化法治人才培养的方向。法治人才需要在国际大环境中积极参与，并且充分发挥作用，掌握涉外语言服务于全球治理、国际治理以及国家参与国际社会，通过参与国际司法程序，掌握话语权，维护国家利益、人民利益。加强涉外法治建设，加强涉外重点立法工作，加强涉外执法与涉外司法的国际合作，完善涉外法治体系建设，完善和创新涉外法治人才培养，打破国内国际法治割裂的壁垒，共同推进国内法治和国际法治的发展和进步，培养具有国际视野和创新精神、通晓涉外和国际法律规范的人才。

（三）高素质涉外法治人才培养目标的落地践行

2016 年，司法部、外交部、商务部等部门发布的《关于发展涉外法律服务业的意见》指出，全面推进依法治国，建设一支德才兼备的高素质法治队伍至关重要，尤其要加快涉外法治人才的培养。法治是国家核心竞争力的重要内容，建设通晓国际法律规则、善于处理涉外法律事务的涉外法治人才队伍，是新时代贯彻落实党和国家关于对外工作战略布局的一项重要举措。

针对国家所制定的高素质国际化法治人才培养的目标，涉外法治人才的培养旨在系统掌握国内法律专业知识，熟悉国际法律规则和世界主要国家法律制度，掌握国内、国际和主要国家基本诉讼程序和仲裁业务，具备熟练掌握涉外法律检索、法律文书制作、法律谈判、法庭论辩、国内国际非诉讼业务以及处理各种法律事务的专业能力，具有熟练运用外语的能力。鉴于上述人才培养的目标，国家鼓励和支持有关高校和法律实务部门积极探索和创新涉外法治高层次人才培养模式，完善具有中国特色的高层次法治人才培养体系，发挥示范引领作用，为建设一支法学功底扎实、具有国际视野、通晓国际法律规则、善于处理涉外法律事务的涉外律师人才队伍奠定基础。

在全面依法治国的过程中，高素质国际化法治人才的培养不能脱离专业外语技能的综合提升。中国式现代化发展要做好高素质后备人才的储备工作，以

[①] 《中共中央关于全面推进依法治国若干重大问题的决定》，《人民日报》，2014 年 10 月 29 日第 1 版。

国际化法治人才培养和规划为核心,下文结合闭环模式法律英语教学进行"二元三阶"创新和改革,探索实现涉外法治人才培养的有效路径。

二、法律英语教学实践的真实问题

(一)涉外法治人才缺失

我国涉外法治专业人才严重短缺。截至 2021 年 3 月,中国律师队伍已经发展到 52 万多人,涉外律师仅有 1.2 万余人①,国内能承担高端涉外法律业务的律师凤毛麟角。现有的涉外法治人才储备还远远不能够满足新时代扩大对外开放的实际需要,主要表现为数量不足、能力不足、经验不足、培养不足。②

(二)人才培养宏观定位和区域微观目标相混

涉外法治人才培养应与区域发展特征相结合。法律英语教学的宏观定位应关注培养积极参与国内国际法治,驾驭外语并通晓国际法律规则,为我国政府、企业和公民以及有需求的海外居民提供专业熟练的服务的人才。但我国区域化涉外差异明显,各院校的法律英语教学大多尚未从微观上与其所在区域涉外法治人才培养目标和定位实现匹配,导致地方高校涉外法治人才培养目标和定位与所在区域的政府策略、企业单位和市场需求不完全相符。

(三)现有教材缺乏法治思维能力的教学设计

目前法律英语课程所使用的教材多以语言训练为主,即单词、句式和阅读分析类训练,难以从法学技能训练上实现对标提升法治思维能力的要求。一方面,法律英语教材内容缺乏法律英语高阶性和专业性的实践设计;另一方面,法律英语教材忽视了语言学学科与法学学科对待语言习得的差异,导致无法实现法学专业人才培养中语言专业技能和涉外法治思维同步提升。

---

① 《中国律师队伍已达 52 万人 涉外律师 1.2 万余人》,https://www.chinanews.com.cn/gn/2021/03-25/9440361.shtml。

② 黄进:《完善法学学科体系,创新涉外法治人才培养机制》,《国际法研究》,2020 年第 3 期,第 8 页。

(四）涉外法治教育实践平台和资源的匮乏

目前，法律英语教学以传统课堂教学为主，缺乏涉外法治人才的实训资源和平台。一方面，涉外法治机构的高端属性对实践要求较高，受区域差异化影响，可参与涉外法治实践平台有限，资源匮乏；另一方面，涉外法治人才培养资源多以虚拟为主，体验式、浸润式涉外法治实践效果不强。

(五）法律英语学科评估机制不健全

经济社会发展规模刺激人才需求不断扩大，催生法律英语教学的发展势头看涨。但涉外法治教师不足，教学条件（包括课时、教室配置等）紧张。这一教学矛盾也反映了法律英语学科发展评估机制尚不健全。为此，涉外法律英语学科评估机制应设立科学的评价体系，包括涉外法治人才培养的标准、法律英语课程设计、法律英语教学模式的设置等。

三、闭环模式下法律英语教学改革及创新

闭环模式下法律英语教学旨在帮助学生提升语言应用技能、法律知识的迁移能力、融贯能力，以及培养解决涉外纠纷的法治思维。通过智慧化教学，闭环式教学设计，实施系统化、可控化、规范化、整体化教学过程，为学生提供"法学＋英语"技能训练平台。

所谓闭环式教学是借用了管理学意义上的概念，旨在强调教学过程的可控性。闭环式教学并不意味教学过程是封闭的，实际相反，闭环式教学实际是开放的。闭环式教学采取综合手段，通过合理规划、科学操作、实时核验、个性反馈，从而形成一套高效、可量化的"闭环式"系统，针对学生的课堂学习展开综合评估和衡量。闭环式教学的优势集中表现在教学过程完整，教学效果客观，并且及时做出个性化、跟踪体系性评价，整套教学可视性强，科学且客观。

(一）课程内容重构

1. 优化教学理念和目标

第一，叠加性知识目标。实现英语表达和法律知识相"叠加"的基础知识目标。培养具有国际视野、通晓国际法律规则、善于处理涉外法律事务的涉外法治人才，提升学生普通外语沟通能力，达到熟练掌握法律英语的目的，能流

畅阅读英文经典案例等（见图1）。

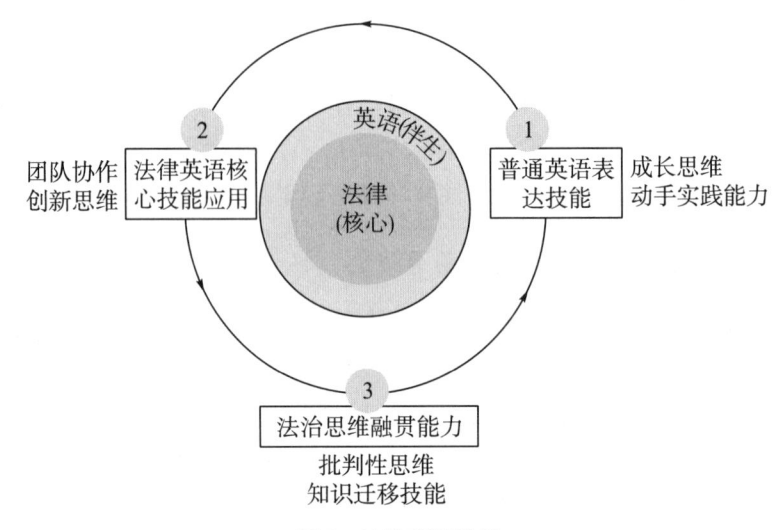

图 1　法律英语技能

（图中内容：英语(伴生)、法律(核心)；1 普通英语表达技能——成长思维、动手实践能力；2 法律英语核心技能应用——团队协作、创新思维；3 法治思维融贯能力——批判性思维、知识迁移技能）

第二，融贯性能力目标。设定知行合一，提升法律英语应用能力和素养的核心目标。能够撰写涉外法律文本，翻译合同和草拟英文文本等。组织学生参与涉外模拟法庭团队研讨、抗辩、谈判等实操活动，熟悉国际模拟法庭流程，以及仲裁和调节等程序规则。

第三，高阶性价值目标。提升涉外法治思维的能力，达到实现解决区域和国际纠纷的高阶价值目标。基于院校所在区域的实际情况，培养跨文化、跨学科、跨法域，懂政治、懂经济、懂外语的高层次复合型、应用型、国际型法治人才，树立爱国情怀，增强服务中国的现代化涉外法治信念。

2. 精准教学定位：二元对标

闭环式教学设计的精准教学定位就是锁定以学生为中心。法律英语教学应始终以提升法科生"法律+英语"二元技能为靶向，遵循基础—中级—高级三阶晋级式技能提升的规律，落实推动"核心思维+伴生思维"契合的高阶涉外法治人才培养的二元模式。

3. 重组教学内容：三阶晋级

闭环式教学整合教学计划、教学实施、教学核验、教学反馈和教学处理的整体和系统联动。应用 BOPPPS 模块，在教学实施的前后阶段有效嵌入前测和后测，把握教学过程中学习的难点和痛点，并随时做出教学策略的调整和完善。基于法科生学习目的和需要，结合法学和语言学特点，法律英语课程内容依据三阶晋级教学标准，从夯实普通外语表达能力，提升法律英语应用能力，到知识迁移再塑造法治思维价值，三重设计法律英语课程群。根据不同阶段的教学目标，调整教学计划，重组教学内容。从教学技能的层次入手，阶梯式递进法律英语技能训练难度。

基础阶段，依据普通英语教学规律，偏重语言基础技能训练，熟悉法律英语特点，结合西方法治文化背景，解决法律英语表达和交流的基础问题。

中级阶段，实施法律+英语技能教学，破解中级法律英语核心障碍。针对法律专业技能和法律实务需求，指导学生学习核心课程，包括宪法和相关民事和刑事案例分析等。

高级阶段，高级技能的训练助力，着力提升学生的法治逻辑思维与语言思维的综合融贯。指导学生参加国际模拟法庭实训，分析和研讨涉外案例，体验涉外庭审实辩，撰写合同类法律文本以及诉讼和非诉讼文书，进行翻译训练。

4. 革新教学模式

法律英语教学模式采取闭环式教学实施和检验的双结合策略。该模式针对法科生教学中的痛点和难点，整合目标导向和问题导向，呈现教学的动态变化，通过教学检测，及时发现教学实施中存在的多重教学问题，再进行教学实施的调整，既包括教学活动设计，又包括教学方法、教学反馈等多重形式的调整。

第一，案例+情景教学覆盖教学过程。分阶段从传统课堂迁移至情景案例的讨论，学生小组团队案例汇报覆盖整个学期。课堂实体教学+线上虚拟教学，课堂智慧教学+线下拓展教学，课堂集中教学+线上个性教学等，融合课堂讲授、讲习课、研讨课和辅导课等多种授课形式。

第二，组建探究团队，赋能学生创造、交流、合作，解决知识冲突，运用头脑风暴和科学理性分析。结合案例课涵盖的案例事实、法律问题、判例理由、法律推理和附带意见等五大模块，基于法律核心问题的探讨，层层逻辑推理，形成解决方案，点燃师生共同参与热情。

第三，改变认知合同。通过国际模拟法庭实训，引导学生运用IRAC法学分析方法构建知识框架，通过主动探究案例辨明法律事实，分析法律争议，寻找支撑事实的法律理论和法律规范等，形成解决方案。

（二）课程思政的有机融入

涉外法治人才的培养秉持立德树人、德法兼修、明法笃行的理念，坚持将法律专业能力与法律职业精神塑造相结合，培养学生投身人类命运共同体构建和中国式现代化发展的自觉意识，为中国争夺国际法治话语权注入动力、增加实力。

法律英语课程旨在激发学生内驱力，对标三阶晋级课程融入课程思政元素。基础阶段的语言技能提升，面临涉外法治发展的困境现实，培养学生躬行实践、本固枝荣、公平正义的职业品格；中级阶段的专业文本案例＋英语技能适用，引用中国入世后的成功文本案例、国际仲裁法庭的书状等，培养学生精益求精、砺志笃行、护善扶正的工匠精神和职业态度；高级阶段的国际模拟法庭的实训，融入我国和国外高校参加杰赛普国际模拟法庭、贸仲模拟法庭比赛实录和国际刑事法院、国际商事仲裁庭审实录，激发学生的民族自信和护善扶正、守法护法的职业精神。

（三）对标式教学方法的应用

依据闭环式教学，整合线上＋线下教学资源，追踪教学过程，核验教学效果，科学评价教学反馈，优化教学标准。法律英语教学活动吸收了法学教学中的案例教学法、模拟法庭对抗法等，融合英语教学中的任务教学、兴趣教学等方法。

结合传统＋智慧教学方法实现三阶晋级，即虚拟冲浪—实践演练—唇枪舌剑辅助学生实现能力进阶，正面引导学生参与课堂，科学评价学习困境，重塑学生的自信心，激发学生参与课堂教学的动力。

1. 虚拟冲浪

利用信息技术，线上＋线下向学生推送主客观语言测试题。依据结果，分析学生基础语言学习的痛点，评估学生英语语言学习能力的差异性，为个性化辅导做铺垫。

2. 实践演练

依托传统课堂教学，结合线上和线下的教学任务，组织学生分析典型案例，翻译法律文本，草拟合同文本，撰写备忘录，并分享课堂报告。组织小组互评，教师总结和评估，录入数据系统生成报告，形成反馈。

3. 唇枪舌剑

组织学生参加国际模拟法庭，纵向串联课前＋课中＋课后，线上＋线下教学。围绕法律核心争议，组织学生团队开展苏格拉底式教学，适用法律理论，解决实质性法律争议，撰写书状，推进法庭模辩，复盘教学问题。

（四）教学环境创设

1. 沉浸式学习为主的教学环境

打破传统保守教学路线，遵循闭环式教学的整体性和系统性要求，创设沉浸式的教学环境，组织学生小组开展自主学习，激发学生的学习主动性和参与意识。教学过程闭环，教学形式开放，可操控，可评估。

2. 虚实相嵌的教学环境

教学针对线上+线下混合模式设计，学生团队内部讨论，团队外部竞争，打造沉浸共融式教学场景；利用智慧课堂，分发数据资料，基础和中级阶段实中有虚，虚中有实；高级阶段设置实体沉浸式教学场景。

3. 多功能移动教室

学院配备虚拟仿真实验室、多功能教室、模拟法庭教室、现代化教学设备，营造实感沉浸式氛围。

四、闭环模式法律英语教学改革的反思

一是闭环式法律英语教学确保整个教学活动过程可控、效果可控，实现良性循环。教师通过沉浸式教学，激发学生对任务学习和项目学习的热情和动力。法律英语教学改革尝试改变传统一言堂的教学方式，突出以学生为中心，强化学生提升法律原技能的内驱力，培育学生的法治思维。

二是重视智慧信息技术在教学过程中的运用。数字化、信息化技术的应用使教学过程更加丰富和流畅，系统地整合学生的培养数据，可视化学生的学习过程，科学分析学生技能的不足和优势，帮助教师有针对性地辅导学生。

三是赛学结合模式所涉案例中的相关法律争议和法律问题成为教师教学和研究的新方向，也成为提升学生法治思维的教学新材料。

五、结语

面临百年未有之大变局，基于人类命运共同体的理想和夙愿，人才培养应着眼于中国式现代化发展和全面依法治国道路的长远规划。涉外法治人才的培养是综合系统性工程，要始终坚持从我国实际情况出发，统筹国内与国际法治发展，坚持立德树人的培养目标，致力于提升国际话语权，致力于推动"一带

一路"的发展，致力于维护和坚守国家利益，致力于保障我国公民在海外的合法权益。在充分对标高素质涉外人才发展的目标基础上，充分利用现代技术智慧手段，不断完善法律英语教学的理念、教学目标、教学内容、教学模式和教学方法，丰富法律英语教学的多重元素，探索法律英语教学与涉外法律人才培养相衔接的最优路径。

法官思维构建的教学设计与应用：基于"民诉实务模拟"法官角色训练的思考

谢旻获[*]

摘　要："民诉实务模拟"课程为学生提供了一个进行法官基础职业技能训练的平台。在这一平台上，法官组学生在教师指导下，体验法官立案、阅卷、组织调解、开庭等全过程。学生在实验中学习，在学习中实践，在实践中逐步树立程序、中立、独立、公正、客观等法官思维，在思维形成中逐步提高法官基本职业技能。根据多年教学经验，法官思维构建是法官职业训练的基础和前提，也是"民诉实务模拟"课程有效实施的重要保障。

关键词：民诉实务模拟；实验；法官思维；构建；教学设计

法律人才是我国社会主义法治建设的主要参与者和重要推动者。承担主要法学教育任务的高等法学院校，对于不断培养出能为社会所用的优秀法律人才责无旁贷。法学是实践性很强的学科。除了理论教学外，法学教育还应高度重视学生实践能力。

"民诉实务模拟"是一门重要的法学本科实验课程。该课程将学生分为原告组、被告组和法官组，每一组分别由不同教师进行指导。教师提供给学生真实案件材料。三个组各自进行法律职业训练，全程模拟民事诉讼真实场景。在"民诉实务模拟"实验课上，学生根据自己所担任的角色（主要为法官和律师），在教师的指导下，按照自己对案件的理解，投入案件的处理，全过程演绎法律职业人的职场体验。在实验中，法官组发挥着举足轻重的作用，不仅推

---

[*] 谢旻获，四川师范大学副教授，民商法硕士生导师。主要研究方向：合同法、知识产权法、法学教育等。

动着民事诉讼的进展和方向，也决定着整个实验的效果和成败。因此，该课程中法官角色的训练就显得尤为重要。作为一名法官组的指导教师，笔者根据多年"民诉实务模拟"课程的教学经验，认为法官思维的树立是法官职业训练的基础和前提，也是"民诉实务模拟"课程有效实施的重要保障。

一、法官思维的构建应作为课程实施的前置环节

在"民诉实务模拟"课程中，对学生进行不同职业的训练，应坚持不同思维观念至上的原则，以相应职业思维和理念指引相应角色实验的实施。也就是说，在法官组的训练中，首先对学生进行法官执业前的思维训练，培养并引导学生形成法官思维，是该课程顺利和有效实施的基础和前提。

"民诉实务模拟"课程是学期课，共 48 学时。根据本课程的宗旨和人才培养目标，在有限的时间里，法官组重点训练学生的阅卷能力、请求权及抗辩权的基础分析与判断能力、争议焦点整理和归纳能力、事实认定和证据分析判断能力、庭审控制能力及法律适用与裁判能力等。该实验分成两轮：第一轮训练为第一周至第六周，第二轮训练为第七周至第十二周。第二轮进行角色转换，第二轮训练安排与第一轮相同。每一轮学生实验的具体安排均遵循本课程的宗旨和目标。根据多年经验：法官思维是指引学生实验方向和决定实验效果的关键因素，有必要在实验第一个环节安排法官思维训练，以助于后续实验的有序开展和有效推进。民事诉讼的整个过程是从原告的起诉开始的，而法官处理具体案件的起点是立案。由于第一节课原告组处于起诉准备阶段，法官组接触不到案件材料，这也为学生提供了一个进行法官思维训练的时间。因此，本课程在每一轮实验的开始，将法官思维构建设置为第一节课的主要任务和主要内容，即法官执业前的准备。要求学生在第一次实验课上，做好实验相关器材的准备工作之后，应全面做好思想上的准备。据此，每一轮实验任务安排如图 1 所示。

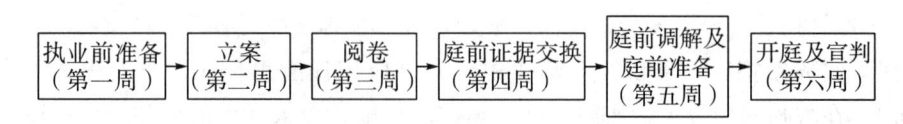

执业前准备（第一周）→ 立案（第二周）→ 阅卷（第三周）→ 庭前证据交换（第四周）→ 庭前调解及庭前准备（第五周）→ 开庭及宣判（第六周）

图 1　周实验任务安排

以上每一节实验课中对学生重点培养的职业能力如图 2 所示。

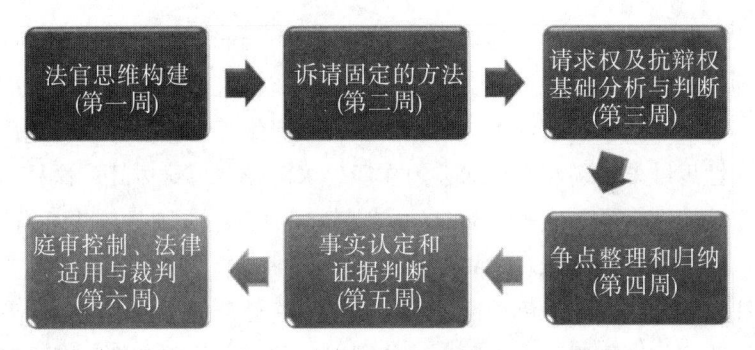

```
法官思维构建       诉请固定的方法      请求权及抗辩权
(第一周)    →    (第二周)    →    基础分析与判断
                                  (第三周)
                                        ↓
庭审控制、法律      事实认定和        争点整理和归纳
适用与裁判    ←    证据判断    ←    (第四周)
(第六周)         (第五周)
```

图 2　周职业能力培养要点

法官思维构建的训练应作为"民诉实务模拟"实验的前置环节，它具有统领意义，不仅是实验推进的关键，而且也是法官职业素养初步养成的重要一环。重视、充分认识法官思维并运用其进行诉请固定、请求权与抗辩权基础的分析与判断、争议焦点的整理和归纳，并进行事实认定和证据判断，最后运用法官思维开展庭审活动并依法做出裁判，这是整个民事诉讼活动的主线。经多年的教学实践证明，这种设计和安排是切实可行的，且取得了良好的效果。

二、厘清与律师思维的界限是法官思维养成的关键

作为法律人，无论律师还是法官、检察官等，具备法律思维是职业的基本素质条件。何为法律思维？学界尚无统一的认识。从广义上来说，法律思维是指从法律角度思考问题并解决问题的方法和能力；从狭义上来说，法律思维指法律工作者（包括法官、检察官、律师和法律学者等法律人）处理法律问题的独有思维方式和思维习惯，或者是法律人理解、解释、适用法律、处理法律问题的思维方法和思维规律。这种思维方式与普通人的思维方式有着很大不同。尽管在前期课程中学生也接受了相关法律思维的训练和理念的引导，但民诉实务实验课程在大三开设，不少学生因缺乏处理案件的实战经验，法律思维尚未成熟。若不加以指引，极易陷入混乱局面。故有必要在该课程训练的一开始，给学生强调法律思维与普通思维的差异。比如，对借款纠纷而言，普通人的思维是"欠债还钱，天经地义"；而法律人的思维是：双方是否存在借贷法律关系，此债是否属合法之债，此债是否属于能证明之债，等等。再比如，对于一起杀人案件，普通人的思维是"杀人偿命"；而法律人的思维是：现场勘察，证据获得，法律规范构成要件，等等。具体地说，法律思维是程序思维、证据思维、规范思维以及逻辑思维等。

在法律职业领域，不同的职业特征决定了不同职业的不同思维方式。检察官、律师、法学学者等职业的特殊性决定了该职业人员具有各自独特的思维习惯。法官也是如此。法官除了应具备一般程序思维、证据思维和规范思维等法律人的共性思维外，还具有该职业内在所要求的特殊思维方式。这是由法官职业的特殊性而决定的。人民法院是国家审判机关。法官则是依法具有审判权，并代表国家行使审判职能、维护司法公正的审判人员。同时，法官也是法律的执行者和实施者。在整个诉讼活动中，法官始终处于主导性地位，起着指引性的作用。法官的世界观、人生观、价值观以及其对法律的理解和解释等都深刻地影响着国家司法活动及发展方向。在法律职业共同体中，法官的作用是举足轻重的。这一职业的特殊性决定了法官的独立性和中立性。法科生对法官这一职业有着极大的渴望和强烈的探知欲。法官组的学生也非常渴望了解法官的思维习惯和职业特征。教师应通过案例，引导学生了解：法官思维是独立思维、中立思维和裁判思维。在司法实践中，法官思维则表现为定向的、客观的、保守的思维方式，并坚守司法公正的价值目标。

在"民诉实务模拟"课程中，尤其在第一次课上，应组织学生展开讨论：在诉讼活动中，法官与律师是什么关系？讨论后归纳总结：法官和律师犹如裁判员和运动员的关系。根据《中华人民共和国律师法》，律师是依法取得律师执业证书，接受委托或指定，为当事人提供法律服务的执业人员。律师在职业的赛场上为当事人利益而战，原告律师为原告服务；被告律师则服务于被告。谁是诉讼最后的赢家，由法官"以事实为依据，以法律为准绳"，以司法公正为价值目标，依法作出最终的裁判。因此，法官和律师虽然都是法律的实施者，但由于职业的不同、目标的不同、价值观念的不同，两者的思维存在显著差异。具体差异如表1所示。

表1 律师思维和法官思维的比较

分类	律师思维	法官思维
从方法上	多元化	定向性（三段论）
从方式上	诉辩具倾向性	中立而客观
从观点上	创新性	保守性
从判断上	注重局部	关注整体
从目标上	利益性	司法公正

在本课程实施中，应引导学生主动参与讨论，厘清法官思维和律师思维的

异同，在观念上明确两者的界限，在思想上对法官思维的树立引起足够的重视。要求学生认真对待每一次实验任务，全过程以法官的身份要求自己，关注案件进展中的每一细节，认真对待原告的诉求和被告的抗辩。本课程虽是实验，但提供给学生的都是取自法律实务部门的真实案例，原告、被告及法官均是背靠背独立办案。因此，每一个角色要想从实验中得到最有效的锻炼，就必须以真实职业身份全身心投入，将所有的事情做到最真。这要求学生对于自己所担当的角色必须严阵以待，尤其是法官组的学生。民事诉讼过程由原告启动，被告推进，法官主导。法官在整个诉讼活动中发挥着关键性的作用。他既是纠纷的解决方，又是公正的维护者；他既是公权力的行使者，又是利益的权衡器。担当法官角色的每一位学生，必须首先强化自身法官职业的内心信念，增强法官职业的使命感、责任感与荣誉感。

在实验开始，教育学生将法官誓词铭记在心具有重要意义。引导并带领学生朗读《中华人民共和国法官宣誓规定（试行）》第四条之法官誓词："我是中华人民共和国法官，我宣誓：忠于祖国，忠于人民，忠于宪法和法律，忠实履行法官职责，恪守法官职业道德，遵守法官行为规范，公正司法，廉洁司法，为民司法，为维护社会公平正义而奋斗"！[1] 该做法可使学生树立对法官职业的敬畏之心，养成勤勉尽责的工作态度，初步构建法官职业应有的基本理念；同时，也可引导学生认识到：法官职业理想的实现和法官工作的顺利开展和有效实施，都毫无疑问地依赖于其自身坚实而雄厚的法律专业知识。因此，要求学生应不断学习并充实自己的实体法和程序法知识，在实验中一旦发现自身知识的缺陷与不足，应及时、主动地进行修正与填补。

三、全过程法官思维的运用是课程有效实施的重要保障

在"民诉实务模拟"实验中，法官组学生的实验表现关系到其余两个角色组即原告组和被告组的实验效果。法官组指导教师应引导学生全过程运用法官思维处理案件，在案件向前推进中形成问题反馈，鼓励学生根据反馈意见进行反思，在此基础上不断改进，同时也要充分肯定学生的成绩，这有利于增强学生的司法自信，促进学生法官思维的形成。这种良性过程是"民诉实务模拟"课程有效实施的重要保障，具体如图3所示。

---

[1] 《中华人民共和国法官宣誓规定（试行）》（法发〔2012〕27号）。

法官思维特征的初步认识 ⇒ 案件推进 ⇒ 问题反馈 ⇒ 反思和改进 ⇒ 促进法官思维形成

图3 法官思维形成示意

在实验的第一环节，应使学生在充分了解法官职业特征的基础上，初步构建法官思维。这有利于增强学生对法官的职业认同以及作为法官的职业信心。这是实验全过程的关键。

在案件推进中，应使学生熟悉在民事诉讼各个环节即立案、阅卷、庭前会议（庭前证据交换）、庭前调解及庭审等，法官处理案件的基本思路、技巧及思维方法。在过程中辅以法官思维养成的引导。下面以固定原告诉请的训练为例，具体谈谈该环节的教学设计和应用。

训练环节之一：先用0.5学时给学生介绍司法实践中原告诉请存在的常见问题。方法为案例分析法。

强调固定原告诉请对法官工作的重要性。原告的诉讼请求是诉讼的起点，也是法院审理案件的基点、办案过程的依据以及最终裁判的基础。根据《中华人民共和国民事诉讼法》的规定，起诉必须有具体的诉讼请求。如果原告诉讼请求不具体或不明确，法院审理案件也将变得无所适从。只有明确了诉讼请求，法院审理案件的活动才能依此展开，被告也才能以此为依据采取相应的抗辩。因此，固定诉讼请求是人民法院审理案件首先应做的工作。无论何种类型的诉讼，尽早固定诉讼请求，是法院有效解决争端，准确作出裁判的必然要求。

在实践中，原告起诉必须在起诉状中提出相应的诉讼请求。由于当事人或代理人的起诉水平良莠不齐，故诉讼请求不明确或模糊不清的情形十分多见。主要表现为以下几种情形：

一是诉讼请求模糊不清，如笼统地提出"赔偿损失"，但并不明确是侵权损害赔偿请求权，违约损害赔偿请求权，还是无因管理或不当得利损害赔偿请求权等。

二是提出了两个或两个以上相互矛盾的诉讼请求，如缔约过失损害赔偿和违约损害赔偿请求权等。但是，应当注意的是，如果原告同时提出违约损害赔偿和精神损害赔偿请求权，应如何处理呢？长期以来，我国司法实践一直坚持采取违约责任不得同时请求精神损害赔偿责任的规则，这一规则由《最高人民法院关于确定民事侵权精神损害赔偿责任若干问题的解释》（法释〔2001〕7号）确立。这一做法，在很大程度上造成了当事人的讼累，明明一步可以解决的问题，却不得不分割成了两步来实现。2021年《中华人民共和国民法典》（以下简称《民法典》）改变了这一规则。《民法典》第九百九十六条规定，因当事人一方的违约行为，损害对方人格权并造成严重精神损害，受损害方选择请求其承担违约责任的，不影响受损害方请求精神损害赔偿。但法官应注意理解该条的适用条件：①当事人双方之间存在有效合同关系；②当事人一方做出了违约行为；③当事人一方的违约行为既侵害了对方的财产利益，同时损害对方的人格权；④该精神损害达到了严重的程度。具备上述要件，根据《民法典》第九百九十六条规定，受损害一方可以请求违约方承担违约责任，也可以一并请求违约方精神损害赔偿。

三是直接提出了一个错误的诉讼请求，如当事人合同中并未约定违约金条款，但却提出了要追究被告违约金责任。

四是提出的诉讼请求不充分。如果出现以上情形，法院则必须理清当事人到底要告什么，起诉要达到什么目的，或者要实现什么愿望。否则，审判将成为"雾里看花"。

训练环节之二：用0.5学时组织学生展开讨论，主题为如何固定诉讼请求。方法为分组讨论，过程中教师引导和启发学生做出总结，具体如下：

首先，应仔细探求当事人的真实内心。以当事人所求为依据，应成为法官固定诉讼请求的基本原则。切忌喧宾夺主，主观臆断。例如，某案中，原告提出"判令被告赔偿损失10万元"的诉讼请求。法官应仔细审查起诉状中原告诉请所依据的事实和理由，确定原告主张的是何种法律关系，初步判断该诉请中"赔偿损失"的性质，以此明确并固定原告的诉讼请求。但若起诉状中原告所称"事实和理由"混乱不清，不能或难以明确诉请的性质，则法官应当循循善诱，通过询问当事人有关案件的重要情节，探寻其起诉的原因、动机、目的等，以此明确并固定原告的诉讼请求。

其次，由于在不少民事案件中，原告常常如"风云"般善变，为了能够更加有效地处理案件，一旦固定了诉讼请求，法官应当要求当事人或其代理人以"言词"的方式明确表态，阐明自己的诉讼请求。法官还应要求书记员及时以笔录的形式加以固定，并记录在案。

最后，对于有错误的诉讼请求或不充分的诉讼请求，法官应加以释明，建议原告及时进行更正或者进行补充；同时强调若不更正或不补充完善，将产生的法律后果。

训练环节之三：其余主要学时用于学生参与实验案件对原告诉请进行分析，然后固定。

训练环节之四：在学生实验结束后，务必组织学生进行实验总结，形成问题反馈，并要求学生对问题进行反思，找出问题原因所在，形成整改意见并及时整改。实验中，学生常见的问题有：一是缺乏主动性，即不主动对原告诉讼请求进行审查。这种情况下，应培养学生主人翁的精神，并教育学生，法官虽应采取中立的思维，但仍应适时发挥司法的能动性。被动的司法很难实现真正的公正。二是不知如何与当事人沟通或者不沟通。究其原因是学生缺乏法官角色的执业自信。这种情况下，应引导学生发挥主体意识，树立法官威信，并教育学生，法官权威也是司法权威的一部分。法官权威是以法官职业自信为基础的。法官是审判者，也是法律的实施者，在案件处理中，应积极与当事人沟通并善于与当事人沟通。这也是司法为民的重要体现。三是在第二轮角色转换后的实验中，具有律师经验的学生，会产生与法官的角色冲突的思想。故在第二轮实验的第一环节，加强法官思维构建的训练变得尤为重要。多年教学实践表明，每次实验结束后的总结环节不可或缺。这一环节的设置不仅可以强化学生的主体意识和执业自信，而且也能够让学生在反思和改进中不断增强司法公正、司法为民等职业理念，从而更进一步强化学生法官思维的建构。

结语：法官思维的养成是一个终身历练的过程

作为法律人，具备法律思维是基本条件。而要做一名合格的法官，不仅应当具备法律思维，更要具有良好的法官思维。"民诉实务模拟"课程，提供了一个对学生进行法官基础职业技能训练的平台。在这一平台上，学生体验法官在立案、阅卷、组织调解、开庭等全过程。学生在实验中学习，在学习中实践，在实践中逐步树立程序、中立、独立、公正、客观的法官思维，在思维形成中逐步提升法官基本职业技能。但是，法官思维的养成是一个终身历练的过程。必须使学生认识到："民诉实务模拟"课程这一平台提供的法官职业技能训练，只是法官思维养成的起点，而非终点。未来不断地学习和实践是法官职业的不二选择和必然存在。

民事诉讼实务模拟角色实验板块设计探讨：
兼谈原告角色组实验板块结构

李明华[*]

摘　要：民事诉讼实务模拟是法学院人才培养方案中法律职业技能课程体系的一门全程实验课程。其实验角色包括原告、被告和法官。如何有序推进实验进程，有赖于各角色实验板块设计及运行。角色实验板块设计是民事诉讼实务模拟课程设计的一个重要和主要项目，是关乎课程目标能否实现的一个重要环节，是固定课程模式的基本方法。在角色实验板块设计中应遵循必要的设计原则，并设计出符合实验角色实训目标及各实验角色之间协调运行的各项实验板块。原告角色组是模拟实验的启动角色、视觉焦点角色，其实验板块设计直接关系着法官角色组和被告角色组，故设计合理合规、可操作可协作的实验板块具有先行性基础意义。

关键词：民事诉讼实务模拟；角色实验板块；设计原则；原告角色实验板块结构

民事诉讼实务模拟课程是法学院自 2009 年以来持续开设至今的一门全程实验课程，是法学院人才培养方案中法律职业技能课程体系中的核心课程之一。开课以来十多年不断探索，在课堂与实务之间来回考察、反复提取，最终各角色实验板块设计基本定型。

---

[*] 李明华，四川师范大学法学院副教授，硕士生导师。

一、角色实验板块设计对民事诉讼实务模拟课程的意义

（一）角色实验板块设计是该课程设计的基本内容

1. 角色实验板块设计是民事诉讼实务模拟课程的立课设计

角色实验板块设计使得民事诉讼实务模拟课程有了具体的课程内容，这是民事诉讼实务模拟能作为一门独立实验课程开设的立课条件。人才培养目标是通过课程体系运行来实现的，其课程体系由一系列课程构成。不是主观认为需要传授什么知识或技能就能设计一门独立课程，而是这类知识或技能能构成一门独立课程的有机内容。民事诉讼实务模拟作为一门实验课程，其角色实验板块使得该门实验课程具备结构上的板块化、内容上的具体化，且各板块之间彼此独立又互相衔接。所以，角色实验板块设计是民事诉讼实务模拟各项课程设计中的首要任务和立课设计。

2. 角色实验板块设计是该课程其他项目设计的指向性项目

民事诉讼实务模拟课程设计涉及多个项目，除了角色实验板块设计这个基本项目外，还包括课程材料与资源、课程目标与考核方式、课程师资与学时、课程场地与设备设施等。这些项目的设计也是民事诉讼实务模拟不可忽略的部分，是民事诉讼实务模拟各项实验得以进行的物质或人力资源保障。但是这些部分的设计都是以角色实验板块为中心指向的，是围绕角色实验板块设计任务，或由角色实验板块的运行提供相关保障或行课约束的。比如，作为课程材料或资源的实验案件材料，是各项角色实验板块得以启动并推进的基本材料；模拟法庭教室是各项角色实验板块尤其是庭审实验进行的主要场地；角色实验指导教师是各项角色实验板块顺利演进的指导督促资源；学时设计是角色实验板块设计的行课约束。

（二）角色实验板块设计是课程目标的基本实现路径

1. 角色实验板块设计是民事诉讼实务模拟课程目标的解构

民事诉讼实务模拟的课程目标包括几个方面：一是民事诉讼实务中程序规则与实体规则的熟悉与应用，二是民事诉讼实务中各类角色法律职业技能的传授与实训，三是民事诉讼实务相关法律职业伦理的讲解与植入。这些课程目标需要通过具体的课程内容来实现。角色实验板块设计应将上述课程目标解构为

不同角色的各项实验板块，将上述课程目标设计为各实验板块的具体内容，将课程目标进一步解构为具体、详细、体系的课程具体内容，以此来实现民事诉讼实务模拟课程目标。该课程的其他各项设计并不能直接解构课程目标。

2. 角色实验板块设计直接对接民事诉讼实务模拟课程目标

角色实验板块设计内容与民事诉讼实务模拟课程目标一致，以此直接对接课程目标。各实验角色在设计角色实验板块内容时应注意将上述课程目标解析并融合进去。不论哪种实验角色，也不论哪个实验板块，都应考虑将上述课程目标以适当的方式、适当的内容、适当的程度体现在不同实验角色的不同实验板块中。各角色的实验板块中需包含民事诉讼实务程序规则与实体规则的熟悉与应用、角色法律职业技能的传授与实训、法律职业伦理的讲解与植入。如律师职业伦理中的勤勉操守，在原告角色方面，在各个实验板块中，即使律师与原告是一个利益上对抗又共利的共同体，但勤勉要求贯穿全部实验板块。

（三）角色实验板块设计是固定课程模式的基本方法

1. 角色实验板块设计可以固定课程内容

首先，角色实验板块设计可以使民事诉讼实务模拟课程具有独立、完整、具体、系统的基本和必要的课程内容，避免该课程内容的流动性、随意性和不确定性，角色指导教师在行课中不应随意添加或删减实验板块，以保证该课程的体系构造和内容完整。其次，角色实验板块设计在固定该门课程基本和必要课程内容的情况下，既为角色指导教师划定了行课约束，也为角色指导教师预留了必要的行课能动空间。在固定每个实验板块的情况下，角色指导教师可以就该板块内容进行纵深和横扩的拓展，就同项实验对学生进行深入广泛或更专业更专项性的实训。最后，角色实验板块设计也为角色指导教师的新任者提供了快速培养通道。该课程的实验角色指导教师需具备特别的前置资质要求，既需要是法学理论任课教师，还需从事法律实务职业。具备这两项前置资质的教师，接手该门课程仍有一定难度，因为该门课程既不是讲授法学理论，也不是将民诉实务完全照搬，而是有融合有提取、有新增有删减，这可能让新任角色指导教师茫然而困顿。角色实验板块可以让新任指导教师快速了解课程内容与结构，按实验板块要求去进行实验指导准备。

2. 角色实验板块设计可以固定课程流程

首先，角色实验板块不仅将该门课程内容分为不同的板块结构，而且各实验板块之间具有时间线、衔接点，以固定实验的整个流程，每个板块环环相扣，各个角色板块紧密协作，使得实验如流水线一般连续、稳定、有序推进。其次，以此固定的课程流程，在实验过程中还可以培养学生的团结与协作、分工与合作的职业品格，也促进角色指导教师彼此之间就实验项目进行交流、探讨与完善。

3. 角色实验板块设计可以固定课程考核材料

每个实验板块对学生来说都有固定的实验任务，这些实验任务的完成状态和效果都有物化材料固定下来，这是对学生进行课程考核的必要材料和依据。如实验过程记录表记载了每个实验板块中课堂实验和课后实验的内容以及完成程度和效果，同时，每个实验板块的内容和完成程度还有每个实验角色组学生完成的实验任务物化材料作为支撑材料，如诉前实验板块中，原告角色的实验支撑材料有民事诉讼委托代理合同、授权书等。

4. 角色实验板块设计可以固定课程呈现样态

如前所述，各个实验角色的每个实验板块都会有物化材料固定下来，这些物化材料在全部实验结束后，可以呈现课程实验的过程与样态，一定程度上可以重现民事诉讼实务模拟实验。每个实验板块产生一组物化材料，一组组物化材料衔接形成一个周期（或案件）的民事诉讼实务模拟实验样态。原告角色组、法官角色组、被告角色组各自的全部实验板块的物化材料，结合并交接形成民事诉讼实务模拟的立体化重现。

二、角色实验板块设计遵循的原则

角色实验板块设计非随意任性而为，应遵循一定原则来设计符合课程目标又兼具实验操作性的实验板块。基于课程目标的需要，设计角色实验板块应遵循下列原则。

（一）贴合民事诉讼实务过程环节

民事诉讼实务模拟课程的目标之一是民事诉讼实务中程序规则与实体规则的熟悉与应用，由此，设计角色实验板块时应贴合民事诉讼实务过程环节。根据《中华人民共和国民事诉讼法》相关规定，民事诉讼实务中就法官这个角色来说有三大环节，即立案—审理—执行。但因为实验课堂作为法律职业技能的校内前置训练，执行环节无法也没必要进行模拟。而立案和审理环节作为民事诉讼的基础和重要环节，可以且有必要在校内进行模拟实验训练。故民事诉讼实务模拟主要是在立案、审理两大环节上切分为诉前环节—立案审理环节—档案管理环节，根据这三大模拟实验环节再设计出六个实验板块。

（二）衔接法学素质教育

法学素质教育主要包括法学理论知识和法律规则知识等教育，是法律职业技能训练的基础，法学素质教育课程也是民事诉讼实务模拟课程的前置课程，且民事诉讼实务模拟的实验内容之一就是对法学理论知识与法律规则知识的应用。故设计角色实验板块必须要衔接法学素质教育。除了根据民事诉讼实务环节来设计实验板块，还应在每个实验板块设计中融入必要的法学理论知识和法律规则知识，这也是民事诉讼实务必然要包含的内容。

（三）涵盖法律职业的基本技能、常用技能等

民事诉讼实务模拟课程目标之一是各类法律职业技能的传授与实训，故设计角色实验板块时应考虑将不同法律职业的职业技能嵌入各个实验角色的不同实验板块中。首先，法律职业的基本技能和常用技能应尽量贯穿整个实验过程的全部实验板块。如文书写作技能，包括法律文书和非法律文书的写作，每个实验板块都应有所涉及，如诉前板块中的委托代理合同、起诉板块中的起诉状等法律文书，诉前板块中的案件事实还原、起诉板块中的起诉方案等非法律文书。角色指导教师设计课堂实验或课后实验的具体实验任务时应嵌入法律职业的基本技能和常用技能。其次，法律职业的辅助技能或其他关联技能也应根据承办的实验案件情况嵌入角色实验板块中。如司法会计、法医常识、语言表达等技能与知识，根据承办案件情况也应有所涉及。

三、民事诉讼实务模拟角色实验板块设计特点

（一）内容上的综合性

角色实验板块内容上的综合性是指每个实验板块都包含法律专业知识、法律职业技能、法律职业伦理、角色实验任务等内容，并不是某一项的单一实验。如诉前实验板块中，法律专业知识涉及合同规则与理论、代理制度等；法律职业技能涉及谈判与沟通技能、法律文书写作技能、案件事实还原与提取技能等；法律职业伦理包括律师职业使命与个人职业利益、勤勉诚信等；角色实验任务包括原告角色组诉前实验任务、被告角色组诉前实验任务、法官角色组

诉前实验任务。实验板块运行时，各项内容一般是交叉融合又具有一定独立区分性的，如初读案件材料进行案件事实还原与提取时会顺势加入律师的勤勉诚信职业伦理教育；在律师与当事人沟通谈判实验中会适时融入律师的职业使命与个人职业利益教育；在法律文书写作技能实验中，如撰写并签订委托代理合同时必需运用合同制度与代理制度的专业知识；等等。

（二）结构上的双重性

角色实验板块结构上的双重性是指其包含两层结构，即角色课堂实验板块和角色课后实验板块。首先，角色课堂实验板块是该课程实验的主轴结构。该部分是学生必须到课亲自完成的实验任务，角色课堂实验板块撑起该门课程的基本框架和基本内容。如原告角色组的六个角色实验板块，集串成原告角色实验板块的主轴结构，这就形成原告角色的分项课程内容。其次，课后实验板块是该项课程实验的主轴结构板块之间的衔接齿轮。课后实验板块起着承前启后的作用，是当次课堂实验板块的延伸和下次课堂实验板块的前置准备。如诉前实验板块的课堂实验任务之一——拟定委托代理合同，如果当次课堂时段内未完成，可以延续至课后实验板块中，在课后实验中由学生自主完成该项任务，下次课堂实验时首先提交给指导教师查验课后实验的成果即签署完成的委托代理合同。又如诉前实验板块的课后实验任务之一——草拟起诉状，学生需在课后完成起诉状（草拟），下次课堂实验时指导教师首先查验是否完成起诉状（草拟），待指导教师讲解起诉技能后对照进行修改完善。

（三）角色上的区分与协作

角色上的区分与协作包括角色上的区分与角色上的协作两个方面。首先，角色上的区分是指设计角色实验板块需区分不同实验角色，形成不同实验角色的实验板块，即形成原告角色实验板块、法官角色实验板块、被告角色实验板块。因各个角色在实务中的工作目标、工作流程与方法等存在差异，故各个角色实验板块不仅是名称上的区分，更要注意内容上的特质性。例如，原告和被告都涉及证据实验这个板块，但由于二者在民事诉讼实务中的目标等不同，故原告角色与被告角色的证据实验板块在内容上就各有其特殊性。其次，角色上的协作是指不同角色实验板块之间需互相衔接、协调配合。如原告角色的起诉实验板块需衔接法官角色的立案实验板块，法官角色的立案实验板块需衔接原告的起诉板块和被告的应诉板块。不仅在设计实验板块时需考虑角色上的区分与协作，在实验推进过程还要求每个角色指导教师和角色实验学生必须严格按照实验板块内容来完成实验任务，推进实验进程。如果其中某个实验角色延迟或拖拉课堂实验任务，必然导致其他两个实验角色的课堂实验任务难以完成，致整个实验流程阻滞。

四、原告角色实验板块构架

原告角色是民事诉讼实务模拟的启动角色，也是法官角色和被告角色的任务中心和视觉焦点，故原告角色实验板块设计直接联动法官角色和被告角色的实验板块。原告角色实验板块根据前述设计原则，共设计六个实验板块，包括原告角色诉前实验板块、起诉实验板块、证据实验板块、案件处理策略实验板块、庭前实验板块、出庭与归档实验板块。每个实验板块含课堂实验板块和课后实验板块。其中课堂实验板块的实验指令设计均以四个课时共计180分钟为设计单元，由若干实验环节组成，各环节的实验指令均包括内容设计、实验任务的拆分下达与执行、各项实验任务查验及衔接等具体指令（基于篇幅，后文仅列出环节，不列明具体指令）。课后实验板块任务由原告角色指导教师在课堂实验板块结束前下达，由学生在课后至下次课堂实验前自主完成。

（一）原告角色诉前实验板块及其实验指令

1. 原告角色诉前实验板块简构

该实验板块的实验目标是让学生了解原告与律师在诉前涉及的法律专业知识、法律职业技能、法律职业论文，并亲力亲为完成这个板块的实验任务。原告角色诉前实验板块设计如下：

（1）实验课时：4课时。教学时间：第一实验周。

（2）实验方法：原告角色指导教师小型专题讲座，学生仿真模拟实验实训。

（3）实验内容：第一，法律专业知识，包括合同法理论知识与规则知识的重温与应用、代理理论知识与规则知识的正确理解与应用、其他关联的法律专业知识等。第二，法律职业技能，包括沟通与谈判技能、文书写作技能、案件事实解析与提取技能等。第三，法律职业伦理，包括正义与公平理念、勤勉诚信等。第四，实验任务，包括课堂实验任务及课后实验任务，其他与完成课堂实验任务及课后实验任务关联的其他实验工作。

2. 原告角色诉前实验板块的实验指令要点

环节一（0—10min）：课程开启，包括课程简介、设置课程难度、考验学生是否有勇气和毅力选修民事诉讼实务模拟这门与以往课程完全不同的实验课程。

环节二（11—30min）：实验准备，包括选课确认、实验分组、实验案件材料发放、实验设备准备，以及分发实验过程记录表、实验指南、实验承诺等。

环节三（31—45min）：沟通谈判技能小型专题讲座。

环节四（46—90min）：沟通谈判。

环节五（91—135min）：委托合同、授权书讨论拟定。

环节六（136—165min）：委托合同书签订与授权书签发。

环节七（166—180min）：课堂实验结束，包括布置课后实验任务、填写实验过程记录表、签注本周实验过程记录表等。

环节八（当堂课后）：布置课后实验任务。

（二）原告角色起诉实验板块

1. 原告角色起诉实验板块简构

该实验板块的实验目标是让学生了解原告与律师在起诉阶段涉及的法律专业知识、法律职业技能、法律职业论文，并亲力亲为完成这个板块的实验任务。原告角色起诉实验板块设计如下：

（1）实验课时：4课时。教学时间：第二实验周。

（2）实验方法：原告角色指导教师小型专题讲座，学生仿真模拟实验实训。

（3）实验内容：第一，法律专业知识，包括民事诉讼法中起诉的理论知识与规则知识的重温与应用、其他关联的法律专业知识等。第二，法律职业技能，包括起诉技能、文书写作技能等。第三，法律职业伦理，包括正义与公平理念、勤勉诚信等。第四，实验任务，包括课堂实验任务及课后实验任务，其他与完成课堂实验任务及课后实验任务关联的其他实验工作。

2. 原告角色起诉实验板块的实验指令要点

环节一（0—15min）：考勤、查验课后实验任务完成情况。

环节二（16—30min）：起诉技能小型专题讲座。

环节三（31—90min）：拟定起诉状。

环节四（91—135min）：备齐起诉材料，提交至法官组，完成起诉。

环节五（136—165min）：整理证据、初步切割事实板块。

环节六（166—180min）：课堂实验结束。

环节七（当堂课后）：布置课后实验任务。

（三）原告角色证据实验板块

1. 原告角色证据实验板块简构

该实验板块的实验目标是让学生了解原告与律师在证据提交阶段涉及的法律专业知识、法律职业技能、法律职业论文，并亲力亲为完成这个板块的实验任务。原告角色证据实验板块设计如下：

（1）实验课时：4课时。教学时间：第三实验周。

（2）实验方法：原告角色指导教师小型专题讲座，学生仿真模拟实验实训。

（3）实验内容：第一，法律专业知识，包括民事诉讼法中证据基本规则知识的重温与应用、其他关联的法律专业知识等。第二，法律职业技能，包括证据技能、文书写作技能等。第三，法律职业伦理，包括正义与公平理念、勤勉诚信等。第四实验任务，包括课堂实验任务及课后实验任务，其他与完成课堂实验任务及课后实验任务关联的其他实验工作。

2. 原告角色证据实验板块的实验指令要点

环节一（0—15min）：考勤、查验课后实验任务完成情况。

环节二（16—30min）：原告证据技能小型专题讲座。

环节三（31—90min）：完善证据分析报告。

环节四（91—135min）：根据事实板块，拟定证据组别清单。

环节五（136—155min）：根据证据组别清单，准备证据材料，向法官组提交证据。

环节六（156—170min）：接收答辩状，对比分析答辩状与起诉状。

环节七（171—180min）：课堂实验结束。

环节八（当堂课后）：布置课后实验任务。

（四）原告角色案件处理策略实验板块

1. 原告角色案件处理策略实验板块简构

该实验板块的实验目标是让学生了解原告与律师在案件处理策略方面涉及的法律专业知识、法律职业技能、法律职业伦理，并亲力亲为完成这个板块的实验任务，以此训练学生的初级法律思维。原告角色案件处理策略实验板块设计如下：

（1）实验课时：4课时。教学时间：第四实验周。

（2）实验方法：原告角色指导教师小型专题讲座，学生仿真模拟实验实训。

（3）实验内容：第一，法律专业知识，包括承办案件关联的实体法、程序法规则，民事案件分析方法，法律规范解释方法等。第二，法律职业技能，包括案件分析能力、案件处理方案策划能力、文书写作技能等。第三，法律职业伦理，包括正义与公平理念、勤勉诚信等。第四，实验任务，包括课堂实验任务及课后实验任务，其他与完成课堂实验任务及课后实验任务关联的其他实验工作。

2. 原告角色案件处理策略实验板块的实验指令要点

环节一（0—10min）：考勤、查验上周课后实验任务完成情况。

环节二（11—25min）：原告角色案件处理策略技能小型专题讲座。

环节三（26—70min）：拟定原告角色案件处理方案。

环节四（71—100min）：确定预选方案，重点完善该方案。

环节五（101—130min）：证据交换。

环节六（131—165min）：庭前调解。

环节七（166—180min）：课堂实验结束。

环节八（当堂课后）：布置课后实验任务。

（五）原告角色庭前实验板块

1. 原告角色庭前实验板块简构

该实验板块的实验目标是让学生了解原告与律师在开庭前涉及的法律专业知识、法律职业技能、法律职业伦理，并亲力亲为完成这个板块的实验任务，为开庭实验做好准备。原告角色庭前实验板块设计如下：

（1）实验课时：4课时。教学时间：第五实验周。

（2）实验方法：原告角色指导教师小型专题讲座，学生仿真模拟实验实训。

（3）实验内容：第一，法律专业知识，包括承办案件关联的实体法、程序法规则等。第二，法律职业技能，包括庭审预案技能、文书写作技能等。第三，法律职业伦理，包括正义与公平理念、勤勉诚信等。第四，实验任务，包括课堂实验任务及课后实验任务，其他与完成课堂实验任务及课后实验任务关联的其他实验工作。

2. 原告角色庭前实验板块的实验指令

环节一（0—10min）：考勤、查验上周课后实验任务完成情况。

环节二（16—30min）：原告角色代理词写作技能小型专题讲座。

环节三（31—90min）：原告组修定代理词。

环节四（91—105min）：原告庭审预案技能小型专题。

环节五（106—160min）：原告拟定庭审预案。

环节六（161—175min）：庭审注意事项小型专题及庭前准备要求。

环节七（176—180min）：课堂实验结束。

环节八（当堂课后）：布置课后实验任务。

（六）原告角色出庭与归档实验板块

1. 原告角色出庭与归档实验板块简构

该实验板块的实验目标是让学生了解原告与律师在出庭中涉及的法律专业知识、法律职业技能、法律职业伦理，并亲力亲为完成这个板块的实验任务。原告角色出庭与归档实验板块设计如下：

（1）实验课时：4课时。教学时间：第六实验周。

（2）实验方法：原告角色指导教师小型专题讲座，学生仿真模拟实验实训。

（3）实验内容：第一，法律专业知识，包括与庭审有关的程序法规则、与承办案件有关的实体法规则等。第二，法律职业技能，包括出庭应变能力、举证质证能力、法庭辩论能力、庭审表达能力、档案归档管理能力等。第三，法律职业伦理，包括正义与公平理念、勤勉诚信等。第四，实验任务，包括课堂实验任务及课后实验任务，其他与完成课堂实验任务及课后实验任务关联的其他实验工作。

2. 原告角色出庭与归档实验板块的实验指令要点

环节一（0—10min）：考勤、查验上周课后实验任务完成情况。

环节二（11—140min）：原告出庭参加庭审。

环节三（141—165min）：庭审点评（含微格点评）。

环节四（166—175min）：卷宗管理讲解并下达卷宗管理任务。

环节五（176—180min）：课堂实验结束。

环节六（当堂课后）：布置课后实验任务。

"证券法学"课程教学实践与思考

刘如翔[*]

摘 要:"证券法学"是四川师范大学法学院开设的课程选修课之一,旨在使学生全面系统掌握证券法的基本概念、基本理论和基本制度。该课程经过多年的发展,取得了良好的教学效果,但该课程学习难度较大等问题也比较突出,这既有证券市场法律法规众多且更新较快等因素,也有学生缺乏实践经验、缺乏基础知识等因素。有鉴于此,应当采取有针对性的措施加以改进,以确保教学目标的实现。

关键词:证券法学;课程;思考

"证券法学"是四川师范大学法学院专业发展课程中的选修课,自2013年开课以来,笔者已累计开展"证券法学"相关教学活动近10年时间。10年间从初上讲台的紧张到现如今的从容,从授课内容的相对简略到如今的体系完整,其间感获颇丰。时至今日确有必要对"证券法学"教学过程中出现的一些问题进行反思,对一些成功经验进行总结,以期推动该课程教学效果的进一步提高。

一、"证券法学"课程教学目标、方法与课程评价

"证券法学"在法学本科教学中居于重要地位。本课程的教学目的是使学生全面系统地掌握证券法的基本概念、基本理论和基本制度,熟悉证券法法律条文,具备运用证券法基本理论、基本知识分析、解决证券实务的能力,了解证券法制的最新发展。

---

[*] 刘如翔,四川师范大学法学院副教授,法学博士,硕士生导师。

围绕课程目标，本课程设置了十一个章节，分别是第一章证券法概述、第二章证券发行制度、第三章证券上市制度、第四章信息披露制度、第五章证券监管体制、第六章证券交易所、第七章证券公司、第八章上市公司收购、第九章虚假陈述、第十章内幕交易、第十一章证券纠纷解决机制。这些教学内容覆盖了我国当前证券法的基本理论和法律实务主要环节，同时在相关章节教学中还会介绍和研讨当前我国证券市场最为前沿性的问题，比如新的证券类型（存托凭证）、新的审核机制（发行注册制）、新的交易板块（科创板），新的交易所（北京证券交易所）等，有助于学生在总体掌握我国证券基本法律制度的同时，随时了解证券市场最新的改革动向和立法动态。

本课程为选修课，从历年来学生选课情况来看，选课学生较多，当然，这也在一定程度上限制了教学方法的选择。在这种情况下，教学方法主要以案例教学为主，在正常讲授课程内容的同时一般会穿插大量的案例，包括司法案例以及最新的实践案例，然后随机选择学生进行课堂发言，并进行点评，通过案例教学与讨论式教学相结合的方式在一定程度上能够增加课堂的活跃度，提高学生的兴趣与参与热情。与此同时，在过程化考核当中也会增加部分与本课程相关的案例操作，比如要求学生站在发行人的角度详细梳理在科创板上市需要满足的条件等，也可以一定程度激发学生的积极性和学习动力。

在每学期教学活动结束后，为了解学生对本次教学过程的看法，笔者一般会与学生进行专门交流，向参与本次教学的学生征求意见。交流主要涉及以下问题：开设本门课程的必要性、学生在本课程中有无收获、对课程内容的评价、对教师表现的评价、对学生参与情况的评价、对本次课程的总体评价以及改进建议等方面。从学生反馈的信息可以发现，几乎所有学生认为本课程开设有其必要性，也感到自己在本课程中收获很大或者有所收获，同时也反映本次教学的总体效果较好。一般认为课程开设较为成功之处表现在：①从课程开设必要性来看，绝大多数学生均认为该课程的开设非常有必要。本课程系统介绍证券法律制度，对于学生了解我国金融领域的基本运行规则等有较大帮助。②从课程教学内容安排来看，教学内容覆盖了证券法基本理论、基本制度和最新的改革动态，能够使学生全面掌握证券领域主要的法律知识和法律技能。③从课程收获来看，学生不仅系统学习了证券法律方面的知识，而且开阔了视野，提高了处理法律实务的思维和能力。

二、"证券法学"课程教学过程中面临的困境及成因

尽管取得了一些成绩,但笔者在近十年的"证券法学"教学过程中遇到了很多困难,有些是个人问题导致,比如前期知识积累较少、缺乏实践经验等;有些是该法律本身导致的,比如证券法学学习难度较大、入门门槛较高;还有些是教材等辅助材料方面导致的,主要表现为目前较为通行的教材内容较为粗浅,往往局限在对具体概念和制度的介绍,缺乏背后机理的阐释以及典型案例的介绍,且往往跟不上立法的最新变化,阅读观感较差,较为枯燥等。总结下来,可以归结为一个问题,就是证券法学学习难度较大。结合实践经验,笔者认为是源于以下几方面原因。

(一)证券法条文众多

虽然现行有效的《中华人民共和国证券法》(以下简称《证券法》)只有二百二十六条,与《中华人民共和国刑法》数百条、《中华人民共和国民法典》上千条的体量相比规模明显较小,但真正能够支撑证券市场运行的规则,《证券法》只占很小的比例。与其说《证券法》是证券市场的基本法,倒不如说是证券市场各类规则的纲领,真正发挥作用的是证监会、证券交易所、证券业协会、基金业协会出台的大量的办法、指引、问答等。比如股票市场中最为基本的交易时间,从上午9点15分到11点30分,下午的1点到3点,以及集合竞价、连续竞价、T+1交易等基本交易规则均由证券交易所制定而不是《证券法》,因此即便学生对《证券法》已经烂熟于心,也对证券市场的基本运行规则不了解。再比如IPO的招股说明书如何制作、应当包含哪些内容,在《证券法》中显然无法找到答案,需要根据证监会以及证券交易所的相关指引才能明确具体要求。以上种种均说明从教学的角度而言,教学内容如果仅仅局限在《证券法》本身,学生获得的知识结构是残缺的,不可能实现教学目标。

由于《证券法》条文众多,因此也产生一个现实的问题,就是授课内容的选择,"证券法学"的定位是选修课,因此课时与一般课程没有区别,均设计为32个课时,即16次课,但从实际授课情况来看,如果将证券领域涉及的所有法律问题、所有基本规则全部纳入课堂,几乎是无法完成的。以教学大纲中的第一章"证券、证券市场和证券法"为例,仅介绍国内出现的证券类型就可以至少介绍2次课。原因一方面在于,随着我国证券市场的不断繁荣,新的证券类型不断出现,除较为传统的股票、债券以外,还有基金、权证、股指期货

等，随着新《证券法》的出台，又新增了存托凭证、资产支持证券、资产管理产品等新的证券品种；另一方面，也在于每一种证券类型其实都有着非常复杂的规则和子类型，以债券为例，尽管"公司法学"等其他课程已经对债券的基本规则等进行过介绍，但从"证券法学"的角度而言，应当更为专业和更为深入，比如债券可以划分为公司债券、企业债券、政府债券、金融债券等，如果要更为深入地介绍，还可以探讨所谓的非公开定向债务融资工具（PPN）、资产支持票据（ABN）、中期票据（MTN）等。但如此一来就会出现一个难题，就是如何在有限的时间内确保知识体系的完整性，确保学生掌握证券市场整体规则的情况下，又能够有一定的知识深度。

（二）证券法变动较大

党的十五大首次将"依法治国，建设社会主义法治国家"作为治国方略写入文件。党的十八大进一步提出"全面推进依法治国"的政策主张。"从'依法治国'到'全面推进依法治国'，不仅仅是文字的增加，更重要的是国家治理理念的根本转变。"[①] 近些年来，中国特色社会主义法治体系逐渐完善，突出表现之一就是法律规范体系日臻完善。在民商事领域当中，从《中华人民共和国民法通则》到《中华人民共和国民法总则》再到《中华人民共和国民法典》，集中体现了理论研究的共识以及几十年间司法实践积累的经验，可以说形成了一套相对稳定的规则体系。具体到证券法领域亦是如此，2020年3月生效的新《证券法》无疑是证券市场初创以来最为重大的一次规则重塑，也是证券市场改革经验的集中总结与体现。

尽管顶层制度设计已经基本完成，但从"证券法学"教学的角度而言，证券法变动较大依然是证券法学学习难度较大的原因。究其本质在于《证券法》仅是我国证券市场改革成果的体现之一，而整个证券市场的改革进程并不是以《证券法》的出台作为最终结果，甚至可以说二者是并行的两条主线。比如，此次证券市场改革最为主要的方向是股票发行注册制改革，即股票发行从以往的核准制向注册制过渡。其实早在2013年底，党的十八届三中全会就提出"推进股票发行注册制改革"，将注册制首次写入中央文件，确定了未来证券法制发展的方向；2018年11月5日，习近平总书记宣布设立科创板并试点注册

---

① 莫纪宏：《全面依法治国是国家治理的一场深刻革命》，《中国党政干部论坛》，2023年第9期，第31页。

制[1]，标志着试点注册制改革正式开启。而与此同时，从立法进程来看，因为新《证券法》的修改涉及各方面的利益关系，市场各方均寄予厚望，因此该法的出台可以说是困难重重，从 2015 年 4 月、2017 年 4 月、2019 年 4 月再到 2020 年 12 月，《证券法》经历了我国立法史上极为罕见的"四读"，即全国人大常委会对立法修正案进行了四次审议才得以最终通过。在这一过程中，为了确保注册制改革的顺利进行，同时也为了确保依法行政，2015 年，全国人民代表大会常务委员会专门做出《关于授权国务院在实施股票发行注册制改革中调整适用〈中华人民共和国证券法〉有关规定的决定》，其后又于 2018 年做出延长期限的决定。2020 年新《证券法》出台之后，股票发行全面实行注册制有了上位法依据，但这一改革举措影响甚广，直到 2024 年 6 月，交易所配套制度才得以全面试点及实施。

回顾过去十年的教学历程，可以说正值我国证券市场和证券法制剧烈变革的阶段，各类规则变化不断，新的证券种类、业务类型甚至交易板块、交易所等层出不穷，让人不由感叹知识更新的迅速。甚至多次出现在这一节课授课的内容在下一节课不得不做调整、解释的情况。从学生的角度而言，"证券法学"的学习难度可想而知。

（三）学生的客观原因

"证券法学"学习难度较大，从客观情况来看，也有一部分是学生方面的原因，主要体现在两个方面：一是积极性不够。本课程是选修课，期末采取的考核方式一般是开卷考试，偏重于对学生理解知识和运用知识能力的考察，而较少涉及知识的识记以及基础规则的把握，对于学生而言学习压力较小，反而造成动力不足的情况。与此同时，从教学反馈情况来看，尤其是刚开始教学"证券法学"的年度，很多学生对该课程不够重视，认为证券法属于较为"冷门"的法律部门，实务中使用的可能性较小，即便学得好，以后工作过程中也不会有用武之地，所以不如将精力集中在民商法、刑法、诉讼法等更为"实用"的法律上，再加上该课程采取开卷考试的形式，学生更缺乏主动学习的动力。二是知识储备不足。"证券法学"一般是开设在大学三年级，通常是学生在系统学习了民法、商法、公司法、合同法、侵权法等课程之后才开始学习证券法。但即便如此，学生依然存在知识储备不足的情况。这种知识储备不足的

---

[1] 刘士安、杜尚泽、王云松等：《习近平出席首届中国国际进口博览会开幕式并发表主旨演讲》，《人民日报》，2018 年 11 月 6 日第 1 版。

表现也可以分为三个方面：一是其他法学课程对于证券法学的互补性较为有限，比如公司法会介绍股票和债券，但通常只是简单介绍不会作为重点，侵权法也只是在一般意义上介绍侵权行为的界定及处理等，也不会将证券市场中的虚假陈述、内幕交易、操纵市场等侵权行为纳入讲授范围，甚至这些概念也不会出现在侵权法课程当中，至于民法和商法，尽管从学科划分上应当包括证券法，但实际教学过程中，这些部门法在授课过程中也是不会涉及证券法内容的，因此证券法学的很多知识点都是学生第一次接触。二是证券法属于较为专业的立法，在相关规则中充斥着其他学科如会计学、金融学的专业术语，比如关联交易、同业竞争、净利润、非经常性损益、无形资产等。对于此类概念，在教学过程中也需要进行必要的讲解，以确保知识的完整性，但这对没有其他学科基础的同学而言需要一定的耐心方可接受。三是学生缺乏证券法学相关知识的生活经验。从开设其他课程的情况来看，在学生有一定生活经验的前提下讲授法学概念和法律知识，很容易使学生理解和产生共鸣。比如在讲授合同法中的邀约和承诺时，采用生活语言就可以让学生很轻松地理解法律规定的含义，讲授婚姻法中的结婚条件或者离婚形式时，也很容易激发学生的兴趣，甚至可以进行一些互动。但证券法所涉及的金融知识以及证券市场基本规则，是作为学校的学生无法接触的，因此就需要首先讲解基本的交易规则，再说明立法的相关规定，这无形中就会增加教学的难度以及学习的难度。

三、进一步提高"证券法学"课程教学效果的设想

从课程实施情况来看，主要存在的问题集中在两个方面：一是近年来证券法变动极为迅速，导致新的证券种类、业务类型甚至交易板块、交易所等不断出现，知识更新极快，教师教学难度较大；二是本课程涉及大量非法学术语，学生前期学习的课程不足以支持本课程的学习，加之证券市场与学生日常生活之间缺乏交集，使学生在相关知识的理解上有一定困难，导致学习难度较高。针对此类情况，初步考虑以下改进的计划与措施。

（一）强调证券法的重要价值

遥想当年，初上"证券法学"课时曾与学生戏称证券法属于"屠龙之术"，花费大量精力认真学习之后，有可能发现在工作中根本没有用武之地，毕竟实务中运用更为频繁的是合同法、侵权法等民商事立法，或者刑法、刑事诉讼法等刑事立法。但近年来随着经济金融化趋势的发展日益明显，金融产品正在走

进千家万户，金融纠纷与日俱增，与此同时，专业的金融法院、金融仲裁院大量成立，急需专业的金融法律工作者。金融法成为法科学生必备的知识技能。然而金融法本身包罗万象，仅从大的领域就可以划分为证券法、银行法、保险法、信托法、基金法等各类金融法律部门。客观来看，学好以上法律困难重重，一方面是因为这些部门法当中包含大量金融领域的专业术语，需要进行专门的概念解读和学习；另一方面是因为大量规则属于实务中衍生而来，缺乏像民法或刑法这种历经千锤百炼发展而来的成熟逻辑体系，会让初学者倍感枯燥和压力。在这种情况下，学好证券法就显得意义重大，因为证券法是学习金融法的一把钥匙，很多金融领域当中的现象，比如对不特定对象发行金融产品要进行重点规制，对小范围发行的私募产品监管力度要弱一些等，在证券法当中都能找到原因。对于一些新的金融领域的创新词汇和新生事物，在证券法领域中也能找到对应的概念，理解其本质属性，比如众筹就是小额股权的公开发行、发行加密货币本质上属于证券发行等。除此之外生活当中遇到的一些专业名词，比如银行间债券市场中 PPN、MTN 等金融工具究其本质都是债券发行，所以学好证券法对理解金融领域里的相关规则，以及学习金融领域里的其他部门法都极有帮助。

除便于更进一步学习金融法这一意义以外，证券法本身也具有重大的应用价值。从法科生的就业去向来看，主要集中在司法机关、企业法务、专业律师等三个方向，结合目前实际情况来看，证券法的运用越来越普遍，与证券法相关的纠纷日益增多，不管是从事哪方面的工作均需要了解证券法知识。以专业律师为例，常见业务类型包括诉讼业务、非诉讼业务以及企业常年法务等三个领域，其中非诉讼业务中大多数与证券法相关，比如 IPO、并购重组、私募基金、新三板挂牌、债券发行等，追根溯源顶层的制度设计都是证券法，因此从务实的角度而言学好证券法也是应有之义。综合来看，鉴于证券法学习的重要性，任课教师应当在第一时间提醒学生，确保其真正意识到证券法学习的意义并激发其学习的动力和积极性。

（二）明确证券法的授课内容

正如前文所说，证券法涉及知识点极多，尽管现行《证券法》仅有226条，但大量的规则散布在证监会、交易所、行业协会的规范性文件之中，从学以致用的角度来看，这些内容也应当纳入教学范围之中。但与此同时，"证券法学"课程在众多法学院的教学大纲中一般是作为选修课来设置，课时有限，这样一来客观上就会出现教学内容较多与课程时长较短之间的矛盾。为了确保学生在有限的时间内获得最大的收获，就需要做两方面的工作：

第一，合理安排授课重点，做到教学内容主次分明。何为重点教学内容，这就涉及取舍的问题。笔者认为证券法课程的教学目的应当偏向于实务，即确保学生能够将所学证券法知识准确运用到现实当中去。从这一角度出发，教学内容中的重点应优先考虑实务中运用较为频繁、适用面更宽泛的制度，比如证券发行、证券上市、证券交易、证券纠纷解决等，对于其他章节，比如证券公司、证券业协会等简单介绍即可。此外，在教学过程中还需要注意一类非常特殊的教学内容，即知识点更新非常频繁的章节，此类章节在授课过程中应更多偏重于理解，而不是识记，比如 IPO 的发行条件等。在笔者任教的过程中，该部分历经多次修改，如要求学生记忆明显得不偿失，因此只需要对发行条件所涉及的名词进行必要解释，并告知查询最新规定的渠道即可。

第二，灵活安排授课形式，确保教学进度符合要求。对于需要重点讲解的章节，应采取多种教学形式，比如案例教学法等，对知识点进行全方位系统的梳理，确保学生真正融会贯通。与此同时，提倡运用雨课堂等教学互动平台以提高教学效率。对于只需一般讲解的章节，可根据教学进度灵活处理，但需强调的是，即便在教学时间不允许系统讲解的情况下也应当告知学生该章节所涉及的大概内容，并留下自学资料的获取渠道以及相应的学习方法等，确保学生在需要时可以及时弥补该知识空白。

（三）提高证券法的学习趣味性

严格来说，学习证券法的过程会比较枯燥，究其原因有以下两点：一是有大量金融领域的术语，相当于在学习证券法的同时还要学习证券投资学，学习难度较大，学生难免会有抵触情绪。二是离学生的生活较远，证券法当中有大量的技术性规范，很难用生活化的语言进行讲解，这无形中又会增加理解的难度。针对以上两方面的因素，可以考虑从以下方面着手开展教学活动：

第一，引入最新的证券法实践。一是证券法最新的立法动态，鉴于近年来证券领域改革力度较大，诸多顶层制度设计均发生了变动，因此，有必要及时将最新立法动态纳入教学内容，以确保教学内容随时更新。与此同时，对最新立法动态的介绍往往涉及最新的时事变化、国家金融政策的调整等，介绍立法动态相当于是对最新改革动向底层逻辑的解读，这也在一定程度上能够吸引学生的注意力和兴趣。二是证券法最新的执法案例和司法案例等，比如 2024 年春节期间，证监会主席进行了更迭，吴清主席上任后雷厉风行地开展了一系列执法活动，有效提升了证券市场的士气。"证监会将多措并举稳定市场，提振投资者信心。一是从源头提高上市公司质量。更加聚焦严把 IPO 准入关，进一步加大拟上市企业的督导检查力度，大力整治财务造假。二是加强上市公司全过程监管。证监会目前正就惩治财务造假、防范绕道减持、提高分红回报、加强市值管理等市场关切的问题作进一步研究，力求更好提升投资者信心，增强投资者获得感。三是加强证券公司和公募基金监管。证监会正在研究完善行业机构监管模式，健全机构、人员、业务等方面的制度体系，强化机构合规风控要求。"[1] 在教学过程中引入此类最新动态，并辅之以相关教学内容，比如证券监管、证券执法、欺诈发行等方面的知识点进行点评，无疑会极大提升学生学习证券法的积极性。

第二，介绍证券法的发展历史。从我国 1990 年、1991 年沪深两大交易所成立以来，我国证券市场已历经 30 多年的发展，尽管与欧美成熟资本市场动辄数百年的发展相比，我国证券市场仍处于新生市场的范畴，但在这 30 多年间，证券监管机构从无到有，监管职责不断优化，多层次资本市场的建构日趋完善，交易所板块日渐丰富，上市公司数量从最初的两家发展到现在的 5000 多家，当然其间也发生了很多或波澜壮阔或风谲云诡的大事件。对这些历史知识的回顾无疑可以帮助学生理解目前我国证券市场的发展现状和所处的阶段，同时认识到我国证券市场发展至今所取得的积极成果，这既能体现课程思政，也能够有效提升学生学习的兴趣。

第三，灵活运用多种教学方式。目前随着互联网教学形式的多样化，各类教学软件层出不穷，这些软件在一定程度上能够提升教学效率，也能提高教学趣味性，比如雨课堂软件就可以在教学过程中随时插入过程化考核的内容，可以是一个判断分析题，也可以是一个选择题等。通过统计可以实时了解学生对知识点的掌握状态，确保教学的效果；同时也可以通过软件与学生进行互动，从而改变传统课堂灌输式的教学方式，起到活跃课堂的作用。此外，在以往的教学过程中，也曾经尝试给学生布置课外作业，比如收集目前主要的债券类型、当前我国以交易所命名的金融机构等，意在让学生锻炼自主学习能力和收集、分析资料的能力。证券法、金融法领域中的规定众多，相关知识点纷繁复杂，未来学生执业过程中必然会有信息收集方面的需求。这种锻炼还能进一步拓宽学生的知识面，弥补教学时间的不足。从实际效果来看，大多数学生对此有很高的积极性，取得了很好的教学效果。

---

[1] 程丹：《共同努力把资本市场建设好发展好》，《证券时报》，2024 年 2 月 20 日第 A1 版。

新文科视域下法律文书写作课程的改革与创新

李志栋[*]

摘　要：在新形势下，传统法律文书写作课程的编纂体系和教学内容与我国司法实务相差较大，已不能完全满足法治现代化对法律人才培养的需求。为了填补本课程知识体系与司法实务之间的鸿沟，我们进行探索、改革、创新，更新教学内容，调整教学方式，激发学生的主观能动性，并在教学过程中优化相关内容，使学生通过学习本课程掌握法律文书写作的基本技能，以回应社会的需求。

关键词：新文科；法律文书写作；改革

一、法律文书写作课程改革与创新的必要性

（一）建设法治人才队伍的要求

习近平总书记对法治人才的总体要求和定位是："要坚持建设德才兼备的高素质法治工作队伍。要加强理想信念教育，深入开展社会主义核心价值观和社会主义法治理念教育，推进法治专门队伍革命化、正规化、专业化、职业化，确保做到忠于党、忠于国家、忠于人民、忠于法律。"[①] 习近平总书记2020年2月5日在中央全面依法治国委员会第三次会议上提出："建设高素质

---

[*] 李志栋，四川师范大学法学院讲师。
[①] 庞兴雷：《习近平在中央全面依法治国工作会议上强调　坚定不移走中国特色社会主义法治道路　为全面建设社会主义现代化国家提供有力法治保障》，《人民日报》，2020年11月18日第1版。

法治工作队伍。研究谋划新时代法治人才培养和法治队伍建设长远规划，创新法治人才培养机制，推动东中西部法治工作队伍均衡布局，提高法治工作队伍思想政治素质、业务工作能力、职业道德水准，着力建设一支忠于党、忠于国家、忠于人民、忠于法律的社会主义法治工作队伍，为加快建设社会主义法治国家提供有力人才保障。"[1] 中共中央在 2021 年 1 月印发了《法治中国建设规划（2020—2025 年）》，对统筹推进法治中国建设作出具体部署，要求各地区各部门结合实际认真贯彻落实。在加强队伍和人才保障方面，提出要大力提高法治工作队伍思想政治素质、业务工作能力、职业道德水准，努力建设一支德才兼备的高素质法治工作队伍[2]；要构建凸显时代特征、体现中国特色的法治人才培养体系，具体包括优化法学课程体系，强化法学实践教学，培养信念坚定、德法兼修、明法笃行的高素质法治人才。

建设高素质法治工作队伍是目前需要迫切解决的问题，高等院校法学院处于法治人才培养的第一线，需要在人才培养方面体现习近平总书记的要求和中共中央文件的部署。实际上，在我国高等院校法学院的课程设置中，"法律文书写作"课（以下简称"该课程"）被定位为选修课。但是该课程很重要，是一门专业技能课，具有很强的实践性，肩负着衔接法学理论知识与法律职业能力的重要使命，肩负着贯彻落实习近平总书记一系列重要讲话精神和中共中央提出的法治中国建设的重要职责。要培养高素质法治人才，传统的教学模式和内容已经不适合新时代的要求，急需改革和创新。

（二）高等院校教育改革的要求

该课程传统的教材编纂体系、教学内容已不能完全满足法治现代化对法律人才培养的需求。如果依然沿用传统的教材和内容，会使教学和实务脱节。相比之下，我国的司法改革力度非常大，法律职业资格考试已进行 20 多年了，员额制改革、专业法官检察官的各种轮训培训、针对律师的各种培训课程等使得法治队伍更加精英化。可以说，我国法治专门队伍建设取得了显著成效。总体而言，法官、检察官、律师的专业素质在不断提高，在各类专业法律文书写作方面经验更加丰富。

因此，改革和创新该课程的教材内容、在教学过程中体现司法实务的最新

---

[1] 习近平：《论坚持全面依法治国》，中央文献出版社，2020 年，第 274 页。
[2] 法治工作队伍包括法治专门队伍建设和法律服务队伍建设。法治专门队伍建设包括立法工作者、法官、检察官、警官、律师，法律服务队伍建设包括公职律师、公司律师、公证员、基层法律服务工作者、人民调解员。

做法刻不容缓。我国不少高校法学院在该课程的科学设置、改革教学方法等方面加强探索。例如渤海大学引入"转动课堂"模式。[1] 例如在2015年11月28日"法律文书学教学研讨会"上，西南政法大学司法文书教研室的周萍主任介绍他们的教学改革是采用"双师同堂"或"三师同堂"的方式，共同教授法律文书课程，基本改革路径是将法律文书整个教学内容分为基本知识和基本技能两大板块，在基本技能方面采取实践教学；中国政法大学的袁钢副教授介绍他们的参与式法律文书教学方法，主要采取开放式的教学模式，灵活多变的教学内容，在课程设置上，实践教学包括法律诊所、模拟课程及专业实习；湖南师范大学肖晗教授提出，在法律文书学教学的过程中，教学内容不能只停留在讲文书格式的层面上，还要体现对法律理念的追求、对法律思维的培养等。显然，这样的探索为该课程的教学提供了改革的思路，结合司法实务的最新做法，不难找到创新该课程内容的路径。

二、传统法律文书写作课程存在的问题

笔者在2020年7月接到该课程的上课任务。接到任务之后，开始备课，备课时面临巨大的困难，这样的困难也是传统法律文书课程存在的问题，主要表现为选择教材困难和设计平时作业困难。

（一）教材选择

选择教材的困难体现为确定课程内容的困难。市面上能找到的大部分"法律文书写作"课程的教材，其内容大多是各种法律文书的通用格式，可以说，这些教材的内容把法律文书写作课变为文书格式课。在当当网查询销量靠前的主流教材，具体统计结果如下：

张泗汉主编的《法律文书教程》（法律出版社2017年版）的主要内容：法律文书概述、法律文书的结构要素、法律文书写作的基本技巧、制作法律文书的原则和要求、侦查文书、检察文书、刑事裁判文书、民事裁判文书、行政裁判文书、国家赔偿文书、监狱文书、律师文书、仲裁文书、公证文书。教材共308页，只有大约20页的内容是关于结构要素、技巧、原则和要求的。也就是说，全书只有约6.5%的内容对提高法律文书的撰写水平有实质性的帮助。

---

[1] 吴爽、郭麟：《"转动课堂"模式在法律文书写作课程中的应用》，《渤海大学学报》，2016年第6期，第111页。

陈卫东、刘计划编著的《法律文书写作》（中国人民大学出版社2019年版）的主要内容：法律文书概述、公安机关的主要法律文书、人民检察院的主要法律文书、人民法院的主要法律文书、公证法律文书、仲裁法律文书、律师实务文书。全书基本都是模板，没有能够提高法律文书撰写水平的实质性内容。

郭林虎主编的《法律文书情境写作教程》（法律出版社2018年版）包括三大编：第一编是法律文书写作的基础理论和写作规范，主要内容是法律思维、写作行为系统、写作规范；第二编是法律文书情境写作项目，主要内容是民事诉讼情境中的法律文书、刑事诉讼情境中的法律文书、行政诉讼情境中的法律文书、非诉情境中的法律文书；第三编是经典法律文书导读。教材共538页，第一编有80页，这一编的内容能够提高学生法律文书的撰写能力，约占全书内容的14.9%。这本书总体而言不错，是笔者推荐给学生的参考书。

在新文科改革的大背景下，上述有些教材的大部分内容没有体现新时代的司法实务状况和学生文字能力的实际需求，不能实现实质性提高学生文书写作水平的初衷，主要表现为：第一，法律文书模板部分的内容太多。根据上述数据可以看出，教材的侧重点是法律文书的各种模板，不同教材的模板占比不同，分别是85%、93.5%、100%。实际上，法律文书模板的基本格式无须讲解。我们现在所处的时代是一个信息化、数据化的时代，法律文书模板的基本格式、主要内容已经被网络化、大数据化记忆，非常容易查阅，无须专门讲解。第二，语文知识、标点符号、法条引用等提高文字水平的内容太少。从学生的实际需求看，学生学习该课程的目的是提高写作能力，而不仅仅是学习法律文书的各种模板。而提高写作能力需要讲解语文知识中的用词、句型、标点符号、法条引用等内容，这些内容能够实质性提高学生的写作水平。

（二）平时作业设计

平时作业设计的困难主要体现为：如果让学生撰写几份法律文书，他们一般会在网上查找相关资料后提交，这种做法不能实质性提高学生的法律文书写作水平。对此，笔者与之前讲该课程的教师沟通，她的做法是让学生每个月撰写一份法律文书，比如民事起诉状、起诉书、代理词、辩护词等，每人总共提交四到五份法律文书，作为平时作业的组成部分。就这个问题，我向其他高校主讲该门课程的教师请教，也在网上检索，得到的信息是不同高校做法差异较大，但大部分是训练文书的写法，不过方式不同：有的高校通过走入实务部门进行训练，有的高校通过真实案例在教室模拟训练等。毫无疑问，这种做法是有价值的。但是，笔者更关注的问题是如果超越传统教学方式的窠臼，通过短期训练，能否明显提升学生法律文书写作能力，这种能力能否和当下社会对法科生专业化、职业化的需求相呼应。

三、法律文书写作课程改革与创新的基本路径

该课程改革的基本思路是，以实务案例为基础，对课程内容进行大胆改革，课程内容不仅能够实质性提高学生法律文书的撰写能力，还能够有效提升学生法学论文和党政机关公文的撰写能力。

（一）课程内容的创新点

1. 整合教材和专著中优秀的内容

首先，借鉴上述主流教材中能够实际提高学生法律文书撰写能力的内容，也借鉴其他教材中优秀的内容，比如沈志华主编的《裁判文书制作》。其次，借鉴个人专著中优秀的内容。比如译著《加纳谈法律文书写作》、高云的个人专著《思维的笔迹——律师思维与写作技能》等。再次，在网上查找相关资料，在线学习针对司法实务人员的文书写作课程。这些内容构成了该课程改革后的基本内容，同时，对课程内容作系统化设计，让整个课程内容由简到难层层递进，让学生产生学习兴趣。

2. 收集与法律文书写作有关的语文知识

讲授与法律文书有关的语文基础知识是该课程的创新重点，这部分内容主要侧重于提高学生的文字处理能力或者语言组织能力，当然，这些内容也能够提高学生法学论文的撰写能力。其实，有些内容已经在中学阶段讲授过，甚至在小学阶段讲授过。进入大学后，很多学生把以前学过的语文基础知识忘了。我们能够通过学生撰写的入党申请书、学院新闻、实习报告、参加各种比赛撰写的文字性材料、法学论文等观察到。学生的文字处理能力较弱，主要表现为用词错误、搭配不当、语序混乱、前后矛盾、成分残缺，段落之间存在结构混乱、不合逻辑、标点符号错误等。

在实务部门，即使经验丰富的法官撰写的法律文书也可能存在上述错误，"有些基层法官撰写的法律文书，在语法和逻辑方面存在的各种通病，比如语

法错误、语句不通、用词不当、晦涩难懂、文白交织等等"[1],"法律实施过程中的语言欠规范问题特别严重"[2]。为了提高法官、检察官法律文书的写作水平,法院系统、检察院系统举办各种形式的法律文书"审、评、晒"活动。具体做法是,从业务部门抽调业务骨干,组成法律文书评查小组,对本院法律文书进行评查,评查人员从文书的事实叙述、认证分析、文书格式等方面全面查找问题和瑕疵,把有代表性的瑕疵文书"晒"到网上,这些法律文书的瑕疵主要体现为错字、别字、多字、漏字、大小写混用、标点符号错用等。这类活动能够实质性提高法官、检察官法律文书的撰写水平。同时,在流程管理上严把语文关,从案件承办人拟稿开始,对格式、句、词、字、标点符号等进行仔细推敲,做到文书无病句、无歧义、无错字,再报部门负责人审核、分管领导签发,层层把关。法律文书送达前,由案件承办人和书记员进行校对,确保生效的法律文书"零差错"。在学术界,学者们也就法律文书中存在的语言问题写了不少文章[3]。

显然,语文基础知识问题在法律文书、法学论文以及上述文字性材料中都是普遍存在的,具有共通性,所以对这些内容进行讲解是很有必要和迫切的。在课程设计上,分了三章,分别是法律文书的用途与结构、用词与观点、句型。句型涉及修改上述各类法律文书中的病句,课时安排大约是6周,这是重点要讲解的内容。这些内容能够在短期内大幅提高学生的文字处理能力,让其以后无论撰写法律文书、法学论文等文字性材料,还是撰写党政公文,都能够避免语文基础知识的错误。

3. 借鉴党政机关公文的撰写方式

在我国,党政机关公文是指中国共产党各级领导机关和国家各级行政机关正式使用的公文。在2020年中国法学会法律文书学研究会学术年会中,学者对法科生法律文书写作的培养模式进行了激烈讨论。学者认为,目前法律文书写作课是选修课,应该把它当成必修课,因为在政法机关,能写好公文是非常重要的优势。党政机关公文最主要的特点是简洁、逻辑性强。因此,在撰写法

---

[1] 刘桂明:《法律文书能否写得更好看》,《人民法院报》,2018年7月7日第2版。
[2] 杨彬:《法律裁判文书的语言生态伦理分析》,《湖南师范大学社会科学学报》,2017年第6期,第39页。
[3] 杨彬:《法律裁判文书的语言生态伦理分析》,《湖南师范大学社会科学学报》,2017年第6期,第38页。苏涵:《法律文书写作问题刍议》,《山西省政法管理干部学院学报》,2016年6月第2期,第27页。林娜:《法律文书用语特点与技巧探究》,《太原师范学院学报(社会科学版)》,2016年3月第2期,第52页。

律文书时，借鉴党政机关公文的撰写方式能够有效增强法律文书的逻辑性。这部分内容主要体现在法律文书的用途与结构部分中。

4. 借鉴各类获奖法律文书的写法

在我国，有各种针对法官、检察官、律师的法律文书评选比赛。比如有针对法官的全国法院年度"百篇优秀裁判文书"评选，有针对检察官的公诉文书评选、优秀"退回补充侦查提纲"评选，有针对律师的年度十佳辩护词和十佳代理词评选等。这些获奖的作品是我国优秀的法律从业人员智力成果的结晶，其内容吻合司法实务现状。当然，在我国很多省份和高校法学院每年举办模拟法庭比赛，也要评选优秀的法律文书，比如清华大学举办的理律杯全国高校模拟法庭竞赛、四川省大学生模拟法庭竞赛等，要评选最佳辩护词、最佳代理意见等，但是这些获奖的文书和司法实务部门举办的比赛的获奖文书有一定差异，因此不做借鉴。在课程内容的设计上，在法律文书的用途与结构、辩护意见、说理部分，借鉴上述实务部门获奖文书的写法，从而使上课内容能够紧扣司法实务的最新动态。

5. 讲授法律文书的释法说理

在撰写法律文书时，最难的是说理，增强法律文书说理性也是实务中非常突出的要求，也是社会的普遍共识。党的十八届三中全会、四中全会明确提出，要"增强法律文书说理性，推动公开法院生效裁判文书"[1]，"加强法律文书释法说理，建立生效法律文书统一上网和公开查询制度"[2]。

对于法律文书的释法说理，贵州警官职业学院侯兴宇副教授认为，说理是法律文书的灵魂，也是理由形成过程，基本做法是采用学校自编的实训教材，教学方式主要采用卷宗式，从公安、法院、检察院借用真实的案件，要求学生制作卷宗。当然，这种做法有优有劣。优势是卷宗来自司法实务，具有真实性、有效性和可借鉴性；劣势是选择的这些卷宗不一定是实务部门中优秀的卷宗，或者卷宗内容可能不具有代表性。一方面是因为检察机关也在改革，检察院在"创新法律文书说理方式，保证公开的法律文书质量。打破传统对事实进行直线陈述、缺少动态分析，对证据进行简单堆砌、缺少分析论证，对法律解释笼统陈述、缺少具体问题具体分析的针对性等问题"[3]。另一方面，和检察院相比，法院的裁判文书更具有说理性，也更容易找到规律。如果把公安、检

---

[1] 《中共中央关于全面深化改革若干重大问题的决定》，《人民日报》，2013年11月16日第1版。
[2] 《中共中央关于全面推进依法治国若干重大问题的决定》，《人民日报》，2014年10月29日第1版。
[3] 余寓文、石燕：《大数据时代的检察法律文书公开》，《中国检察官》，2017年第3期，第71页。

察院的卷宗用作上课材料，学生很难抓住说理的核心内容，更难以举一反三、灵活运用。

因此，在课程设置中，我把"说理"设置为独立的一章，专门讲解法律文书释法说理。由于内容比较难，所以把这部分内容放在课程后面。在上课资源的收集上，我从中国裁判网等共享平台挖掘到法官作出的各类优秀裁判，把这些内容体现在教学过程中。具体的课程设置是：第一节说理，第二节写法，第三节普遍问题，第四节典型案件说理，第五节优秀的说理。同时，按照课程思政的基本要求，把社会主义核心价值观融入该课程的说理部分，具体方法是学习优秀裁判文书说理部分内容的写法，总结出普遍性规律。

（二）课程主要内容

课程的主要内容包括上述创新点，再结合其他内容，具体包括：第一章法律文书写作概述，第二章法律文书的用途与结构，第三章用词与观点，第四章句型，第五章诉讼请求，第六章事实与理由，第七章起诉状与答辩状，第八章辩护意见，第九章说理，第十章标点符号，第十一章法条引用，第十二章法检优秀法律文书排版打印。

实际上，相对于传统教材而言，这样的改革是比较大胆的，因为传统教材与司法实务、学生实际状况相差较远。而相对于司法实务和学生的实际状况而言，这样的改革不能称为改革，只能说是紧跟司法实务，不被司法实务遗忘。

（三）平时作业的改革

笔者设计的平时作业是要求学生写三篇法律文书，分别是"律师声明"，修改一份辩护意见，撰写一份民事答辩状。讲解完对应知识点后安排学生进行撰写。打分方式也做了改革，是以扣分方式给分，即如果出现错字、别字、漏字、标点错误、数字错误、引用错误、打印错误等每一处扣1分，出现句型、叙述、逻辑错误每一处扣2分。并在课堂上对作业进行讲解。显然，这种改革是将平时作业的交流反馈由单向模式变为互动模式。传统作业的交流反馈是单向模式，即学生在网上搜索相应模板，打印后提交，至于文书的结构、用语、句型、标点符号是否有误，问题在哪里，如何修改，学生不知道，教师也没有把问题反馈给学生，进而无法提高学生的文字处理能力。改为互动模式后，学生认识到自己的不足，进而修改，这种修改过程就是提高文字处理能力的过程。这种反复修改的教学过程实际上是借鉴实务中的做法。在司法实务中，法官、检察官、律师在撰写完相关法律文书后，还要不断修改可能存在的问题，比如格式不规范、语言不严谨、事实和理由拖沓不清晰、字句书生气太重等问题。

（三）试题的改革

该课程另一重大的改革是试题内容的改革，即将主观性考题转变为客观性考题。传统该课程的试题材料是几种不同类型的法律文书，考查学生对这几种法律文书的熟悉程度，考试方式为开卷考试，教师给分具有一定的主观性和随意性。经过改革后，考题内容主要考查学生对涉及法律的语文知识的掌握情况。具体而言，题型分别是用词题、标点符号题、法条引用题、修改标点题、句型题和综合题。这种改革的目的是让学生掌握相关语文知识，同时从根本上杜绝了平时不上课或上课少，考试时拿一本书及打印材料就能及格甚至得高分的现象。

四、考试结果

在改革之前，该课程学生的总分比较集中，分数集中在 70 分左右，85 分以上的极少，没有超过 90 分的，当然，也没有 60 分以下的。改革之后，该课程学生的总分比较分散，有高分，也有 60 分以下的。

2020 年度第一学期两个教学班的总成绩[①]见表 1、表 2。

表 1　2020 年度第一学期 A 班总成绩

成绩	A	A−	B+	B	B−	C+	C	C−	D	E
	100～90	89～85	84～82	81～78	77～75	74～72	71～68	67～64	63～60	＜60
人数	0	9	5	10	9	13	5	5	3	4
占比	13.63%	7.58%	15.15%	13.63%	19.70%	7.58%	7.58%	4.54%	6.06%	4.55%

表 2　2020 年度第一学期 B 班总成绩

成绩	A	A−	B+	B	B−	C+	C	C−	D	E
	100～90	89～85	84～82	81～78	77～75	74～72	71～68	67～64	63～60	＜60
人数	0	2	1	9	7	8	6	8	9	13
占比	2.99%	1.49%	13.43%	10.45%	11.94%	8.96%	11.94%	13.43%	19.40%	5.97%

---

① 2021 年度和 2022 年度教学班的总成绩也基本与 2020 年度相同。

通过表1、表2可以看出，有超过90分的，也有不及格的，每个教学班有3~4人不及格。

该考试结果一定程度上体现了本次教学改革的效果，具体而言：第一，让认真听课的学生拿到高分。这种改革改变了以往没有拉开学生之间的差距、没有高分的状况。本次课程内容创新后，认真听课的学生获得感很强，期末分数也比较高，尤其是A班的课堂学习氛围非常好，90分以上的人数较多。第二，让不认真学习的学生不及格。本课程改革的一个方面是把法律文书的内容切割为更小的片段，即结构、用词、句型等，将主观性的知识转变为客观性知识。因此，平时不认真学习的学生，仅仅在考试时带几本书、复印材料是难以及格的。上述成绩一定程度上反映出学生的平时学习状况。

五、对该课程改革与创新的探索

（一）反思

对有些学生而言，改革后的课程内容接受度更高，这些学生更容易学到来自司法实务的知识。下一步改革的方向是继续优化课程内容，将学者的最新研究、兄弟院校的创新做法和实务部门的优秀做法体现在平时教学和课程内容中，同时，在条件成熟时出版自编教材。但毕竟该课程的定位是选修课，不能用必修课的标准来确定选修课的标准。因此，要进一步降低期末试题的难度，让学生更容易接受。

经过反思，笔者从以下几个方面对该课程进行优化：第一，分享教案。制作本课程的教案，以PDF格式保存，在上第一节课时就发给学生，让学生清楚每一节课要讲的主要内容。第二，改变讲解方式。除了反复讲解重点和难点内容外，把重要知识点发给学生，学生边听讲解边做标注，这样方便以后复习。第三，增加主观性考题的数量，减少客观性考题的数量。这是从考题内容上进行调整，考虑到学生的实际情况和需求，这种做法能够降低学生的学习压力，让学生更有获得感。

（二）过程化考核的优化

目前，学校正在大力推进过程化考核制度，其总要求是严起来、难起来、实起来、忙起来和提起来，要激发学生的学习动力和专业志趣，提高人才培养的质量。从一些非标考试范例的实施方式看，考核过程包括准备、分组、答辩、给成绩等几个阶段，有些教师按照学号顺序分组，确定小组长，每组派 2 位学生发言。在我看来，这样的方式有优有劣。优势是分组方便，劣势是不能激发每一位学生的学习兴趣，辩论的过程可能流于形式，辩论的内容可能无效，不能真正提高每一位学生的专业水平，无法准确给每一位学生打出成绩。

为了解决该问题，经过反复思考后，我确定了一个初步的优化方案。

1. 撰写三份平时作业

约 4 周撰写一次作业，每份作业 10 分，总分 30 分。这种非标准答案的平时作业能够提升学生过程学习、自主学习的能力，拓展学生的知识面、开阔视野，提升学生综合运用所学知识分析、解决问题的创新能力，也能督促教师改革和创新教学内容、教学方式，让学生真正忙起来，让所学知识难起来，从而激发学生的学习兴趣。

2. 教师打分和筛选

教师先打分，后按照得分情况选出得分较高的和得分较低的作业。选择有讨论价值的作业，会使课堂辩论高效，实现通过辩论提高学生水平的目的。

3. 学生点评和展示

点评学生由教师确定，学生不知道自己会不会被点，所以会认真准备作业，而不是随便应付。在课堂展示得分较低的作业（隐去该生的个人信息），由得分较高的学生进行点评，其他学生补充点评、辩论，同时展示得分较高的作业。

4. 补救

给得分在 5 分以下的学生一次修改机会，督促学生深度学习，防止学生产生畏惧心理。

经济法学教学改革初探

谢平尧[*]

摘 要:"经济法学"是我国社会主义市场经济法律体系中的重要组成部分,是我国独立的法律部门,是我国建立社会主义市场经济制度的客观保障,因而经济法学在高校法律教育课程体系中居于重要地位。但经济法学具有体系复杂、知识点庞杂及跨学科融合的特点。经济法学的前述特点使得学生在学习过程中存在一定程度困难。为提高教学效果和教学质量,亦为了学生能够更好地将理论与实践相结合,在经济法学教学过程当中应当结合实物教学法、案例分析法及情景式教学法。

关键词:经济法学;实物教学法;案例分析法;情景教学法

引言

作为经济法的渊源,《中华人民共和国宪法》第十五条规定:"国家实行社会主义市场经济。国家加强经济立法,完善宏观调控。国家依法禁止任何组织或者个人扰乱社会经济秩序。"在坚持社会主义市场经济制度的前提下,从社会关系调整的角度来看,经济法所调整的社会关系包括宏观调控法律关系以及市场规制法律关系。其中,宏观调控社会关系所对应的是税法、财政法等,而市场规制法律关系所对应的是反垄断法、反不正当竞争法及消费者权益保护法等。从教学层面来说,经济法的教学可以总结为"双核教育":核心一是为学生清晰讲授宏观调控政策及市场规制法相关理论;核心二是将现实生活中的宏观调控政策及市场规制法律与理论相结合,帮助学生理解经济法深入日常生

---

[*] 谢平尧,四川师范大学法学院讲师,法学博士。

活,并不仅是教材上的文字。为了达到此教学目的,笔者认为有必要从该门课程的主要特点以及所要完成的教学目标入手,在经济法教学过程中融入实物教学法、案例教学法以及情景式教学法,帮助学生更好地理解理论及实践。

一、经济法学的主要特点

(一)体系复杂

比利时法学家曾对经济法的概念作了形象的比喻:"经济法的概念就像鸡尾酒,取一个调酒器,放进一份商法,用社会法来为其上色,加之大量的税法、行政法、民法为其调味,最后撒上大量的社会学、政治学和经济学去摇晃,就会成为一个冷饮,这个冷饮的名字就叫作经济法。"[1] 以调整的社会关系来划分,经济法学所调整的是宏观调控社会关系及市场规制法律关系。两类关系又能衍生出更多的子系统,例如,宏观调控社会关系包括了财税、海关、税收等,市场规制法律关系包括了反垄断法、反不正当竞争法、消费者权益保护法等。在教学过程当中,经济法学的教学分为三部分:经济法总论、宏观调控法、市场规制法。经济法总论的学习可以说是整个经济法学的奠基石,相对于其他的部门法来说,经济法学是跨学科交融的典型。从理论上来说,经济法学是市场经济之法,体现了国家在尊重市场作为第一性资源调整工具的前提下对市场经济的必要干预。因此,理解市场经济是学习经济法学的第一步。在经济法学习的初期,学生面临的第一个问题是无法建立起经济法思维。所谓的经济法思维是指在思考相关法律问题时要理解法律所规制的对象以及思考所使用的方法。比如,民法所调整的是平等民事主体之间的财产关系和人身关系,但是市场规制法所调整和维护的是市场竞争秩序。相对于财产关系和人身关系,学生对于竞争秩序的理解就存在障碍,因为竞争秩序不是一个具象的概念。另外,经济法学与经济学之间密切相关,因此,在学术研究中会使用经济学的相关研究方法,如成本-收益分析法等,就需要培养学生经济学思维。从经济法总论的学习内容可以看出,经济法的学习绝对不是一个孤立部门法的学习,学好经济法必须要融会贯通经济学基本知识,只有这样才能更好地培养经济法学思维并理解经济法立法。

经济法不仅涉及多个学科,就法学学习体系当中,也会涉及其他部门法

---

[1] 史际春、邓峰:《经济法总论》,法律出版社,1998年,第109页。

学。例如，从经济法责任的角度，理论上经济法责任是独立法律责任。虽然违反了经济法需要承担经济法责任，但是经济法学并没有独立的诉讼程序，经济法责任的承担需要依托于民事诉讼法、行政诉讼法甚至刑事诉讼法去追究行为人的责任。

（二）知识点多样

从立法层面来说，目前我国并无经济法通则或经济法总则。缺乏统一的通则或总则使得经济法学相关的知识点散落在经济法体系中的各个子系统中。从宏观调控的社会关系角度出发，经济法学囊括了财政法、税收法、预算法等涉及国家财政政策与货币政策的相关法律。从市场规制的角度，经济法包括反垄断法、反不正当竞争法、消费者权益保护法、产品质量法等旨在维护公平竞争的相关法律制度。从经济法的体系可以看出，经济法包括多个子系统，其中，每一部法律本身因为所要解决的社会现象存在差异，因此在学习时会感觉知识庞杂。例如，同样是维护市场竞争秩序，反垄断法与反不正当竞争法就存在不同。通常来说，反垄断法被称为市场经济的"宪法"，因为市场经济最大的特征在于竞争的存在，而反垄断法的最直接的功能就是保证相关市场的竞争存在，而反不正当竞争法是在存在竞争的基础上，去判断竞争行为的正当性。

此外，如前所述，经济法学是关于市场经济干预之法。随着中国经济的快速发展、国际化程度的提高以及经济周期的变化，经济法学在不断更新以适应新的经济情势。比如，随着平台经济的发展以及问题逐渐暴露，为了应对新形势，2020年初，国家市场监督管理总局官网正式发布《中华人民共和国反垄断法》（以下简称《反垄断法》）修订草案的公开征求意见稿。2020年9月，国家市场监督管理总局反垄断局官网全文发布了四部反垄断指南，包括《关于汽车业的反垄断指南》《横向垄断协议案件宽大制度适用指南》《垄断案件经营者承诺指南》《关于知识产权领域的反垄断指南》。2021年国家市场监督管理总局加快推进《反垄断法》修订，推动制定《关于强化反垄断深入推进公平竞争政策实施的意见》，制定发布《关于平台经济领域的反垄断指南》《关于原料药领域的反垄断指南》《企业境外反垄断合规指引》，修订出台《公平竞争审查制度实施细则》。2022年新《反垄断法》正式实施。同样，随着互联网行业的发展，互联网领域的不正当竞争行为呈现出新的特点，《中华人民共和国反不正当竞争法》自2017年至今，已经3次提议进行修订，分别为2017年、2019年及2023年。可以看出，随着我国经济换档期的深入、新业态的产生，未来的经济法学知识体系将会更加丰富。

（三）学习难度较大

前述所说的经济法体系复杂与经济法知识点多所衍生出来的直接问题就是经济法学学习难度大，主要表现为：其一，经济法学中需要记忆的知识点较多，且不同的知识点之间的逻辑联系不够强，学生记忆难度大。如经济法学体系中的市场规制法下面包括了《反垄断法》《反不正当竞争法》《消费者权益保护法》《产品质量法》，每一部法律都有自己的特点及丰富的知识点，这就使得经济法学作为一个独立的法律部门具有知识点庞杂的特点。同时，学生不仅对不同子系统之间逻辑联系认识存在难度，就子系统之内的逻辑联系认识也存在同样的问题。例如，《反不正当竞争法》当中规定了不正当竞争行为，除了第二条作为界定不正当竞争行为的一般条款之外，其余的不正当竞争行为通过列举的方式规定在第六条至第十二条当中，但是从第六条到第十二条的文字表述来看，它们之间基本不存在逻辑上的联系，比如第六条的混淆行为与第十条不正当有奖销售行为之间无论从构成要件上还是行为模式上，都没有联系。因此，对于学生来说，经济法学知识点记忆就存在困难。其二，从经济法的特征来说，经济法是关于国家对市场干预之法，目的是解决市场自行调控所带来的市场失灵。因此，经济法学的学习就要求学生有一定的经济学知识，如要理解《反垄断法》的价值，前提是要理解市场经济的核心是竞争，因此，需要学生对竞争理论进行把握，当中就涉及自由主义学派、芝加哥学派、哈佛学派对竞争的看法。紧接着，学生需要理解所谓的竞争一定是在某个相关市场当中，相关市场界定不准确，可能会导致垄断行为判断的不同结果。但是，对于相关市场的界定，就完全依赖于经济学上所说的需求理论，尤其是假定垄断者测试。此外，现阶段我国经济正在进入换挡期，要学好并理解我国现行经济法研究和立法方向，就需要了解经济周期等理论。可以看出，经济法的学习并非仅对条文的咬文嚼字，而是需要对多学科共同发力。其三，经济法学因为与现实经济结合紧密，新的业态出现可能给经济法带来新的革新，如平台经济在过去十余年发展迅速，为人们的生活带来了极大的便利，现在人们出行只需要一部手机。但是，随着平台经济的发展，部分企业利用自身的优势，实施了一些垄断行为。为了规制平台企业的垄断行为，自2019年起，立法机构密集出台了相关平台企业反垄断指南。从平台经济的反垄断发展来看，由于新商业模式的更迭较快，相关的市场规制法律规定和政策修订较快，因此在教学活动中对讲授的内容以及讲授的深度均需要予以明确。

二、经济法学的教学目标

(一) 基础理论方面

法律教育的目的不仅在于使学生了解法律的规定以及法条的相关内容,而更为重要的应当是培养学生的法律素质,使学生能够运用基本的法律原理和方法分析和解决有关的法律问题。这就要求教师在法律课程的讲授中贯彻有关法学基础理论的内容。结合经济法学本身,笔者认为学生应当重点掌握以下几个方面的内容:其一,关于经济法立法制定及实施的原因。该部分的介绍使学生首先认识到经济法是关于市场经济的部门法,同时,理解市场经济的本质在于市场作为资源配置工具的有效性,但是市场调节存在滞后性和有限性,现实中,客观存在市场调节失灵的情况,比如负外部性等,此时为了实现社会公共利益最大化,就需要国家介入,矫正市场失灵的情况。国家通过立法的方式引导人们的预期,从而与市场这一"无形之手"共同为市场经济有序健康发展保驾护航。其二,关于经济法调整的社会关系。经济法学调整两类社会关系:一类是宏观调控社会关系,是对社会性及全局性关系的调整,其主要是通过为经营者指引大方向的形式间接调整经济;另一类是市场规制法律关系,此种法律关系的调整是国家对经济生活直接干预的体现,执法机构直接对具体交易行为进行价值评价。学生需要理解两类关系在调整中的差异。其三,关于经济法学制度的域外比较分析。相对于西方发达经济体,我国市场经济的起步较晚,相关法律制度的制定也存在滞后性。但是,自1993年确定我国的经济制度为社会主义市场经济以来,我国社会主义市场经济发展迅速,我国目前已经是世界第二大经济体,其中经济法学相关制度起到很重要的作用。因此,在学习及借鉴域外经验的同时,学生应当充分认识到我国经济制度的优越性,正因为有制度的支撑,我们才能够仅在三十余年的时间内就实现经济的飞跃。

(二) 实践操作方面

高校本专科学生的法律教育应当更注重培养学生的实践能力,即在实际工作中熟悉法律的相关规定,运用法律知识解决实际问题的能力。具体到经济法学中,笔者认为学生在学习经济法之后,至少应能够做到以下几点:其一,学生作为消费者,应当熟悉解决消费者争议的方法以及进行消费者维权的途径,如向市场监督管理部门举报、向消费者保护协会投诉、向人民法院提出诉请。

其二，了解并能够识别不正当竞争行为。学生在毕业后将会以不同的形式参与到市场经济当中，对于学生而言，其应当能够对不正当竞争行为进行分辨，例如不正当的有奖销售行为等。其三，虽然学生可能认为垄断行为离自己的生活较远，但是通过掌握垄断行为的界定，如横向垄断协议、纵向垄断协议、滥用市场支配地位等，可以对经济生活有更好的理解。

三、经济法学的教学方法

从经济法学课程的教学内容以及教学目标可知，经济法学的讲授具有一定的难度，结合近两年来教学实践以及其他相关工作的经验，笔者认为可以用以下几个方法创新经济法学的教学工作，以提高课程教学的效果。

（一）实物教学法

现代教学理论认为课程的讲授过程是在学生认知经验基础上进行知识建构。根据这一教学理论要求，要想让学生掌握有关知识，第一步应当以学生的经验为基础，即尽可能在学生所能理解的以及以往经历的基础上进行知识的讲授。这样的讲授方式，会让学生的学习效果更加理想，理解也会更加透彻。高校学生在日常的生活中虽然接触过形形色色的经济政策，并对市场经济有初步的感性认识，但具体到经济法学这门课程的学习，学生还缺乏一定的经验基础。因此就要求教师在教学过程中不断建构这一基础，实物教学法就是行之有效的方法之一。实物教学法是指在教学过程中，通过展示与课程内容有关的实物，以实物所显示的信息配合课程讲授的教学方法。实物教学法能够使学生快速地了解有关课程的内容，并对课程的内容有直观的印象，这种方法对于学生掌握课程的重点和难点，以及理解教师讲授的晦涩难懂的理论具有非常大的帮助。

笔者认为在经济法学课程讲授的过程中，实物教学法主要是根据讲授的课程内容向学生演示有关经济法相关的法律文件，如经营者集中时的申报材料等。比如在讲授到经营者集中时，应根据《反垄断法》第二十六条之规定："经营者集中达到国务院规定的申报标准的，经营者应当事先向国务院反垄断执法机构申报，未申报的不得实施集中。经营者集中未达到国务院规定的申报标准，但有证据证明该经营者集中具有或者可能具有排除、限制竞争效果的，国务院反垄断执法机构可以要求经营者申报。经营者未依照前两款规定进行申报的，国务院反垄断执法机构应当依法进行调查。"因此，在教学过程中可以向学生展示相关申报材料，让学生对经营者集中的申报有直观的体验。

（二）案例教学法

案例教学法指的是在教学过程中，引导学生对具体案例进行分析、研究，以掌握分析问题的原理，进而能够独立分析和解决问题的教学方法。案例教学法用案例展现了生活中真实的情境，让学生可以直接在情境中认知、思考、分析和发表自己的观点，从而获取知识，并将所学的理论原理、概念具体化，从而真正掌握其本质含义。

如何帮助学生深入了解经济法学的条文含义，是教学的重点、难点。如果仅仅是单纯的法条讲解是不能使学生将法律规范和实际问题有机地结合起来的，因此适当地选择有代表性的案例在课堂上进行讲授有助于加强学生对经济法学的理解，提高学生独立分析问题和解决问题的能力。但案例教学法在实际操作过程中应当注意以下几个方面。

（1）选择适当的案例。案例质量的高低直接影响着教学效果的好坏，一个高质量的案例应具有针对性、启发性、实践性和生动性的特点。在选取案例的过程中，应当优先选取最高人民法院发布的典型案例。

（2）布置学生课前预习案例。由于教学时间的限制，所以不能要求学生在课上花费较多的时间来阅读个案，这个过程要在课前进行。预习个案，主要是让学生对个案有更多的了解，对个案所涉及的知识进行反思，并能找出问题并提出疑问，参与小组讨论。

（3）教师角色的定位。在案例教学中，教师不再是课堂的主人，而是课堂活动的组织者、引导者，也是对学生讨论的结果进行评判的人，所以教师要注意创造一个好的学习环境和气氛，在案例教学的组织过程中，教师要始终坚持以鼓励为主，充分调动学生的积极性和兴趣，并且要遵循集体参与的原则，鼓励学生表达自己的观点。这样学生就可以在学习过程中，将自己所获得的丰富信息进行充分共享，从而可以交换到不同的经验。

此外，经济法的学习分为经济法总论以及经济法分论两个部分。相对而言，经济法分论的案例较多，其中不乏最高人民法院定期发布的指导案例或典型案例，比如最高人民法院于2023年9月颁布了2023年反垄断和反不正当竞争典型案例，相关案件体现了三个特点：回应民生关切；强化了规则指引；健全了执法标准与司法标准的统一，维护公平竞争秩序。但是，如何去构建经济法总论的相关案例却是教学当中面临的一个难点。为此，笔者认为经济法总论的案例不需要像分论的反垄断法或反不正当竞争法的案例那么明确具体，更多的应当侧重在一个思维模式的培养，如成本收益分析、实质公平的追求等。

（三）情景式教学方法

情景式教学是通过模拟一件事情的发展过程，使受教育者能够了解到所要传授的知识，进而在较短的时间内提升自己的能力的一种教学方式。情景式教学的优点在于：第一，教学环境与过程比较接近事件或事物发生与发展的真实情景，有利于提高受教育者的形象思维能力；第二，受教育者能在角色转换中了解角色的位置、情况和工作方法；第三，模拟得到的结果和结论，能够使学生更加清晰地理解事件和事物的发展和演化规律。

经济法学的情景教学可大致划分为情景预设、场景再现以及情景回顾等三个主要环节。

1. 情景预设

根据教学大纲的要求以及教材的内容特点，将课程教学内容划分成几个教学主题，明确各个主题的目标，并在每个主题下安排一两个情景。教师要准备情景创设的资料，说明角色、背景，并指派学生扮演相应角色。

2. 场景再现

按照预先编排好的情形，将场景重现出来，同时教师要时刻注意学生的动作，适时介入，保持学生的演出情绪，让整个预设情形能更好地展现。

3. 情景回顾

情景回顾应包括两个方面的内容：其一是由角色扮演者表明个人的感受以及对所扮演角色的理解，如担任反垄断执法机构的学生可以回顾在"执法"过程中主要考虑的是什么问题等，从而加深对课程内容的理解；其二是由教师总结角色扮演中的关键事件、出现的问题，并结合课程进度对有关经济法学理论知识进行深入讲解，此外还应对学生提出表扬和建议，以便其在下一次情景教学中有所提高。

笔者曾经在经济法学导论课程中进行过情景教学的实践，学生的反馈较为积极。在笔者情景教学实践中，笔者向学生预设了以下场景："假设梦回1992年，你的手上只有2000元（相当于今天的20万元），那时的你意气风发，一人前往北京。你发现国内的市场上，对冰箱的需求非常旺盛，但国内冰箱水平非常落后，国家为了保护民族工业的发展，又不允许进口质量非常好的国外冰箱，连进口的散件都被限制进口。但是国家允许进口冷冻器械。后来，你发现国内的冰箱要求容量是360升以下的，冷冻器械的容量是360升以上。在这样的背景下，如果有人告诉你进口'冰箱'可以赚钱，你会怎么做？"基于前述场景，笔者与学生进行了热烈的讨论。通过讨论，学生对于经济法是对市场经济进行适当干预的部门法有了更深的认识和理解。

结语

经济法作为一门独立的部门法，调整的是宏观调控社会关系与市场规制法律关系，体现了国家为了弥补市场失灵所带来的问题而对经济进行的干预。调整的社会关系不同所带来的就是经济法各子系统对于经济的调整侧重点存在的差异。相对而言，诸如税收法、财政法等子系统主要针对整体性、全局性的宏观经济进行调整，而反垄断法、反不正当竞争法等市场规制法律体现了国家对市场主体从事经营活动的直接干预，是微观层面的调整。前述经济法所调整的社会关系要求学生在学习经济法时不仅需要有全局性思维，还需要注重每个子系统的细节。鉴于此，经济法学习的第一个特点就是体系复杂，知识点庞杂。此外，经济法作为一门市场经济法，若学生不了解经济学基本知识，就无法深刻理解经济法背后的立法路径选择。因此，经济法学习的第二个特点为跨学科融合需求大。

经济法学习特征要求教师在讲授的过程中首先做到理论与实践相结合，从而加深学生对法条的理解。其次，经济法的教学一定需要与经济学相结合，一方面是让学生理解市场经济的特征、竞争理论、需求理论、市场失灵等经济学基础知识；另一方面需要培养学生经济学思维，比如成本-收益分析方法，从而帮助学生理解经济法立法背后的依据以及缘由。

为了达到前述教学目的，在经济法教学中应当融入实物教学、案例教学以及情景教学。其中，实物教学法主要是向学生展示真实的法律实务当中所需要的官方资料来让学生理解如何将法条上的知识运用到实践中，同时，也让法条当中所提及的各种资料更加具象化。法律的灵魂在经验而非逻辑，因此，大量案例的研读是法学生不可缺少的训练方法。在经济法学习过程中，学生认真研读案例、理解法律适用是必须的。最后，通过假定相关情景，让学生在不同情景中运用所学习到的经济法知识去解决相应问题。这不仅锻炼了学生法律适用的能力，也能锻炼学生的经济法思维，帮助他们更好理解文字背后的力量。

第四编

法学课程智慧课堂教学改革

智慧教学策略下"中国法律史"课程思政教学路径探索

赵 旭[*]

摘 要：党的二十大指明了中国高等教育发展和改革的方向，教育信息化是教育系统性变革的内源性需求，智慧教学也是我国教育现代化的核心动力。随着现代科技的应用和发展，技术的加持促使教学活动物理形态发生了变化，但智慧教学应关注到以学生为中心的理念依旧生机勃勃，即追求智慧教学中的人本价值是不变的。作为典型性传统学科，"中国法律史"教学自身蕴含着丰富的课程思政资源，借助智慧教学平台，利用信息化技术，坚持以学生为中心，构建课上课下、线上线下联动的课程群，以提升法律史课程的育人成效。为此，探索智慧教育视阈下课程思政元素有机融入的新路径成为必然。

关键词：智慧教学；课程思政；人本价值；教学路径

随着信息化技术的发展，智慧教学已成为高等学校教学开展和实施过程中不可或缺的模式。2018年4月教育部发布《教育信息化2.0行动计划》，2019年2月推出《中国教育现代化2035》，2022年党的二十大则进一步指出："教育、科技、人才是全面建设社会主义现代化国家的基础性、战略性支撑。必须坚持科技是第一生产力、人才是第一资源、创新是第一动力，深入实施科教兴国战略、人才强国战略、创新驱动发展战略，开辟发展新领域新赛道，不断塑造发展新动能新优势。"[①]中国式现代化的人才培养策略将着重加强信息技术与教育教学深度融合创新，所以，教育信息化是教育系统性变革的内源性需

---

[*] 赵旭，四川师范大学法学院副教授，硕士研究生导师，从事法律史、法律英语研究。
[①] 习近平：《高举中国特色社会主义伟大旗帜 为全面建设社会主义现代化国家而团结奋斗——在中国共产党第二十次全国代表大会上的报告》，人民出版社，2022年，第33页。

求,是教育现代化的核心驱动力。教育信息化是否意味着能够实现智慧教学,智慧教学是否必须搭载信息技术,成为值得思考的重要问题。

一、智慧教学概述

(一)智慧教学的界定

智慧教学需要界定清楚所谓的"智慧"的意蕴,即究竟是从哪个主体的角度出发,形成何种教学模式。如果信息化教学是依托信息技术器物的应用,那么智慧教学终究需要回归到对学习者素养提升的策略,那么智慧教学就绝不仅仅是施教者适用信息手段就能实现教学目的那么简单。智慧教学到底是依托器物的智慧还是人的能动智慧,成为界定智慧教学的核心。有学者认为,智慧教学是双重视角中以物的智能和人的智慧为核心的技艺与教学互促共进的概念理解范式。[1] 也有学者指出,21世纪初随着素质教育和新课程改革的推进,教学模式亦愈发强调从知识传授型的"传统教学"向转识成智的"智慧教学"转变,智慧教学依旧是"学生的学习活动和教师的教学活动有机结合的整体,是以发展学生智慧为目的的组织活动的综合"[2]。

无论是传统教学还是智慧教学,其核心内容都是围绕着"教学"来处理施教者和学习者之间的关系的。随着现代科技的应用和发展,技术的加持促使教学活动物理形态发生了变化。但教学关系的主体依旧还是处理好施教者和学习者之间的关系,即便是智慧教学,其主体仍是教师和学生,依旧围绕"人"这一固定对象,秉持人本价值的理念来开展教学,只不过教学客体融入了信息技术这一变量来加持教学效果。为此,智慧教学即教学过程在坚持育人理念的前提下,施教者和学习者皆积极运用信息化技术,通过制定智慧学习方案,采取信息技术软件,借助互联网、物联网、大数据、云端以及虚拟设备等转换传统课堂教学为多维空间教学形式,引导驱动学生自主学习,激发学生学习的兴趣。同时,教师结合学习数据,了解并掌握学生学习状态、学习痛点、学习效果等,做出综合研判,并制定进阶式学习方案,以实现个性化学习策略的指导。智慧化教学不仅突出体现信息技术与教学过程的深度融合,同时教学理念

---

[1] 罗生全、张雪:《智慧教学概念的多元理解及新解释》,《中国远程教育》,2022年第11期,第8页。

[2] 吴也显、刁培萼:《课堂文化研究的重心:学习力生成的探索》,《课程·教材·教法》,2005年第1期,第20页。

的人文情怀和价值目标的表现形式更加灵活、科学，符合育人理念的长效机制，是教育发展与社会进步的创新性需求。

依据不同的研究视角以及适用不同的研究标准，智慧教学的概念界定也会发生变化。从教育视角出发，智慧教学更加关注教育主体的主观效果，即智慧原本是教育主体（教育者、学习者）应用主观能动性对教育内容的处理效果；从技术视角出发，智慧教学则关注技术应用于教学过程，以技术赋能教学，从而产生的加持性、多元性、连锁性教学效果；而从教育和技术双重视角出发，因循技术逻辑与育人逻辑相结合的路径，智慧教育则更加倾向于采用信息化技术手段适用于多场景教学过程，教育主体双方通过融合信息技术于教学过程，从而实现教学互动，提升智慧教学效果的教学创新机制。

（二）智慧教学的特点

1. 智慧教学过程凸显育人价值评判和人本感性固有特征

智慧教学的评判不能等同于是否单纯应用了信息技术手段，关键在教学过程能否在借助融合信息技术手段的同时，充分呈现智慧教学的价值理念，坚持人本情怀。智慧教学不仅是信息教育技术手段的加持，而且还能在教学过程中创新教学方法、增色教学环节、科学地做出教学评价、客观有效地形成教学反馈等。课程设计和教学模式的运用与智慧教学理念的真正贴合，不仅在于教学技术形式的运用，而且能在教学过程真正呈现"智慧"元素，凸显职业道德素养判定，这种价值判断不仅蕴含"新"，还蕴含理念的"正"，追求智慧教学中的育人功能。为此，如果说智慧教学有形式需求，那么智慧教学的实质则关注人本价值。

2. 智慧教学是显性技术应用与隐性教学理念的融合

智慧的传统理解是人作为主体对外界事物发展的智识反应、分析和判断。随着信息技术的不断应用，人工智能的普及，智慧教学成为一种辅助教学手段，应用于多场景，服务于教学效果的提升。技术应用在某种程度上成为智慧教学的显性特征。实际上，抛开智慧教学客观器物层面的技术应用的显性特征，智慧教学的隐性特征表现为现代信息社会发展的技术应用与教育价值理念的充分融合，即包括信息技术的多元组合应用，更包含教育理念、教育对象和教育导向等诸多教育价值因素，是传统教学中教育价值的自然延伸，也是现代教学有机的组成部分。

3. 智慧教学是传统育人理念在信息技术化教学过程中的创新和延续

智慧教学始终围绕实现传统育人价值来实施教学策略，即落实人本价值导向，锻炼和培养人的创造性思维，提高素养，形成伦理价值规范。无论课程设计如何应用信息技术手段和方式，智慧教学解决育人功能就必须考虑到人的思维、人的意识、人的情绪和人的主观反映。诸如，"中国法律史"课程思政的教学设计要因循立德树人的核心理念，结合法学专业的基本要求，将信息化教学作为智慧教学的事实，依托教学技术、教学行为、教学方式，若仅从器物层面来开展教学，则仅仅是事实教学表现，无法实现法科生的职业素养品格的提升。为此，智慧教学必须围绕人本价值来实施教学策略，借助信息技术平台丰富教学过程，贯穿教学环节，重组教学内容，提供自主学习、个性化学习和交互式学习的多元教学生态，形成良好的教学效果。所以，智慧教学模式是教学元素的变革，而非教学理解范式的变革[①]。

二、"中国法律史"课程思政教学概述

（一）课程思政教学的含义

教学内容有机融入课程思政元素成为新时代高等教育教学发展的必然要求和趋势。课程思政与思政课程的同向同行、协同育人，将高校思政工作贯穿教育教学全过程，成为新时代高校思政教育的新模式。[②] 所谓课程思政教学是指课程教学过程中有机融入各项思政元素，通过课程教学隐性输出与教学内容关联的思政案例、事件、价值观等多元要素，潜移默化浸润学生思想，引导学生参与和反思的教学内容。鉴于课程思政的宏观性、宽泛性和抽象性特征，课程思政教学有必要结合各学科、各专业的特征来开展，紧密贴合课程教学的实际，以充分实现良好的教学效果。

"中国法律史"课程思政教学将优秀传统文化的精华融入课堂，坚持党的领导，引领青年学生坚持依法治国和以德治国相结合，从我国革命、建设、改

---

① 罗生全、张雪：《智慧教学概念的多元理解及新解释》，《中国远程教育》，2022年第11期，第12页。

② 朱继胜、谭洁、朱振明：《论法学课程思政特点、难点与实施路径》，《高教论坛》，2021年第5期，第56页。

革的实践中探索适合本国的法治道路。课程教学旨在让学生了解我国法制历史的变迁，通过引入不同历史时期的优秀而深邃的传统法律思想、科学的制度设计、精致的法律理念、智慧的案件适用、细腻的人文关怀，帮助学生加深对中国当代法律制度的理解和认同，树立德法兼修、司法为民、诚信敬业、护善扶正的职业担当，服务区域法律事业的职业志向。为此，"中国法律史"课程思政教学立足于"以本为本"，充分整合课程思政教学元素进教材，进课堂，进头脑，并有效提升教学高阶性。教学设计内容突出传统中国法律文化中所蕴含的优秀法律理念，充分体现家国情怀、文化自信、人文情怀、工匠精神、爱国爱党等相关思想政治教育元素。

（二）"中国法律史"课程思政教学的特点

1. "中国法律史"课程思政教学以塑造法律人的职业品格为基本导向

课程思政"本质上不是一门课，而是一种理念与价值观"。[①] 法律史教学始终坚持"以学生为中心"，突出"以本为本"的教学理念。法律史课程思政建设首先基于有效的教学平台，通过课程教学，塑造学生的精神价值和实现灵魂引导。法律史课程教学探索和总结中国古代治国理政的智慧，把传统法治思想精华、德治理念的优秀成果融入教学活动，启发学生对当前依法治国理念的理解。课程思政设计突出传统"礼法"文化的精髓，消除历史虚无主义对优秀传统法律文化的蔑视和曲解，增强青年学生在法治和国家治理上的文化自信和民族自信；彰显法治的中国精神和民族品格，深入挖掘和传承中华优秀传统法律文化和红色法治文化。法律史课程思政教学有效融合习近平法治思想以及《法治社会建设实施纲要（2020—2025）》，帮助青年学生坚定全面依法治国的信念，培育学生司法为民、砺行笃实、护善扶正、躬耕力行的职业品格和素养。

2. "中国法律史"课程思政元素具有多元与专业，传统与现代相交织的特征

各学科课程思政元素的呈现皆有所差异，但课程教学总体应当把握教学内容与课程思政元素的衔接和一致这一基本规律。"中国法律史"课程教学具有

---

① 王海威、王伯承：《论高校课程思政的核心要义与实践路径》，《学校党建与思想教育》，2018年第14期，第32页。

典型跨学科特征，包括历史学、法学、哲学和社会学等多元知识体系；课程内容跨度大，从夏商时期的奴隶社会法律制度，历经漫长封建社会法律制度的塑造，至清末民初时期的近现代法制的雏形初建，法律思想多元，法律制度繁复，而教学内容又具有极强的专业性。课程内容的多元与专业必然导致众多的思政元素混杂，为确保思政元素的有序和有效，教学理念应依据育人层次和逻辑有序地融入，并与当代全面依法治国的核心价值相契合。法律史教学过程应整合融入历史事实，将各传统时期的历史性思政元素进行逻辑分类，整合教学内容，使之体系化，把碎片化的教学零件加以科学、有效地组装，帮助学生强化课堂认知和提升学习效果，这也是课程思政教学过程中的难点。

3. "中国法律史"课程思政教学注重教学效果的系统性，促成育人成效的有机统一

课程思政教学应遵循育人的基本规律，要求把知识传授、能力培养、思想引领贯穿于整个课程教学过程。"通过运作整个课程，在全员参与下，对于学生予以全方位、全过程的思政教育。"[①] "中国法律史"课程思政教学融贯弘扬传统法律文化与全面依法治国的主旨理念，帮助学生深入了解中国法律史发展进程中"德治"的渊源，培养文化自信。采用进阶式教学方法，系统提升学生对中国传统法治文化的理解，锻炼学生的分析、思考能力；将教与学、知与行有机结合，关注学生的高阶思维以及综合学习能力，注重培养学生的职业伦理道德意识。法律史的教学理念始终以学生为中心，提升学生法治思维，浸润职业伦理道德培育，将服务区域法治的理念贯穿教学始终。

综上所述，"中国法律史"课程思政教学其实就是解决育人价值理念和教学过程的融合问题。智慧教学策略下，仅凭信息技术这一教育的外在形式是难以有效提升人本教育价值理念的，也无法纯粹解决育人的终极问题。既然"中国法律史"课程思政教学坚持的核心理念与智慧教学的人本理念是一致的，那么智慧教学策略的布施就应当采取更有效的方式和路径，以有效解决"中国法律史"课程思政教学的困境。

---

① 何玉海：《关于课程思政的本质内涵与实现路径的探索》，《思想理论教育导刊》，2019 年第 10 期，第 131 页。

三、"中国法律史"课程思政教学的困境

（一）多维教学模式与教学理念缺乏有效整合

智慧教学的定位是坚持人本教育教学理念，通过数字信息等技术形态实现理想的教学效果，"智慧"的核心在于教师教学理念的设计和传递。"中国法律史"课程思政教学在实践中遭遇了各种困境。综合类的、跨学科的课程内容往往相互交织且复杂，这就为课程设计者在实现教学理念的定位上提出精准和细致的要求。法律史作为典型的交叉学科，既包含历史学的专门史理论，也涵盖了传统法律制度的基本内容。法律史教学既有事实讲授，又有批判式反思互动。法律史教学内容的纷杂和教学方式的多重，导致教师在教学过程中容易混淆教学定位，教学方式固化刻板。为此，法律史教学首先要解决培养什么样的法治人才问题。智慧教育实质是育人理念和方法的迭代更新，简言之，坚持恒定的育人理念，辅之以动态的教学模式。对于诸如"中国法律史"学科教学困境的突破，智慧教育就不仅需要解决技术问题和教学方法的问题，还应反思育人理念转向的问题等。培养什么人，为谁培养人，通过何种方式有效转识成智，成为法律史课程思政教学设计中需要综合考虑的问题。

（二）思政资源的重组难以与智慧教学衔接

"中国法律史"课程思政教学的关键是如何整合多重课程思政资源，利用智慧技术衔接和打破法律史知识教学的碎片化、僵硬化和教条化的局面。课程思政元素绝不可在课堂中强硬推销，也不能如开洪泄闸喷涌而出。智慧教学策略下，基于学生的感性思维和理性思维，实现课程思政元素与教学内容的深度贴合，有效将教学内容经过合理分类、科学整合，促成思政元素以规范、恰当的形式与教学内容有机衔接，打破课程思政与教学内容的割裂成为有效课堂的关键。课程思政资源的衔接需要科学的课程理念、智慧的育人观念来引导、设计、输出和发酵。正是因为法律史课程思政元素的多样化，所以如果缺乏合理科学的课程设计，容易导致教学内容和思政元素叠加形态的零散、琐碎、繁杂冗长，甚至导致教学过程泛滥失序。智慧教学策略驱动的教学过程，主张辅助智慧化形式使课程思政元素有效地浸润学生的头脑，使其内化为学生的价值评判，这一过程的实践也是法律史课程思政教学的重点和痛点。

（三）技术应用带来的限时挑战

信息技术社会发展对教学模式发出的邀请实际是一把双刃剑。一方面，传统课堂教学应鼓励融入智慧教学的手段和方式。"移动互联网+"改变了知识创生、传播、获取与应用方式，学校和教室将不再是主要的知识获得场所，教师将不再是主要的知识传授者，网络知识系统和在线优质课程与教学资源将成为学习者获取知识的主要渠道，互联网正在改造和重构知识发现、创生、传播方式和学习方式。① 尽管传统课堂教学不可替代，但是越来越多的信息技术已经改变了课堂教学的模式，推动着从教人员观念的更迭，也敦促教学人员信息技术能力的提升。另一方面，信息技术的采用不仅促使教学模式更加多样化，也带来知识信息的爆炸，让原本从事专业教学的教师陷入"技术焦虑"。"中国法律史"教学必须破局，但当下智慧教学似乎仅仅表现于教学技术层面才能得到肯定，这样的教学模式过度地夸大了信息技术的引用，而忽视智慧教学本身的理念创新。

四、智慧教学策略下"中国法律史"课程思政元素的整合

（一）教育发展策略的必然趋势

"中国法律史"是我国法学专业的核心平台课和专业基础课。习近平总书记在主持中共中央政治局第十八次集体学习时指出，古代"礼法合治"有重要启示，"要治理好今天的中国，需要对我国历史和传统文化有深入了解，也需要对我国古代治国理政的探索和智慧进行积极总结"②。党的十九大把法治社会基本建成确立为到 2035 年基本实现社会主义现代化的重要目标之一，强调坚持法治国家、法治政府、法治社会一体建设，培育和践行社会主义核心价值观，弘扬社会主义法治精神，建设社会主义法治文化，坚持依法治国和以德治国相结合，把法律规范和道德规范结合起来，以道德滋养法治精神。党的二十

---

① 蔡宝来：《教育信息化 2.0 时代的智慧教学：理念、特质及模式》，《中国教育学刊》，2019 年第 6 期，第 56 页。
② 习近平：《牢记历史经验历史教训历史警示　为国家治理能力现代化提供有益借鉴》，《人民日报》，2014 年 10 月 14 日第 1 版。

大报告指出："推进教育数字化，建设全民终身学习的学习型社会、学习型大国。"①

"中国法律史"课程思政教学的改革与创新问题向来是我国法律教学中的难点。在全面依法治国的背景下，正确看待传统文化及其知识，继承和发扬中国优秀的传统法律文化，对"中国法律史"课程思政教学改革提出了更高的要求。从智慧教学的理念出发，辅以信息技术培育人才，成为"中国法律史"课程思政教学路径探讨的方向。

（二）学情认知与育人理念的双重驱动

教学实践中发现，法科生在法律史学习过程中认为，"中国法律史"课程基础理论抽象、内容庞杂琐碎，具有典型的交叉学科特征，知识扩列范围度广；学生保留中学时期对历史学的刻板印象，学习方法僵化等。有鉴于此，智慧教学策略应促使"中国法律史"教学结合信息化、数字化教学路径，激发学生深度思考，转变底层思维，突破刻板印象，力图在知识目标上掌握各历史阶段的立法活动和成果、法律思想和特点以及司法运行状况；能力目标上达到知行合一、与时俱进，运用法治思维分析问题，解决问题，将传统法治与社会主义法治的本质认知相衔接；价值目标上传承和发扬民族精神，实现德法并举的社会治理创新，树立家国情怀、工匠精神，提升文化自信；职业目标上树立以人为本、司法为民的意识，守法护法的职业伦理素养和品格。

就传统教学而言，智慧教学策略是实现课程思政元素重组的重大利好。"中国法律史"课程教学的传统内容，尤其需要借助信息技术提升育人理念的现代靶向，即探索和总结中国古代治国理政的智慧，借助多元教学技术平台、灵活的教学手段、科技十足的教学工具，将传统法治思想精华、德治理念的优秀成果有机融入教学活动，打破时空阻滞，启发学生自主探究，迁移传统思政元素，加深学生对当前依法治国理念的理解。

（三）思政元素整合的智慧运用

首先，借助信息技术平台整合教学资源，提升课程内容高阶性。应用数字智慧技术，推进线上和线下、课上与课下的教学资源衔接，实现多级资源拓展覆盖，激发学生的探究意识，改变认知，实现内驱式教学。其次，实现传统教

---

① 习近平：《高举中国特色社会主义伟大旗帜　为全面建设社会主义现代化国家而团结奋斗——在中国共产党第二十次全国代表大会上的报告》，人民出版社，2022年，第34页。

学手段与信息技术落地的互融。课程教学结合信息化、数字化教学路径和手段，配置多功能教学环境，打破时空界限，架构传统与现代的知识联系；应用数字智慧技术方法，创置模拟场景，实现沉浸式和智慧化教学。最后，优化课程教学思政元素的动态功能，融合个性化和差异化教学，实现精准化教学。规避传统教学以知识灌输为主的方式，智慧教育策略激励学生发展个性思维，鼓励学生从自我认知角度搜集思政资源，整理分析课程重难点，以问题为导向，通过分析在线教学数据，直指教学痛点，实现个性化、精准化教学。

五、智慧教学策略下"中国法律史"课程思政教学路径的探索

（一）回归智慧教学中人本价值理念的初心

智慧教育策略的首要目标就是要落实育人理念的"智慧"。"中国法律史"课程思政教学的设计坚持以习近平法治思想、社会主义核心价值观引领育人目标，以学生为中心，以法治建设人才培养导向为理念，培养学生主动学习、主动思考、主动创造的能力。根据新文科建设方案和本校专业特色，课程教学浸润职业伦理道德培育，打造建设知行合一的课程平台，实现知识掌握与职业伦理道德培养相结合，注重培养诚信敬业的职业品格、护善扶正的职业担当、守法护法的职业态度。课堂教学要有效适用现代信息技术的智慧设计，提升课堂教学效果，促进智慧教学与法律史课程思政教学的双向融合。重组课程内容，运用多元化的教学方法和教学手段，采取数字化、信息化、多媒体等智慧方式弥补法律史知识体系的庞杂、僵硬和碎片化弱势，通过整合教学资源，打通多元化教学渠道，提升教学效果。与此同时，建立监测课程评价体系，形成教学反馈，保持课程质量的持续提升。

（二）打造智慧课堂以实现多功能课堂教学

打造古法今用的课程体系，保持与时俱进，发扬传统法的内在优秀品格，与时代和社会发展紧密结合；运用智慧化教学最大化辅助学生主动提升知识迁移能力、融贯能力。教学创新须在能够激发创新意识和创新思维的环境中展开，而智慧课堂是教学创新的技术和环境支撑。因此，架构设计智慧课堂和创

新学习空间的技术应用解决方案，是当务之急。[①] 在网络化、数字化和智能化的智慧课堂里，教学双方围绕激发学习兴趣和个性潜能开展教学创新。[②] 无论信息加持的程度有多高，课堂教学依旧是育人的主阵地，课堂环境不仅仅是教学硬件，还是实现智慧教学的必要手段。为此，法律史课程思政元素的设计结合问题、项目和课题让学生进行自主合作探究学习。学生学习的启发、合作设计解决方案、大胆假设和逻辑求证、资料获取和数据分析，以及观点结论的得出和发表的整个过程，都是在教师引领、激励、期待、帮助和指导下完成的。教学过程在环境开放、人机交互、资源共享、自主探究、小组合作的智慧学习环境下展开。课堂教学成为师生激发创造潜能和涌现创新思维火花的创造工场和科学探究实验室。

（三）利用信息技术实现智慧化教学资源配置

党的二十大报告提出，"推进教育数字化"[③]。大数据时代，数字化是教育转型发展的基本要求。现代化教学与智慧社会的打造紧密相连，大数据应用成为必备的教学手段。随着信息技术的普及和推广，"智慧树""雨课堂""超星"等现代媒体平台的广泛搭建，对教师提出了在 PPT 设计、教学内容安排、教学形式和教学手段适用上更高要求；同时，对于学生的新媒体使用能力也进行了相应的规范。传统教学课堂的单向"讲授"模式开始向双向课堂翻转形式转变，要求学生通过预习、思考、讨论、完成作业、反馈等活动形式深度参与课堂，跟上教师教学节奏，同时对学生学习效果提出了更高的要求。智慧化教学元素的位置应对标学生精准定位高阶能力的提升。为此，智慧教学通过线上＋线下方式整合课程思政元素，渗透省情、国情，鼓励学生参与实践，将依法治国目标具象化。学生通过考察学习民族地区村规民约和乡村治理，打破时空滞阻，了解传统法律规范对当今社会生活的影响，认知中国法治现状，破解全面依法治国课堂讲授的抽象性难题。

---

① 黄荣怀、胡永斌、杨俊锋：《智慧教室的概念及特征》，《开放教育研究》，2012 年第 1 期，第 22 页。

② 蔡宝来：《教育信息化 2.0 时代的智慧教学：理念、特质及模式》，《中国教育学刊，》2019 年第 6 期，第 57 页。

③ 习近平：《高举中国特色社会主义伟大旗帜　为全面建设社会主义现代化国家而团结奋斗——在中国共产党第二十次全国代表大会上的报告民》，人民出版社，2022 年，第 34 页。

六、结语

智慧教学不仅契合新时代对法治人才的新需求,更有效地助力实现"立德树人,德法兼修"这一人才培养目标,也弹性地利用显性技术,实现隐性教学理念育人效果,即契合法律史课程融职业品格塑造于教学,素质培养于法治实践,遵循法律职业价值观养成规律,将法治人才培养和全面依法治国的时代主题相结合的育人设计。

雨课堂平台下法学理论课程教学的评析与反思

罗玉尧[*]

摘　要：雨课堂作为一种新型教学手段被广泛应用于教学实践中，从早期的雨课堂到现在的长江雨课堂，版本进行了若干次的升级换代，功能也不断强化。从2017年开始，在2016、2017、2018、2019、2020级"法律逻辑学"课程，2017、2018、2021、2022、2023级"法理学"课程，2018、2019、2020、2021级"法学导论"课程以及2020级"习近平法治思想概论"课程中逐步尝试把雨课堂作为传统教学的辅助方法运用到教学中，进行了线上+线下混合式教学的初步探索。整体而言，雨课堂在混合式教学改革中起到了一定的作用，对传统教学模式进行了一定的拓展，也获得了学生一定的认可，但同时也存在一些问题。

关键词：雨课堂；法学理论；课程教学

伴随着计算机和网络技术发展，在"互联网+"背景下，传统教学模式受到强烈的冲击，高等教育领域展开了新一轮轰轰烈烈的教学改革，雨课堂、智慧树、超星、中国大学MOOC、腾讯会议等教学平台被广泛使用，线上教学、线上+线下混合教学模式覆盖了从小学到大学的整个教学领域。我院法学理论教学属于较早使用雨课堂平台进行教学的课程，教学上有一定的收获，也发现了存在的一些问题，故本文将以七年间三门课程的雨课堂数据与传统教学模式下的数据进行分析，评估雨课堂平台下法学理论教学数据，探讨雨课堂平台下法学理论教学的实效，以期对未来的法学理论课程教学提供参考。

---

[*] 罗玉尧，四川师范大学法学院教师。

一、法学理论课程教学中雨课堂平台的使用

2017 年四川师范大学教务处引进由清华大学和学堂在线推出的雨课堂平台，在 2016 级"法律逻辑学"课程教学中首次使用，此后 2017 级"法律逻辑学"和 2018 级、2019 级"法学导论"课程教学中也使用雨课堂。2020 年开始，学校再次与雨课堂平台合作，升级雨课堂平台，2020、2021、2022 级"法学导论"课程，2018、2019、2020 级"法律逻辑学"课程，2018、2019、2020、2021、2022、2023 级"法理学"课程开始使用升级后的长江雨课堂平台。升级后的长江雨课堂平台与以前的雨课堂平台相比使用效率更高、功能更全面，能够为课程教学提供更多的课外预习与课堂教学的渠道，更多的课前、课中和课后互动模式。

二、雨课堂平台下法学理论课程教学数据分析

（一）数据来源及情况说明

笔者使用雨课堂平台授课的法学理论课程包括"法理学""法学导论""法律逻辑学""习近平法治思想概论"，其课件信息、发布学习任务通知信息、推送课前预习课件信息、课堂练习信息、各班级授课信息、学生出勤情况信息等数据以雨课堂平台导出的数据为准，考核成绩以学生实际得分成绩为准。使用雨课堂平台讲授的 2016、2017 级"法律逻辑学"课程，2017 级"法理学"课程，2018、2019 级"法学导论"课程的数据主要有授课课堂记录、课堂考勤记录、课件推送、课堂练习统计等。使用长江雨课堂的 2018、2019、2020 级"法律逻辑"课程，2020、2021 级"法学导论"课程，2018、2019、2020、2021、2022、2023 级"法理学"课程的数据涉及上传课件、发布学习任务通知、推送课前预习课件，以及课堂练习中单选题、多选题、主观题、课后思考题、期中作业和客观题测试。2020 级"习近平法治思想概论"课程数据包括上传和发布的上课课件、主观题、客观题测试等。

（二）数据情况分析

1. 升级前雨课堂学生数据与教务系统出现偏差

2017年刚开始使用的雨课堂平台因是免费版本，所以无法享受会员的某些功能，雨课堂中课程的授课班级是由教师自行创建，学生人数与教务系统数据存在一定的偏差。例如，2016级"法律逻辑学"课程的选课学生在教务系统名单中共计239人，但雨课堂系统中显示总人数有301人；2019级"法学导论"课程导出数据中，1、2班教学班级共有学生169人，但教务系统中显示的学生人数为146人；导出数据中2019级3、4班教学班级共有学生152人，但教务系统中显示145人。不过这一问题在2020年学校成为雨课堂付费会员后得到解决，教务系统与雨课堂系统进行了对接，选课学生名单通过教务系统直接导入，保证了学生数据的准确性，大大减少了数据差异带来的问题。

2. 雨课堂出勤数据升级前后差距较大

2020年以前的雨课堂数据分析发现，学生整体出勤率不高；2020年以后的雨课堂数据显示的出勤率基本准确。以2019级"法学导论"课程学生出勤率为例，2019级1、2班大部分学生的课堂出勤率为70%～89%，2019级3、4班中绝大部分学生出勤率为60%～80%，没有任何一个学生的出勤率达到100%，甚至连90%以上的都没有，这一数据明显与实际情况不相符合。雨课堂平台显示的出勤率统计如图1所示。

图 1　雨课堂平台出勤率统计

在实际上课的过程中发现，绝大部分学生每一节课都是到堂了的，但在数据中却无法得到体现。思考之后分析原因，估计数据偏差的原因可能包括以下几点。

（1）刚开始上课的几周（特别是开学第一周），学生对雨课堂的使用不太熟悉，没有正确操作进入课堂，导致雨课堂数据中没有任何出勤记录。

（2）部分学生踩点或者迟到进教室上课，因为已经开始上课，学生无法扫码进入雨课堂，故导出的数据显示未进入课堂。

（3）个别学生因未带手机或手机无法正常使用，而无法扫码，故导出的数据显示未进入课堂（仅有个别学生在下课时在任课教师处进行了登记）。

（4）学生因学校和学院活动或其他原因，经由相应学校机构或者辅导员同意请假，未在导出的雨课堂数据中显示。

（5）学生因学校和网络设备问题无法使用雨课堂，在课堂中途转而采用传统模式教学，使得雨课堂导出数据显示未进入课堂。

2020年以来的课堂考勤数据整体上是较为准确的，学生出勤率比较高，绝大部分班级学生的出勤率都在90%以上，未出勤的学生也基本能够出示假条或者及时和任课教师沟通，并在系统上注明缺勤原因。但考勤系统本身存在漏洞，比如只要学生扫描二维码或输入暗号即可进入课堂，系统后台考勤数据就会显示学生出勤，部分学生利用其漏洞进行操作，本人并未到课而通过让同学帮忙扫码或让同学将二维码、暗号通过QQ、微信等发送过来后扫码或输入暗号进入课堂，从而导致教师无法通过系统获得准确的考勤数据。

3. 课堂练习数据显示学生对不同题型练习效果不同

课堂练习是检验学生学习即时效果的重要手段。在雨课堂中最快捷、最实用的练习就是单选题和多选题，判断题也可以转化为单选题的形式表达出来。单选和多选这两种题型可以很好地反映学生对当堂课程内容的掌握程度，让教师及时发现学生在课堂学习中存在的问题或者尚未掌握的知识。刚从传统教学模式向使用雨课堂平台的混合教学模式转变时，因任课教师对于雨课堂系统课堂练习功能把握不到位，也基于各种题型的不同特点，所以上课时多选择用选择题的方式进行课堂练习。例如，在2019级"法学导论"课程的雨课堂教学中使用课堂练习的次数最多，结合各章内容，共进行了21次单项选择练习，17次多项选择练习，单项选择练习题的正确率相对较高，多项选择练习题的正确率相对偏低，在练习后一般都及时将正确答案以及各选项选择统计向学生展示，并针对学生普遍会犯的错误进行课堂习题知识讲解，帮助学生纠正错误、巩固和强化所要掌握的知识点。而"法律逻辑学"课程在使用雨课堂平台过程中也多采用单选题和多选题让学生练习，但学生答题正确率相对较低，课堂习题知识讲解耗费时间较多，导致课堂教学时间紧张；后期也曾尝试使用其他题型，比如判断分析题、演算题等，但发现主观题答案输入和上传比较耗费课堂时间，所以后期在课堂上对于本门课程的主观题主要还是采用传统的讨论模式和现场答疑的方式，故雨课堂导出数据中主观题均显示为"未答题"。课后作业要求学生课后利用所学知识自行进行思考和分析，前期还是采用传统的书面答卷方式，随着长江雨课堂的不断升级完善，也开始采用主观题的方式让学生在平台完成，绝大部分学生能够按时按规完成，个别学生会出现未完成情况或者交白卷情形。"法理学"和"法律逻辑学"期中作业一直采用传统的书面答卷方式，要求以书面的方式提交，这部分在雨课堂导出数据中没有体现。"习近平法治思想概论"是2024年的一门新课，其期中作业以客观题试卷的形式在雨课堂平台发布，学生整体完成率较高，平均得分率为82%，既有一定的区分度也有一定的难度。

4. 提前预习数据显示学生预习状况较差

提前预习可以使学生熟悉课堂教学内容。升级后的长江雨课堂平台开发了"发布学习任务通知"和"课前推送预习课件"功能，从长江雨课堂导出数据可以看出，例如2019级"法学导论"课程中学生对于教师布置的学习任务和推送的预习课件查看率较低，2019级1、2班学生查看率70%左右，2019级3、4班学生查看率仅为40%左右；再如2021级"法学导论"课程在推送第十三章预习课件后，1班74人仅有35人，2班65人仅有36人，3班75人仅有23人，4班68人仅有19人查看了该课件，4个班仅有2名同学对于课件中不太清楚的部分进行了标注，反映出绝大部分学生的学习主动性不强。雨课堂平台数据基本能够反映学生预习课件的情况，课前任课教师曾经多次推送过预习课件，也在课堂上反复强调过希望同学们能够在课前浏览推送的预习课件，基本了解课堂教学内容，但绝大部分的学生都不能够在课前认真去完成预习任务，这就导致要求学生本应在预习阶段掌握的学习内容还需要花大量的课堂时间进行阐述，才能保证大部分学生掌握对应知识点，较大影响课堂教学进度。

5. 雨课堂数据显示不同功能在有限课堂内的效用不同

法学理论课程，无论是"法理学""法学导论"（"法理学"原为4学分64学时，2018、2019、2020、2021级教学计划调整为"法学导论"与"法理学"各2学分32学时，2022、2023级再次调整计划，将"法学导论"和"法理学"合为"法理学"，改为3学分48学时），还是"法律逻辑学"（2学分32学时）、"习近平法治思想概论"（1.5学分24学时），其教学内容都比较抽象、枯燥、繁杂，教学难度较大，学生对知识的理解难度也比较大，教学课时非常紧张，特别是课堂教学时间安排相当紧凑。雨课堂平台上尽管还有很多互动功能，比如弹幕、投稿等可以很好地了解学生掌握课堂知识的即时情况，但却基于时间的限制极少使用，故在大部分课程的雨课堂中弹幕、投稿等功能导出数据显示为0。

6. 雨课堂数据显示不同考核方式使用上需进一步完善

基于法学理论课时的有限性，在长江雨课堂平台启用后，任课教师在 2021 级"法学导论"课程教学中通过布置课后作业方式要求学生复习和巩固课堂所学知识。特别是在 2018、2019、2020 级"法律逻辑学"课程学习中，充分利用网络资源，虽然没有直接上传视频，但通过推送中国政法大学"法律逻辑与方法"网易公开课网址，要求学生在本学期听完该门课程并对学习内容进行概括总结，作为平时作业的考核内容（前期主要以学生单独提交的电子文档作为考核依据，后期直接通过雨课堂平台试卷功能，要求学生在平台提交作业，大大提高了教学效率），对学生拓展课程学习有一定的督促作用，对学生拓展学习助益颇大。

三、雨课堂平台下法学理论课程教学优劣分析

（一）与传统教学模式相比，雨课堂的优势

1. 雨课堂提供更多的课堂教学方式

课堂教学方式发生很大程度的变化，"满堂灌"现象得到有效遏制，能在一定程度上提高学生的教学参与度，师生之间的课堂教学互动方式较传统教学模式有增加，能一定程度上提升教学实效。

2. 学练结合有助于学生准确掌握知识点

学生在教学过程中边学边练，雨课堂的练习数据统计能够及时反馈学生掌握课堂知识的情况，及时反馈学生没掌握或者易混淆、易错误的知识点，为教师的答疑解惑提供靶向，提高答疑解惑的针对性。

3. 雨课堂教学资源更加丰富

雨课堂本身提供了很多的慕课、视频资料，教师通过网络收集的各种资料绝大部分都能在雨课堂中应用，增加了学生获取知识的渠道。

4. 功能较多，可以有效提高学生学习热情

除了传统的面对面授课外，雨课堂提供的课件录音推送功能从某种程度上能够更有效地给予学生全新的视、听一体体验，一定程度提高学生学习的专注力。长江雨课堂版本还可以进行直播授课（包括语音和视频直播），很大程度上解决了各种原因无法直接到堂上课学生无法学习的问题，同时直播授课可以

重放，能更多地为学生提供学习甚至反复学习的机会。

5. 最终考核成绩显示平台教学具有一定的实效

授课教师对比所教班级雨课堂平台使用前后学生卷面考核情况发现，传统教学模式下 2015 级"法理学"期末卷面平均成绩为 61.45 分，使用雨课堂平台授课后 2017 级"法理学"期末卷面成绩上涨为 64.92 分，2022 级"法理学"期末卷面成绩上涨为 65.68 分，2023 级 1 班"法理学"卷面平均分 69.93 分、2 班卷面平均分 68.04 分，虽然期末卷面平均分的上涨可能与学生学情、试卷难度等有相应的关联，不能完全归功于雨课堂平台的使用，但不可否认雨课堂平台在法学理论课程的教学上产生了一定的实效。传统教学模式下 2015 级"法律逻辑学"期末卷面成绩均分为 75.4 分，使用雨课堂平台授课后 2016 级"法律逻辑学"期末卷面成绩上涨为 80.97 分，但 2017 级四个班卷面平均成绩大都在 70.13~76.42 分，平均分差较大，2018、2019、2020 级"法律逻辑学"尽管仍然使用雨课堂平台授课，但因考核题型和考核难度做了一定的调整，三个年级的"法律逻辑学"期末成绩对比并没有太大的变化，也没有表现出明显提升成绩的实效。2018 级开始教授的"法学导论"课程，一开始就使用雨课堂平台授课，与同类理论课程"法理学"相比，因教学内容和教学难度相对较低，其所授课班级期末卷面平均分均在 70 分上下，在教学效果上体现出一定程度的实效。

（二）与传统教学模式相比，雨课堂存在的问题

1. 学校和教室投入成本增加

传统教学中，对于学校而言，教室、粉笔、黑板、教材、教参、备课本的投入成本相对较小，教师除了智力和劳力以外的硬件设备投入成本小，但雨课堂平台采用多媒体手段进行教学，学校需要投入较大成本购买多媒体设备、网络设备等，平时还需要经常对设备进行必要的维护而产生成本；教师在准备教学的过程中需要购买电脑、存储等硬件设备（某些课程在探索过程中可能还需要一些其他电脑软件、硬件）等，一定程度上增加教师负担。

2. 学校教学设备老化，需加强设备和网络维护

教师在学校授课过程中有赖于学校教室的多媒体设备，但学校教室里的多媒体设备、电脑硬件软件老化，经常出现故障。同时虽然教室里能够上网，但学生反映有时网速慢，影响了上课的进度和连贯性。雨课堂平台教学过程中，曾多次出现网络和设备故障，尽管多媒体管理人员能够到现场解决，但课程实

施过程的连贯性还是受到一定的影响，部分上课时段为了不影响正常上课只有暂停使用雨课堂平台。

3. 课程实施中雨课堂的很多功能尚未有效激活

雨课堂的使用一直在探索阶段，长江雨课堂平台使用后，任课教师对其中的很多功能尚未真正领会和掌握，如弹幕、投稿、课后互动等功能都还没有完全运用熟练，所以使用数据存在很多空白，也使得雨课堂的使用未能完全发挥其效能。在未来的使用中，还需要深入研究，争取能够有效运用雨课堂的全部功能。

4. 数据保存和分析技术尚不成熟，平台需进一步完善

目前雨课堂能够保存和导出的数据主要采用 Excel 格式，对于上课的视频、音频保存和导出技术还不成熟，在遇到申报项目支撑材料收集时存在较大的难度。同时在多年使用过程中发现，雨课堂平台的平时考核部分设置过于复杂和刻板，其操作难以适应平时具体教学和考核过程。

5. 课堂上学生难以监管，教学预期效果难以实现

因为雨课堂平台授课全程使用手机，采用微信扫码登录上课，在上课过程中部分学生堂而皇之地使用手机上网、玩游戏和做其他与课堂教学无关的事情，同时因授课内容多，班级人数过多，教师在授课过程中难以实现全面有效的监管，教师预期的教学效果难以实现。同时，正如前面数据分析提到的数据准确性问题，部分学生瞒天过海，人机分离，通过同学私发课堂二维码或暗号远程进入课堂，或进入空挂账号等，这些都是教师在教学过程中难以监管到的现象，导致期望的教学效果难以实现。

四、雨课堂平台下法学理论课程教学的反思

（一）平台再好，也只是个工具，教学的关键还是在于人

常说"工欲善其事，必先利其器"，平台从某种程度上来说也算是教学的"器"之一，是教学的工具之一，有良好的教学平台，确实能够从一定程度上提高教学效率，减少教师在教学过程中的部分工作量。但是否能够产生实效，关键不在于平台本身，而在于使用平台的"教"和"学"的双方，正如数据分析显示，平台可以推送课件，布置学习任务和预习任务，但学生积极性不高，并不参与进来，实际上仍然无法达到预期的学习效果；同理，如果教师自身专

业素养存在问题，对于平台作业、讨论等需要评阅和教师参与的工作缺乏积极性，同样难以在教学中产生实效。在教学平台和师生之间，师生才是教学的根本，平台顶多是辅助教学的手段和工具，教学中唯有充分调动教师"教"和学生"学"的积极性和主动性才能从根本上提高教学的实际效果。

（二）搞好教学不能依赖一种平台，可以多种手段并用

2020年以来线上教学模式已经融入法学教学的骨子里，这使得我们不得不选择一个好的线上教学平台。就目前而言，雨课堂、智慧树、超星、钉钉、腾讯会议等各有千秋，但2018级法理学教学采用的全线上教学模式使各个平台都受到了冲击，也强制性地推动了各教学平台强化升级。但不管如何，任何一个平台都不可能达到尽善尽美，在教学过程中往往选择一个主平台作为常规教学平台，同时确立好一个或多个备用平台。但我们发现在与学生的交流和互动中，雨课堂提供的互动手段和方式整体使用率并不是特别高，反而QQ、电子邮箱、微信、面谈等使用得更多，尤其是面对面交流、传授和探讨教学的实际效果更好。2023年下半年数据显示"法理学""习近平法治思想概论"等课程回答学生问题250余次，这样的互动和交流不单单是冷冰冰的文字堆砌，而让学生更能感受到教与学中的温度。

（三）平台数据不能说明一切，仅是参考的一个依据

平台数据虽然具有一定的客观性，也基本能够反映学生大致的学习情况，但平台的技术有限制或缺陷以及学生自身学习能力存在差异，并不一定能完全准确地反映学生学习态度和学习效果，所以不能一刀切地将平台数据作为最后考核的依据。比如课堂上会做很多练习，目的在于发现问题、解决问题，学生只要做，哪怕没有做对也实现了教学目的，在考核时就不能以其练习的实际得分进行考核，但系统要么计入要么不计入成绩的设定就不符合教学的需要，故平台数据仅作为考核的一个参考依据，授课教师应当根据自己的教学目的和学生的学习实际情况考核，而不能机械套用。例如，我们在纪检监察学院2023级"法理学"平时成绩的计算过程中，我们设定的平时成绩标准体现为："考勤（数据来源于雨课堂系统），总分共8分，缺席或未完成（用×表示）1~3次扣1分，病假事假（用〇表示）不扣分。"而对于平时雨课堂平台进行的客观题测试，分为两个部分：雨课堂客观题作业，共3次，完成作业（用√表示）即可给分，完成1次给2分；雨课堂客观题测试，总分100分（以雨课堂系统中客观题测试实际得分为准，不及格的给予一次补考机会，合格按60分

折算），折算占比14%。以该数据作为参考，综合考虑学生学习态度和学习效果来进行平时考核，更能够促进学生的学习积极性。

总之，在雨课堂平台使用过程中，仅就目前掌握的数据来看，尽管"法理学""法学导论""法律逻辑学"课程学生总体成绩与传统教学模式下的成绩相比，提高并不明显，但学生在总体的学习态度、知识面拓展、课堂气氛、知识查漏补缺等方面都有较大的提升，如果能够规避其缺陷，发扬其优点，更熟练地使用新技术、新手段进行教学，并结合多种教学手段，将会更好地提升法学理论课程的教学效果。

有限翻转课堂在合同法本科教学中的设计思路

谢旻荻[*]

摘 要：传统的"填鸭式"教学和单一的教师讲授方式，难以适应当前网络化、数字化、信息化的新形势、新业态和新要求。高校法学专业本科课堂教学模式需要全面改革和创新。"合同法"课程具有知识体量大、内容深奥、实践性强等特征，但面临学时较少的问题。有限翻转课堂可以有效克服翻转课堂的缺陷，使学生在全面掌握合同法理论知识的基础上，有更多的时间去加深对重要知识的理解和内化吸收，同时教师也能有更多时间来加强学生实践能力。

关键词：有限翻转课堂；合同法；教学设计

一、问题的提出

（一）卓越法治人才培养亟须传统教学模式改革

随着我国法治建设不断向纵深推进，社会对卓越法律人才的需求持续增加，国家对高等教育中本科阶段法律人才的培养也愈发重视。2011年底，教育部、中央政法委在《关于实施卓越法律人才教育培养计划的若干意见》（教高〔2011〕10号）中，明确提出要"创新卓越法律人才培养机制"，要培养应用型、复合型法律职业人才。2018年，两部委又再次根据《教育部关于加快建设高水平本科教育全面提高人才培养能力的意见》，在卓越法律人才教育培

---

[*] 谢旻荻，副教授，民商法硕士生导师，主要研究方向：合同法、知识产权法、法学教育等。

养计划基础上，提出了《关于坚持德法兼修实施卓越法治人才教育培养计划2.0的意见》（教高〔2018〕6号），其中提到要"建立覆盖线上线下、课前课中课后、教学辅学的多维度智慧学习环境"。同时提出"以本为本，四个回归"的基本精神；要"构建中国特色、世界水平的法学教育质量保障体系"。这给高校法学教育尤其是本科法学教学提出了非常高的要求。

众所周知，传统的法学本科教学重在知识讲授，课程实施的关键在于教师主导，学生主要处于被动学习的状态。这种"填鸭式"教学模式死板、枯燥且缺乏创新。在当前互联网快速发展和信息大爆炸的时代，这种传统的教学方法和"以教为主，以学为辅"的教学理念已经远不能满足社会对法学人才的需求。要培养出适应现代社会需要的应用型、复合型的卓越法治人才，传统的法学教学方法和模式亟须改革和创新。

（二）传统教学模式的局限性

在国家一系列政策的大力支持下，不少法学学者开始将精力投入本科专业课程教学改革的研究中，产生了大量有价值的研究成果。

有学者提出了头脑风暴法，认为头脑风暴法能够将实践因素与传统理论法学教学相结合，有助于学生掌握相关理论知识。有学者提出了开放式教学法，认为应通过创造一个开放的教学环境，给学生提供充分发展的空间，让学生在积极主动的探索中得到全面发展。[1] 还有学者提出了情景模拟教学法，即教师在授课过程中针对某一知识点设计情景，让学生扮演情景角色，模拟情景过程，把学习主题与学生的生活实际结合起来，用直观的形式让学生在高度仿真的情景中感受、吸收、领悟理念和知识。这种观点认为在整个过程中，教师的主要职责是组织学生按照一定的流程和逻辑去讨论和思考相关问题，使学生自己得出结论。[2] 另有学者提出了"三明治"教学法，这是一种除了进行理论的讲解，还配以案例分析、模拟法庭、到法律实务部门进行实训等多种方式的教学方法。[3]

以上学者均在传统的讲授法、案例分析法等基础上进行了改革和创新。这

---

[1] 徐晓放、夏春德：《开放式教学在合同法教学中的应用》，《教育探索》，2011年第2期，89页。

[2] 王水珍：《情境模拟教学法：研究特点及未来展望》，《教师教育论坛》，2017年第11期，第74页。

[3] 韩颖梅《"三明治"教学法在法学教学中的应用———以合同法为视角》，《黑龙江高教研究》，2011年第9期，150页。

些研究对于推动我国卓越法治人才的培养起到了十分重要的作用。同时，学者提出的相关理论也有力地推动了法学本科教育教学方法理论体系的发展和完善。

在各种教学模式的改革浪潮中，翻转课堂的提出被普遍认为是对传统教学模式的变革与颠覆。该教学模式起源于美国科罗拉多州落基山的"林地公园"高中，主要教学方法是：教师提前制作PPT和音视频并传至网上；学生在课前观看学习并提出问题；课中教师只讲解学生课前学习中遇到的问题，同时要求学生完成作业以加深对知识的理解。所谓"翻转"，是指本应由教师在课堂上讲授的内容，转变为由学生在课前通过音视频等资料进行自学。这种学习方式实现了由传统的"教师为主，学生为辅"向"学生为主，教师为辅"的颠覆性转变，故称为"翻转课堂"。这种方式深受学生喜爱并取得了良好的教学效果。

翻转课堂虽然具有很多其他教学模式所不具有的优势，如延伸了课堂学习时间，扩大了学生的知识体量，"以学生为主"的学习方式大大提升了学生的思维广度，等等。但是，其劣势也是可以预见的。比如，这种模式要求学生具有较强的自学能力和理解能力、稳定的学习积极性以及较好的与教师协调配合的能力等。也就是说，翻转课堂教学并不适用于所有学生。若学生自学能力较差、理解能力欠缺等，这种教学模式无疑会强化其劣势。故在教学实践中必须因材施教，否则将适得其反。

（三）有限翻转课堂的提出

根据上述分析，翻转课堂并不适用于所有的教学场景。"合同法"课程的特点是知识体量大，内容深奥，实践性强；但面临学时较少的问题。翻转课堂模式能够使学生在全面掌握合同法理论知识的基础上，有更多的时间对重要知识进行理解和内化吸收，同时教师也有更多的时间来加强学生对合同法知识的运用和实践能力。但是，全面运用翻转课堂并不一定取得良好效果。经验表明，有限翻转课堂模式利用了全面翻转课堂的优势，有效克服了全面翻转课堂的劣势，更加适合法科生的培养，更加有利于培养满足社会需要的应用型、复合型的卓越法治人才。具体理由是：第一，有限翻转课堂模式充分考虑了学生的具体特点。不同的学校的法科生具有不同的特质。同一种翻转课堂未必适用于所有院校的所有学生。四川师范大学法科生的特点是活泼、好学，但学生之间的知识基础参差不齐。第二，"合同法"是整个法学课程体系中的核心课程，在民法中更是占据半壁江山，知识体量庞大且内容深奥。同时，合同法既是学生司法考试的重点，又是法科生未来职业生涯中必然涉足的重点领域。如此重要的课程如果缺乏教师的课堂讲解，大多数学生将很难掌握和理解合同法的精髓和要义。第三，在实践教学中，教师必须面临合同法内容多而学时少的矛盾。有限翻转课堂可以解决时间不足问题，积极推动课堂教学的顺利开展。

总之，有限翻转课堂可以广泛应用于知识体量大、内容深奥但学时安排较少的课程。该模式可以有效克服全面翻转课堂的缺陷，也可以更好地满足我国法治建设对卓越法治人才的需求。

二、有限翻转课堂在合同法本科教学中的设计思路

以下从教学理念树立、教材选择、学生学习差异、教师角色定位、教学结构设计等方面提出具体的课堂设计思路。

（一）教学理念的树立

教学理念在课程实施中具有统领和方向作用。"合同法"是一门以"民法学"为基础并延伸的法科生必选课程。之所以将其设置为必选课，一是因为合同法是法科生自身知识体系构建的必然要求，二是因为迅猛发展而逐渐复杂多样的社会需要一大批具有解决合同问题实战能力的法学专业人才。"合同法"在法学本科课程体系中占有十分重要的地位，尤其在整个民法体系中的地位举足轻重。随着我国《民法典》的颁布和实施，合同法更是占据其中半壁江山。那么，如何教授"合同法"，并教好这门课程？如何让学生既能深入理解抽象而深奥的合同法理论知识，又能将其融会贯通于实践呢？本课程设计的教学理念是：以人为本，以创新为根，以思政为源。教学中学生始终是主体，教师只是"布道者"和引领者。在课堂上，教师要做的事情是：将学生引入"思想的殿堂"，让学生在主动思考中努力探索并实现思想的升华。本课程实施的基本方法是：将"学生兴趣"作为课程教育的起点，将"求知欲"作为推动课程开展的动力，将"获得成就感"作为课程教育的阶段性目标，进而实现"人才养成"的终极目标。

（二）教材的选择

教材为学生提供课程学习的基础理论、基本内容与基本知识架构，是课程实施效果的重要影响因素之一。选取一本好的教材会产生好的学习效果。当然，这里所指的"好"，是指适合学生的。经多年实践经验，好的教材应满足

以下特征：一是知识结构清晰，内容全面，应能够系统展示合同订立、效力、履行、解除、终止、违约责任等各个环节。二是理论与实践相结合。由于"合同法"课程在一年级开设，故过于抽象且理论过多的教材不适合低年级本科生。如果有适当案例评析的教材当是最佳选择。总之，教材的选择应综合考虑本校法学院学生的前期知识基础、理解能力和实践能力等综合素质，并结合本院法科生的培养目标。

（三）重视学生学习差异

学生尽管是通过高考的统一标准招录进校的，但仍存在知识功底、理解能力和实践能力等方面的差异。再加之，"合同法"课程开设在一年级的第二学期，"民法学（总论）"课程在第一学期已经开设。按照正常的情形，学生在学习合同法之前，应当掌握了民法学（总论）的基础概念、基础理论和基本原则，以及《民法典》的基本精神和核心理念。但实际的情况是，学生学习能力的差异，导致了学生的民法根基深浅不一。尤其在本学期，还有少数换专业的学生加入。这些学生，前期几乎没有任何法学的专业教育背景，更没有民法学的任何基础。总体上看，班级学生的学习基础状况呈橄榄状分布，基础一般的学生占比80%，橄榄两端分别分布着10%基础优异的学生和10%换专业学生及基础较差学生，具体如图1所示。

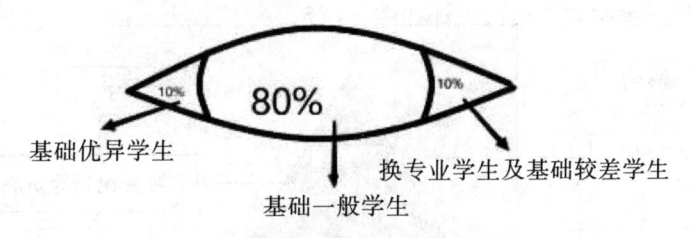

图1 班级学生学习基础状况分布

学生基础的差异性决定了翻转课堂设计的特殊性。不能简单照搬普遍意义的翻转课堂，即使是有限翻转课堂设计，也必须充分考虑学生自学、课堂讨论、教师讲解及课后复习等安排的时间分布比例，防止走两个极端：一是完全忽略教师对重要和疑难知识的讲解作用，将学习任务完全扔给学生，放任自流；二是完全忽略学生的能动作用，不信任学生的学习能力，教师占据大部分甚至全部教学时间。这两种情形虽然可以满足极少部分学生的需求，但总体上不能取得良好的效果。

（四）混合型教师角色的定位

翻转课堂的核心是教师角色由主导型向指导型进行转变。这种教学模式很受学习能力强且自觉性强的学生欢迎。但全面翻转课堂的实施可能忽略掉图1中10%的弱势群体，即换专业学生及基础较差的学生。同时也可能会使橄榄中端80%中学习及理解能力稍次的学生落入橄榄末端基础较差学生的队伍中，从而增加这部分学生在班级中的比重。基于上述情形，有限翻转课堂应当是对各方面因素综合考量的结果。在这种模式中，教师主要角色仍然是指导型的，但对于部分学生（10%换专业学生及基础较差的学生，以及80%中学习及理解能力稍次的学生）；针对重要知识点和疑难知识点，要适当结合讲授型的教学方式，适当增加课堂讲解或课后答疑的时间。总之，在有限翻转课堂教学实施中，教师应当是以指导型为主的混合型角色。

（五）教学结构的设计

"合同法"课程共2学分，32学时。教学内容涉及合同法概述、合同订立、效力、履行、合同保全、权利义务转让和终止、违约责任等。教学实施中存在着课时少与内容多且深奥之间的矛盾。有限翻转课堂教学模式可以有效解决这一问题。具体教学内容实施有赖于本课程的"教学实施大纲"。

每一堂课程的教学结构设计如图2所示。

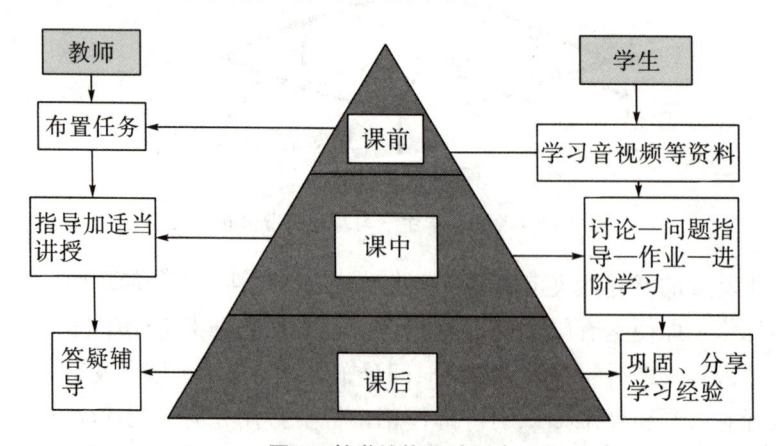

图2 教学结构设计示意

具体内容实施以"违约责任"一节为例。

1. 大纲内容

第一节，违约责任概述；第二节，违约责任的归责原则；第三节，违约行为的形态；第四节，违约责任与侵权责任竞合；第五节，违约责任的形态。

2．重点和难点

重点：违约责任的概念和特征、违约责任的归责原则、构成要件和责任形态。

难点：违约责任的归责原则、构成要件和责任形态。

3．教学目标

掌握违约责任的概念和特征，理解违约责任的归责原则、构成要件和违约责任形态，并能够分析和处理有关合同案件。

4．过程设计

（1）课前，提前一周布置任务。

①上传"违约责任"的音视频材料、PPT课件、教学大纲。

②提出中心问题：违约责任的概念与具体形态分类，违约救济的各种手段，违约责任、缔约过失责任与侵权责任的相互关系。

要求学生：学习、思考并提出新问题。

（2）课中，组织学生讨论，引导学生思考并进行问题升华。课中的课程实施分为三个阶段，具体如图3所示。

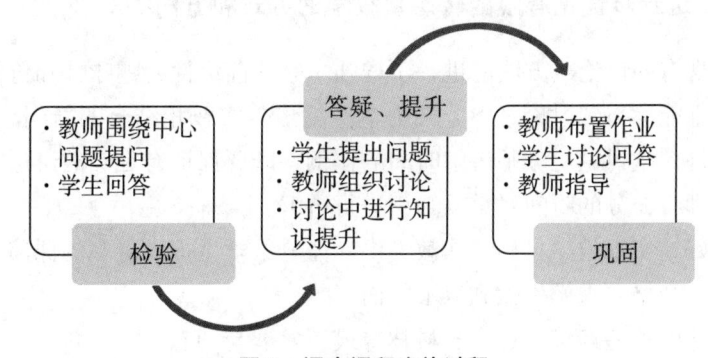

图3　课中课程实施过程

①检验阶段。围绕课前布置的中心问题提问、讨论，目的是检验学生自学情况及效果，同时对重点疑难问题进行讲解。

②答疑和提升阶段。就学生提出的新问题进行讨论、引导、分析、总结，并进行问题提升；对于疑难和重点问题进行讲解。目的是答疑和问题升华。

③巩固阶段。布置练习、作业，以案例分析为主。目的是巩固所学知识。

（3）课后，布置延伸思考题和分享延伸学习资料；同时要求学生课后分享学习经验和感悟。

以上是针对"合同法"课程中的"违约责任"一节进行的教学设计。由于不同课程存在差异性，以及同一门课程中不同章节知识之间存在差异性，即深难度具有明显不同。因此，不同情形下的教学设计在课前、课中、课后的内容、时间等安排上也应当具有很大不同。

三、有限翻转课堂在教学应用中的不断改进

实践证明，有限翻转课堂在本科合同法教学中的应用，是深受学生喜爱和欢迎的。它既有效体现了教师在教学实施中的指引作用，也充分发挥了学生的积极能动作用。当然，没有绝对完美的教学模式，也没有绝对无瑕的教学设计。追求满足学生需要并有利于实现教学目标和人才培养目标的新模式和新方法，永远都在路上。根据经验，下一步教学应注意以下方面的改进。

（一）进一步明确并细化课程目标

课程目标的确立是课程教学顺利实施和教学任务圆满达成的前提条件。有明确的课程目标，教学将达到事半功倍的效果。

（二）进一步优化有限翻转课堂教学的方式和方法

比如现有的讨论式方法应进一步增强主题的前沿性、趣味性和价值性，让所有学生都能参与到讨论之中。鼓励学生提出与实践相结合的新问题。另外，应当安排好课堂讨论与教师讲解时间的比例，既要保证有足够的讨论时间，又要确保教师有充分的时间对重要知识进行讲解。

为更好地实现教学目标，在教学中，需要给学生提供更多的课前和课后阅读资料，并严格要求学生做到以下方面：

（1）适时关注经济、社会、科技等最新发展与动态；

（2）将合同法的理论与社会现实相结合，思考应对之策；

（3）结合现实，关注合同法律制度存在的问题，思考、探索并提出解决问题的方法与对策。

（三）进一步优化课程考核方式，尤其是平时考核应更加科学、合理和公平

加强平时作业的可考核性，避免出全班学学只能给出一个标准答案的题目；加强平时考核中对学生分析问题和解决问题能力的训练。另外，应进一步

思考学生在情感、态度与价值观方面的量化考核。

（四）进一步在教学组织活动中加强课程思政的融入，如创新精神、民族自信、国家自信、法治自信等

翻转课堂将很大一部分的时间交给了学生，如果不重视课程思政的引领，学生极其容易偏离方向而失去继续学习的动力和信心。有限翻转课堂改革应当不断创新和优化课程思政融入的教学手段。

结语

如前所述，全面翻转课堂虽具有不可否认的强大优势，但未必适用于所有法学院校对法律人才的培养，也未必符合具体合同法课程的课堂教学理念、教学任务和教学目标。实践证明，有限翻转课堂的运用是对现有法学本科教学理论的改革和创新。它既考虑了不同院校的学生特点，也考虑了合同法课程本身的特殊性。相较于全面翻转课堂模式，它更有利于合同法教学目标的实现和卓越法治人才的培养。随着我国法治建设不断向纵深推进，社会对卓越法治人才的需求与日俱增；同时互联网和大数据时代对法治人才也提出了更高的要求。在教学实践中不断探索更有效的法学课程教学模式，努力突破传统教学的掣肘，是作为承担法学教育重任的高校教师的应有担当和责任。

后 记

中共中央办公厅、国务院办公厅 2023 年初印发的《关于加强新时代法学教育和法学理论研究的意见》为新时代法学教育的改革与发展指明了方向，基于此，如何实现法学教育高质量发展就成为摆在所有法学院校面前的重大问题。

四川师范大学法学院作为西部地区知名法学院，长期重视法学教学科研与人才培养，积极响应党中央、国务院对法学教育的新要求。2023 年 10 月，为及时总结教学改革经验、汇总教学改革成果，四川师范大学法学院决定与北京盈科（成都）律师事务所合作编撰法学教育改革论文集。首先，本书的出版得益于四川师范大学法学院领导和众多教师的大力支持，正是他们为新文科建设和法学教育改革所付出的努力使得一项项改革得以成型、能够成果。其次，本书的出版还得到了北京盈科（成都）律师事务所的鼎力相助，合伙人阮学武不仅合作撰写了相关论文，而且提供了经费支持。最后，四川大学出版社为本书做了较好的编辑、校对等工作。

作为本书编者，我们深感责任重大。从论文征集到汇编校读再到编辑出版，主编、副主编及各位编委反复多次讨论修改，力求为作者提供最好的展示平台。当然，由于时间紧迫、能力有限，书中疏漏在所难免，恳请各位读者批评指正！

编　者